Easy Quick
EQ085

# 翻書就懂居家風水

洪正忠、水銀居士◎合著

# 前言

燧人洞居，鳥人住巢，但求藏風遮蔽，漸以居安求宜，衍演成爲殿堂宮室，或忘避寒通氣，徒增剋擇贅忌，繁文縟節，不勝講究。

或謂：「二十四山方無吉凶，聽太歲以吉凶而已。」因循端生神煞，神煞隸於地，或吉或凶，隨太歲指揮而已，故年家神煞不依從太歲起例者，皆狂生佞人僞造也！

或謂：「六十日亦無吉凶，聽月令以吉凶而已。」因循五行節氣進退衰旺，日統於月而以月令爲權要，故月家神煞不從月令起者，皆僞造也。

嘗聞歌曰：「**方方位位煞神臨，避得山過向又侵，**

**只有山家自旺處，天機妙訣好留心，**

**支如不合干中取，迎福消凶旺處尋，**

**任是羅睺陰府煞，也須藏伏九泉陰。**」

緣以堪輿選擇諸家相對不同，臆古狂生妄人自稱術用，恐無德望而世之不信，輒以僞托古聖先賢傳留，惑遺千古後世，正訛莫辨，惟智者不惑而已！

尋覲造葬二事爲選擇之大端，造豎修營之以爲安居，雖然不離藏風聚氣之地理吉凶意識，但以舍宇構造建築之遞嬗，古代學術理論不無受到時代考驗之活用機變，甚至必須重新檢討取證之矣！

假使斷章取義的解釋「風水」二字，風指空氣之流通，水指飲水方便，則古代之最理想的居住環境就是靠近飲水而不窪潮，空氣流通而不高寒的地方。想像的古代文明中，人類選擇自然的山洞穴居以後，發現了居住的重要性，於是講究能夠遮風蔽雨而居住安全舒適的選擇外，還要能靠近飲水方便的地方，才是最佳的居住條件，但山洞大多不靠近水源，於是人類發現了以草木結構成爲簡單而可以居住的「建築物」，比住山洞的時候更接近水源而不受窪潮所影響……

這樣不斷追求居住舒適的觀念，刺激了人類建築文明的演進，並且使用一些可以理解的學說以及一些抽象的界說，來表達「建地」山向之選擇以及房宅屋舍的建築規格與方法……

如果我們大膽的如此想像，那麼地理風水的最初理念，應該只爲選擇人類適宜居住，使能過安定舒適的生活而已，那麼相傳二、三千年來的堪輿風水學術，很可能爲狂佞術士所僞托發明，故設許多拘牽而以搏名圖利，以訛傳訛，終至山家地師分衍一百二十家以上，即或不淪於迷信，亦不免無所習從之嫌。

向聞堪輿相地學者，孜孜鑽研古籍經典，卻失之於考證取驗，如有某些自以為「地理萬能」者，不明地理風水之義理，不知符咒運用，逕據經典以為鎮定改造，未見響應，更有甚者，改葬祖塋、修營祖厝，亦未見居安富貴，或問之，必對曰：「背封金甕看風水，吉地難求，為人作嫁而已！」

如此，則地理風水之說，雖有楊救貧晨葬夕發之傳說，終究吉地福穴難求，更以時代變遷，今昔人文、建築文明不同，都市建築及陰宅公墓化，大大摧殘了古代風水觀念的建築學說，逼使部分術士竄改偽造學說，徒逞口舌之能以為說明而已。

如果依循今日文明及生活習慣而言，生活居住的先決條件，最先就是要求水電俱全、採光充足、空氣流通、交通方便，附近有市場、學校、金融郵電機關，靠近行政、稅徵機關等等……尤其是建築結構體的安全更為第一要件，簡直比古代更多講究，如果一味依循古法而不知活變，最後終必遭時代淘汰！

這本書結合了傳統風水學的精華與現代都市陽宅學的理論基礎，對於喜好陽宅風水的讀者來說，更能收相互印證之功。

# 目錄

# 第 1 章

# 現代都市陽宅學

現代都會陽宅的龍山向水和古代（漢、唐、宋、明），中代（清朝、清末、民國初年）有很大的差異。例如前代（指中、古代）所謂鄰居，犬吠雞鳴相聞，屬於最短距離的騎馬也要耗上炷香時間，往往一座山頭只有一戶人家。而現代都會市區裏高樓大廈林立，鄰居住在上下前後左右；**所以前代堪輿陽宅學只論及平面的關係，至於現代則變成立體了。平面與立體不同，堪輿陽宅風水論法理所當然不同**。

前代堪輿家所言，門戶相對不吉、反弓不吉、路箭更凶、道路四通八達犯煞，而現代都會陽宅，幾乎戶戶門戶相對、反弓、路箭的地方，生意硬是要得，道路四通八達乃商家必爭之地。如困有能力取得，卻因爲這些反弓、路箭、路沖的原因，而將到手的鴻福財富拱手讓人，那將跳腳嗟嘆，後悔莫及。

## 一、輻射屋及波射磁場造成的症狀

①家中大小常有不可測（不可預知）的意外事件發生。

②住其屋者，經年累月感情不睦，吵鬧不休。

③生意越做越清淡。

④時常算錯錢（錯覺誤差）。

⑤投資失利（浮躁、不能以冷靜的頭腦來考慮）。

⑥開刀、怪胎、畸形兒。

## 二、「宅運」不佳，室內格局擺設不當，造成的症狀

①半身不遂、風濕病、症狀忽好忽壞久醫不癒。

②生育力低。

③損財有如流水，事業停滯不順。

④情緒不穩定，歇斯底里症，心性變態。

⑤意外車禍，血光凶災，手術開刀。

⑥閉塞再逢天運到宮正衰時，則有子女心神不寧。

⑦其他（精神病、子女容易變壞）。

陽宅在舊昔與現代最大的不同在於形式，建材則其次。舊昔的陽宅多爲平房，現代多演變成爲高層式的大廈了。今天想要找獨立平面式的陽宅，除非是別墅，即連鄉村農舍都已經是兩層以上的樓宇了。

**是故今天多層式或多層大廈的平面屋宅（公寓）已經於從前的乘地氣變爲乘天氣，**

**而其乘氣之法，則以個別的住宅單位爲準，論其基本位置及方向！**

而陽宅以坐宮爲主，以論八方：陽恆勝於陰，動恆勝於靜；故陽凶勝過陰吉，靜吉難仰動凶！

生氣發人丁，旺氣發財祿，死氣多女少男嬰；退氣官非，煞氣鰥寡損丁。凡生旺方宜高，煞洩宜低若空缺或道路窄巷直，有十二年之損子破財之災殃！

旺方逢旺運先發：如上元，一白水爲司令，則坎方先發富再發丁；震方爲臣，水來生木，得生運，主生丁而後財富。總之得主方主運者，先發丁後發貴，得旺方旺運者，先發財後發丁。門路在煞方，口舌是非多，盜賊常招，性情乖戾。店舖在生旺方，迎路迎水，向旺此亦。當然！神位、公司行號、私人辦公桌位，應置於生旺方，以招迪吉祥和！

靜盤八方衰旺，取義於洛書；中五立極，臨制八方，而有生氣、旺氣、煞氣、死氣之別。生氣、旺氣爲吉，煞氣、洩氣、死氣、退氣爲凶。

◎**生氣方：**生入中宮的方位。
◎**旺氣方：**中宮比和的方位。
◎**洩氣方：**中宮生出的方位。

◎**煞氣方**：中宮受剋的方位。

◎**退氣方**：中宮剋出的方位。

◎**生氣方**：宜門位、辦公桌位、神位……等六事吉用。

※**床位的最佳配法是坐煞迎生，主多得男孩，增福、添壽。**

◎**旺氣方**：合生氣方。

◎**洩氣方**：勿犯。若犯，主賽滯，一爲魁星，四爲文昌，犯之升遷阻險，仕途功名無緣。

若門位設洩氣方，主暗中損財。

若床位設洩氣方，主小產，漏胎。

死氣方：勿犯。房位在此，生女不生男。門路在此宮非，犯小人，破財。但廁所宜在此方。

※**臨場使用上下列竅門應留意**：

①**化曜**：有使凶方變吉方的力量。

例：中宮二坤，一白方爲死氣方，然論×化曜土卻爲財方。

例：離火局是六白金，化退氣爲吉。坎水局見九紫火，化退氣爲吉。

中宮九離，見八白方本爲洩氣方，論及「化曜」則爲吉曜方。

②**向上五黃**。

即「五黃沖關」，在不是窄巷直射的條件下，允許設置正門，謂可去煞生吉。唯此方不可安床。

③**洩氣方逢旺運反爲納福**。

例：中宮九紫火局逢八白方。六白七赤金局逢一白方。

二黑八白土局逢六白方。三碧四祿木局是九紫方。

④**死氣方得旺運，則可化煞生權**。

例：中宮八白二黑土局見一白。震巽木局見八白。

離九紫火局見六白。坎局見九紫。

⑤**是故詳論一宅之興旺法則**：

①先查當元之當旺。（即挨星衰旺）

②次查靜盤八方衰旺。

③查門路與分房得運或失運，而判斷其吉凶興衰。

# 陽宅風水喜、忌詮釋

陽宅學又稱宅相學，是堪輿學的一支，堪輿俗稱風水學，內容包括陽宅學與陰宅學，活人住的是爲陽宅，亡人住的是爲陰宅（一般叫墳墓），無論陽宅、陰宅皆是以五行生剋之易理，爲其最主要之推理依據。要砌究它們吉凶，我們可依兩個系統來研究。

**第一個系統是爲「理氣法」：**所謂理氣法是以陰陽五行生剋制化之理，氣流動向學，配合人出生年八卦之爻變來定宅向、路、床、灶、神……等事之喜、忌、吉、凶。

**第二個系統是爲「地形法」：**所謂地形法是依據住宅附近的山、河、道路、附近建築物態及住宅本身層數，住宅內部布置之禁忌所產之磁場、對宅屋發主吉凶影響。

## 地勢

陽宅風水學以爲，住宅風水之吉凶，取決於建築所地之氣勢與形式，倘形勢不利，即或廣廈萬間，亦無異置於沙灘之上。故建地之形勢，爲住宅之先決條件，縷述如次：

①建地前低後高，大吉。蓋以此類地勢，後有穩固之屏障，前有通暢之出路，且以

高處向陽，氣流通暢，令居者怡然，好運自來，爲難能之福地。

②反之，建地前高後低，凶。蓋以後無屛障，前路阻滯，縱使建築物外觀華麗，不足以易其凶相。

③建地之形方正，吉。地形方正，本屬吉相，自古皆然，宅第風水自不例外，不獨寺觀、廟堂爲然也，故今之都市，以人煙稠密，建築壅塞，每多支離不正之之建地，宜愼避之。

④反之，建地不方正者，凶。縷述如次：

1. 建地右長左短——不利子息。

2. 建地左長右短——刑妻剋子。

3. 建地缺角，分別爲：

**缺西北角：**不利家人健康。

**缺東南角：**生育不順。

**缺西南角：**易致消化系統疾患。

**缺東北角：**雖較上述三項受損稍輕，然極需注意攝護、腸胃器官。

總之，建地四角缺一，已屬非吉，倘缺角之二三，則尤甚焉；至於四角俱缺，屬大凶，宜避之。

⑤建地後寬前窄，大吉。居者必達顯貴，且有意外之發展機遇。倘於寬處設花園，尤佳。

⑥反之，前寬後窄而呈梯形者不吉。主財產難聚，人丁不旺，家運凋蔽。

⑦前尖後闊或後尖前闊、呈三角形之建地，凶。主意外災禍，身罹絕症，甚或招至自戕；唯力求改變三角形之外觀，始終避免。

建地之凶吉，略如上述。

※**茲複述建屋參考資料於次：**

◆宅後留有空地爲大吉之相，主發展性強，家運亨通。

◆南北向之屋宇，其空地居南者，吉。以室內光線充足，空氣清新，居者心曠神怡，身體健康。

◆宅第前、大門外有半圓形之池塘者，大吉。主財運亨通，甚或有飛來之財運。然池塘屬陰，倘置於門內，反成凶相。大樹、石塊，亦屬陰性，同此。

◆住宅之前圓後方者，大吉。蓋以方圓相輔相成，時、空一以貫之，縱橫完滿，自無往而不利。

◆屋宇之深度長於廣度者，吉。主福澤悠長，綿亙發展。反之，廣度長於深度者，則非吉相，主居者身心失調，且易罹呼吸系統之疾患。

◆庭院宜植桂樹、玉蘭，忌植榕樹、杜鵑。

◆起居室、客廳或主人臥房，宜置於住宅中心部位。

◆居室間隔，切忌過小，倘不足三坪半之房間太多雜物，有財物失散之虞。

◆間隔之數目，禍福悠關（客廳、廚房、儲藏室、浴廁間等，凡單獨間隔者以一間計），間數列後：

**▲一間、二間，吉。　▲三間、四間，不吉。**

**▲五間、六間、七間，吉。　▲八間，不吉。**

**▲九間，吉。以下依次類推。**

## 大門

大門為陽宅風水關鍵命題之一，吾人日常生活，不可須臾離之；出大門即步入社會人群之中入大門，則入避風之港，自感安全。故大門種種與家庭之吉凶禍福，意義至關重大。

**大門爲住宅與宇宙間運轉之要衝，故就居者之運程而言，堪稱「衆妙之門」。大門之開設，基本原則如下：**

①**方向務求端正：即正東、正西、正南、正北，不可偏倚。**——此與居者之生氣、健康有關，故具有極爲重要之意義。

②**大小務求適中：**其原則宜與住宅面積對應。門爲八個凹之缺口亦愈大，小吉。反之，住宅面積大而門過小，亦非理想結構，然較之宅小門大者，略勝一籌云。

③**取材務求堅固：**大門雙柱，爲家運之象徵，切忌歪曲傾斜，故選材宜格外講求，無論木料、磚石或鋼鐵，力求堅固挺拔，始稱「吉相」。

大廈門前，設有兩盞明燈者，於風有裨益。然宜隨時檢修，毋令熄滅；燈柱亦應保持堅挺，否則大爲不吉。

④**大門所處位置：應對比於對面樓宇之高低。如本身爲五層，對面樓宇亦爲五層——**「門當戶對」，尙稱佳構；**倘本身爲五層，對面爲十層，則本身即爲對方所壓抑，空間中氣爲之改，易致使居者之財氣、運程及健康，受其不良影響，宜避之。**

## ◎大門禁忌：

1.門前切忌大樹：大樹、枯樹，皆屬陰煞之氣，阻塞陽氣納入，並使陰煞沖宅，有礙家人健康與財富，倘或有之，則當立即連根剷除。

2.門前切忌電線桿：理同前。且電線桿之磁性較人體爲強，久之有損健康及財運。

3.大門忌對他人屋角：門面對人家之屋角，無異面向尖刀，不獨妨礙人體健康，且將損於財運，目前雖乏充分論證，然實例斑斑可證。

4.大門忌對死巷：門對死巷，必令宅「氣」不暢，更使濁氣淤積，有損於居者健康。「氣」、「水」理同，唯活水乃能清淨。且門對死巷，若遇水火人禍，亦無安全可言，故切忌之。

5.大門忌開邊，宜設於龍邊：龍、虎方之確定，爲置身室內，外視大門方向，左爲龍、右爲虎。龍邊爲生氣方，發達方，故吉。上述原則，不獨適用大門，宅中其他門戶亦同之。今公寓大門，多開設於中央部位，雖略遜於龍邊，而終勝於虎邊，故亦差強人意。

6.大門忌對三角形街道：三角形街道，爲岔路，乃屬分歧，面臨大門，自屬非吉。

7.大門忌對溪水轉折處，固無關宏旨；然溪水之轉折處多聚陰濕之氣，隨風直衝大門，勢必影響居者健康，易罹感冒、關節炎等疾患，故宜愼之。

8.大門忌對祠堂，祠堂爲鬼神所居，重陰煞之氣，宜避之而納陽氣。若祠堂居於宅後，無妨。

9.大門忌對兩屋間之狹巷：兩屋間之夾道，多屬死巷，爲狹隘、陰濕、藏污納垢之所，使之面對大門，乃呈敗壞之象，主家運雍阻，不吉。

10.忌住宅與圍牆相距過窄：住宅與圍牆之間隔，宜在一公尺半以上，否則影響通風、採光，忌之。

11.忌虎邊屋宇高於自家住宅：即置身大門之內，面對大門右鄰屋宇，切忌高於本身之屋宇。否則不吉。

12.同一大門之內，虎邊不宜建屋，否則主家宅不寧。

13.大門忌對山巒：大門切忌對山，尤以大山爲最。

周易以爲艮卦，喻停止之意，使面對大門，生氣爲大山所阻，遂令居者了無生氣。故風水學以納氣爲吉，良有餘也。

上述種種，如面對狹巷、電線桿、大樹、枯樹，或面對他人屋角等等，可於大門上裝明鏡，上置一凹透鏡，下置一八卦鏡，使二鏡成一直線，略掩煞氣以求補救；至於門對防火巷、深谷、溪流轉折處及三岔路口者，則遠非透鏡之所能奏效。

## 客廳

住宅之內，客廳與寢室之作用迥異。後者爲純然休臥之用，可謂「私密空間」，而前者爲家賓客集聚之所，乃家庭生活之中心，代表人際關係之融洽與發展，故客廳謂之「公共空間」，故以陽宅風水學觀之，客廳與家宅之關係，至爲重要。

**客廳爲住宅之門面，宜置於顯要地位，務使入室者一眼望到。某些建築設計欠妥，令人先經臥房或廚房，始達客廳，自非所宜。**

客廳又爲家人之間傳遞感情、享受天倫溫暖之場所，因而成爲家庭之重心所在。

客廳內部，忌外現之屋樑。倘若有之，則不妨以樑爲界，隔爲兩區，各區各置盞，亦不失爲趨吉之法，但務求光線充足，否則居者心懸鬱鬱，殊非吉相。客廳之燈光，亦須保持明亮，倘有失明、損毀，宜即時修整之。吊燈之形式宜圓，取其完滿之義。

現代家庭每多電器設備（如電視、音響、電話……），其電線外露雜陳者，非吉。應以隱蔽方式處理。

然客廳內之流動線（即廳內人行通道）宜流暢便捷，務使與臥室、浴廁之間通行無礙，始爲吉屋。

## 神佛

近數年來，國人旅遊各地，有人請來許多神佛，如日本佛、泰國佛（泰國四面佛），尤受歡迎。與原有之祖先、土地財神、觀音菩薩、關聖帝君、三寶佛祖、黃大仙等。古人云：「敬神如神在」，素來敬仰何神，即供奉何神，縱使不供，亦屬無妨；**但運勢不佳之陽宅，如供奉神佛具有鎖宅平安之念力**。

每日供奉早晚一炷香、水果或暮鼓晨鐘，或誦經拜懺，皆無不可。佛龕宜高，至少高過人身之胸口。安神位置，宜在靜處。神佛面向門口。

## 魚缸

凡坐東向西之宅，坐北向南之宅，坐東南向西北之宅，養魚較有利。坐南向北之宅，切忌養魚。

魚缸之高度，切不可高過成人之心部，亦不可低過膝部。太高或太低，對於居住之人之思慮、靈感、精神皆有影響。

魚之顏色，忌黑喜紅。最佳者，爲源運頭魚（身白而頭上有一點紅色），或金黃色之獅頭魚，亦爲佳品。

魚之尾數，宜單而不宜雙。金魚易死，死一條即補一條，死兩條即補兩條。魚缸之形狀，以位置爲配合。如在牆角，宜乎三角形；如近門口，則宜圓柱形；若在牆之中間，必須長方形。

初次養魚，最好選一黃道吉日，可查通勝所載；凡值天德、月德、天月德合、天喜、天醫或成日、開日、定日、執日，均吉（至少可以減輕死亡率）。

## 廚房（附飯廳）

廚房爲供熟飪以饗家人、賓客之場所，以風水學觀點觀之，灶位至爲重要。廚房中水火並用，《易學》以爲「水火既濟」——即水火調配得當，必致家道興旺，財運亨通。

**廚房之方位，宜居宅之東方或南方，爐灶之方位，亦宜朝東或朝南，蓋以五行相生之序，木屬東，火屬南故爲大吉；而燃木以爲火，故灶口向東，亦主發云**。此說看似亦虛，而其理至。蓋古人以土灶舉炊，須燠然木取火，灶口朝東，取其風向助燃也。

爐灶之設，切忌西、北，蓋西方喻秋煞，北方喻水，皆不利於火，故宜避之。

廚房以方形或長方形爲吉，忌有三角形或斜邊。

**※廚房門口及四周，應注意如下事項：**

①廚房忌對臥房之門。蓋以廚房終年排熱，空氣對流，則損於居者健康。同理，臥室亦不宜置於廚房。

②廚房門戶，忌對前後大門。蓋廚房猶倉庫也，倘與前後大門成一直線，即示錢財無以留，流水之東流也。同理，廚房門亦忌與客廳門成一直線，若不得已，則宜設置屏障以資阻攔。

③蓋以廁所排出之污穢、氣體流入廚房，必致污染食物，皆不利於人健康。

④**不宜於廚間內用膳**。**個人之三餐，關係人體健康至爲重要，故宜置身於氣流清新、光線柔和的**環境；而廚內每多燥熱與油煙，故非所宜。

**※此外，住宅、廚房之排水狀況，亦極需注意：**

①廚房用食水既多，所排污水亦多，務使排水狀況良好，污穢之物勿以積存，可保持飲食衛生。

②加強通風設備，務使廚房清潔乾爽，空氣暢通，以保持人廚主婦之身心健康。

**以上種種，無庸置疑；倘反其道而行之，則終必家宅不安。慎之！慎之！**

飲食之於人體健康，已如前述；而欲使食物得以良好消化、吸收，則必須保持用膳時身心之寧靜與舒適。

飯廳不宜設於廚房，而氣流通暢、光明清淨，光色柔和，爲飯廳之重要條件。理如前述，不贅。

飯廳以簡樸大方爲上，無需多加裝飾，僅置櫃、冰箱等必需品，已足。

## 臥室

陽宅風水學，以爲臥室門之方位，十分重要，室內任何房門皆須遵循一定之法則，不獨大門爲然也。

①臥室之門，宜開設龍邊，忌開設虎邊。

「左龍右虎」原則，已詳「大門」章所述。就臥室而言，則爲人立於臥室之內，面向牆壁，其左方爲龍邊，右方爲虎邊。而龍邊爲動力，虎邊爲靜方（不動方），故門宜設於龍邊，否則主家務糾紛。

就門之方位推理，整體住宅，亦可分爲龍虎二邊，蓋以其性屬「靜方」、「不動方」，恰與老人求靜之要求相符合焉。

②臥室中之穿衣鏡，忌面對門、床。

③臥室爲休憩之所，光線宜略顯幽柔，不宜兼做書齋之用。

④臥室面積，可大可小，唯空氣清新、環境靜謐爲吉。

⑤臥室之門，不宜面對廚房。蓋以廚房爲舉炊之所，濕熱污濁之氣，兼而有之，使之流入臥室，久之必損健康。

⑥臥室之門，不宜面對廁所，理同前（廁所，傳統風水學稱「鬼門」）。

⑦臥室之門，不宜面對儲藏室，儲藏室每多霉氣，有損人體健康。

吾人睡眠時間，每日至少八小時，即爲一晝夜之三分之一，亦即一生有三分之一時於床第間度過，以視床之於人，關係至爲重要。

**傳統陽宅風水學以爲，床之位置，影響人體健康、運勢、子嗣及夫妻關係，禁忌有六項：**

①床底忌緊連面，床下至宜通風、清潔，以防止感染陰濕之氣，致礙健康。床下勿置雜物，尤忌鐵器、玻璃。

②床忌衝門。床之爲物，只供臥眠，最宜寧靜、安全，而門屬長動之物，時有開闔，

倘使直衝（或橫衝）門戶，自然弊端橫生，故非所宜。

③床忌強光曝曬。醫云：五官代表五臟，眼爲肝之代表，故刺淚眼部，久之傷肝，宜處之。

④床忌對樑。以陽宅風水學觀之，凡居室中有樑外顯，具屬不吉。宜另裝設天花板以蔽之，固不獨床第爲然也。蓋頭頂對梁，淺意識中會有壓抑之感，勢必影響心理，故宜慎之。

綜上所述，床之位置，以設於貼近牆壁之寧靜角落爲宜。須知，睡眠之於身心健康，關係至爲重要，倘長期睡眠不良，勢將影響人之情緒，並進而有損於事業之發展，慎之！慎之！

※臥室之內，燈之意義亦堪重視，禁忌者三：

①燈忌置於頭頂。燈光直射，久之傷眼及肝，故不宜。

②燈光忌過強。床頭燈火不宜過強，且不宜臥床閱讀。其理亦爲醫學理論所證實。

③燈忌失明。燈光熄滅，隱喻前途暗淡，宜即修妥、更換，否則不吉。

※臥室內之重要家具，除床外，梳妝台居第二禁忌者二：

①梳妝台忌對室門，梳妝台多設鏡子，入室時，往往為鏡中自身之形影所驚懾，久之有損精神。且背門梳理是謂「空門」，亦非理、安全之設也。

②梳妝台忌對臥床。風水學以為人之靈魂，每日夜間出遊，恍見鏡中身影，動則為之驚愕，久之損於肝膽，並易罹神經衰弱等疾患。

## 浴廁

**住宅浴室間，為吾人日常生活接觸頻繁之空間，不可或缺。有關注意事項，縷述於次：**

廁所忌宅心。以宅風水學觀點視之，宅心，即住宅之中宅地帶，為宅神之所居，位置至為重要；而廁所「陰」氣，為污穢之所，故應設於邊間，否則大不吉也。

**※以現代衛生角度言之，其理亦同：**

①倘廁所設於宅心部位，污穢潮濕之氣體，必向四周擴散，污染全宅。

②廁所納水量大，故潮濕，而潮濕為細菌之溫床，長期幽暗，大為患尤甚，不吉。

廁所門，忌對廚房、臥室之門，且忌正對大門。廁所，舊稱「隱所」，亦稱「鬼處」，重陰氣；而大門則陽剛氣盛，陰陽相沖，故大不吉。入大門即睹廁所，主經濟拮据、夫婦反目，及身罹疾患。倘或如此，則須封閉廁所舊門，令其改變方向。

現代都市中流行之套房、小套房，浴廁緊接臥室，宜加強防濕設備，否則有損健康。此外，浴廁地面、牆面及天花板所用材料，須選用防水性能優良者，如今大理石、馬賽克及瓷磚等，防水潔淨，且富美感，具稱上選。木材易腐，故不宜。

## 辦公室

**辦公室（俗稱寫字間）風水，以主要負責人之風水爲主。例如：縣政府，以縣長辦公室所需方位爲主。公司、商號，以董事長、總經理辦公室所需方位爲主。餘類推：**

①**辦公桌後宜有靠山：**

所謂「靠山」，即辦公桌後之屏障、牆壁，勿使他人望其項背者也。有之，則可穩坐交椅，且易獲貴人鼎助。反之辦公桌後有門窗，足令他人望其項背者，是謂「空門」，主勞而無功，故不吉。

②**辦公桌宜具隱密性：**

公司商號負責人，以其地位及業務之特殊需要，每多機密文件，甚至陳於案頭，所在多有。倘不加以屏避，一任暴露無遺。則損於事業之開展，必矣。故「開放式辦公室」之主張，實非所宜者也。

會計部門爲銀錢往來之所，亦宜加以掩蔽，否則易致財源散漫，或機密外洩，後果堪虞，宜愼處之。

至於服務部門（如業務員、辦事員等），以其業務面對客戶，自毋須過於隱密以自縛云。

頭頂屋樑之害，已如前述。倘辦公桌上方，屋樑當頭、喘不過氣之壓抑感、脅迫感，大非吉兆。其他處所，亦忌直瞄屋樑，不可免者。則美化屋樑，或將其上空間，改做他用。就現代都市樓宇言之。橫樑難完全避免，居者加裝天花板，以資補救。

③**辦公室燈盞，宜置於辦公桌前二尺處**。

燈盞忌置於頭頂，倘光線不足，可另裝檯燈。傳統風水學與現代科學，其理具通。

④**辦公桌宜放置平正，忌置於稜角之處**。

負責人辦公桌之安放，務擇全室之最大位。雖因辦公室格局各異，然最大位必在不動方，乃能統籌全局，指揮若定。

⑤**辦公室大門種種：**

辦公室大門宜開設龍邊（確定龍、虎邊之方位，詳見前述）。同理辦公室內亦可區分龍、虎兩邊，負責人辦公室及業務部門，宜設龍方。蓋以龍爲動方，主業務發達，財源興旺也。

辦公室大門，忌沖虎頭。所謂「虎頭」，即他人之屋角，其理詳見前述。

住宅中附設辦公室，忌對廚房、廁所之門。

辦公室面對馬路電線桿者，主破財，宜趨避。

某些辦公室採用鋁玻璃大門，遂令外界內視，一覽無遺，自屬不宜。應改有色玻璃或於透明玻璃內加裝防曬紙或反光紙，以資補救。

此外，安放辦公桌時，亦須注意整體流動線的暢達，務使通向各部門之路線，具能便捷無阻。

※辦公室大門之禁忌，每多類乎住宅者，茲重述三項，於下：

1. 大門忌對大樹或枯樹。
2. 大門忌對山巒或峽口。
3. 大門忌對死巷、防火巷、三角形街道及溪水。

### ⑥辦公室室內裝飾：

辦公室內部，除應保持嚴肅性外，亦應注意活潑性。適當加以裝飾，藉以體現人文精神，緩和緊張氣氛進而提高工作效率，實爲大有助於事業之措施。然則辦公室內裝飾品，因人因事而異，中規中矩，始可臻於祈福之旨。今分述於次：

政府官員辦公室之飾物，若種植梅、蘭、菊、竹、萬年青、祈禱樹等，皆所宜也。盆栽造型優美，色彩豐富，蔥蔥然，鬱鬱然，身置其間，令人心神怡悅，諸事順遂，堪稱上選。唯數量不宜過多，過多則濫，且易招惹昆蟲干擾，過之猶不及也。

一般職業辦公室，所需綠化無多，稍事點綴即可。辦公室內飾物，或盆栽、或金魚，務須勞心培育，使之天機活潑，葉茂枝榮，始爲風水上乘。

辦公室內供神龕，切忌沖門，宜設於寧靜之不動方，其位置應居於室前或室之左右。辦公室以正方爲吉，忌長方形，尤忌缺角。缺角者易致人事糾紛，大不利於事業之發展。

## 商店

### 一、商店之大門：

①商店風水，首重大門。大凡生意之興衰，取決於顧客之是否上門，而顧客上門與否，更取於風水之宜忌。是以商店之門面，務具興旺之氣，引人之勢，以廣招來，無往不利焉。

②商店大門宜寬大，予人以軒敞綽如之感。商店爲公開場所，人愈衆生意愈旺，與住宅迥然不同也。反之，商店大門過於狹小，勢必予人壓抑、脅迫之感，遂令顧客望而卻步，何發展興隆之有？故忌之。

③商店大門須保持潔淨明朗，忌敗壞凌亂，尤忌門前臨水或有水管通過。廚房、廁所之污水流經商店大門，衝擊陽氣，導致生意衰微，實爲敗壞商店風水之利器，故切忌之。

④商店之出入口，切忌正沖對面屋角（虎頭）。此理與住宅、辦公室俱通。住宅主人口不安，商店主虧損，且無翻身餘地。然對方「虎頭」（屋角）既已存在，又殊非己意所能左右，且遷址有所不便，則宜改變大門方向，以避正沖。

⑤商店大門忌對廁所之門，理如前述。蓋廁所重陰煞之氣，大門具陽剛之氣，陰陽沖，乃爲災難之象徵，故非所宜。

⑥商店大門，忌面對自用廚房之爐火，飲食服務行業，尤須注重。須知：自大門外

即見灶火，為風水之大忌。

## 二、商店之動線：

商店之規模，無論大小，動線務須分明，保持寬舒流暢，令顧客身置其間，頓生駐足瀏覽雅興。且其安排設計，足以影響氣勢流動，非同小可也。

商店之動線宜設龍邊（置身店內，面向大門，左為龍邊，右為虎邊）。大型商店，動線衆多，其主動線衆多，其主動線應設龍邊。動線宜寬、宜直，切忌迴環繁複、貨物雜陳。否則有損生財之道。樓梯、電梯為垂直線，亦設於龍邊。

## 三、商店之格局

商店之格局，最宜有橢圓型，亦宜正方形、長方形，皆以縱深長於寬度為上。大型商店，宜設於交通便利之地，忌設於巷道偏僻之所。

商店之屋宇忌低於對街屋宇，避免受抑於對方。

商店之通風管道及電線，宜隱蔽於天花板或牆壁之內，否則易致災難，甚或致口舌是非、人事糾紛。

商店牆間宜裝設巨幅明鏡，以增視覺之豁朗。蓋明鏡可令空間擴展，且能於其中統覽全局，其妙用不可言喻。

某些理髮廳、服飾店，爲吸引顧客，每每刻意裝修，遂令騎樓天花板低於店內，造成壓抑感，且使外氣難於內引，財運受阻，故尤忌之。

同時，店內天花板亦忌過高，以略低於騎樓爲度，勿使過猶不及。否則，易令氣氛空洞清冷，縱使門庭若市，亦顯蕭蕭瑟瑟，宜愼處之。

商店門前，切忌正對樹木，免致財氣招損及無謂糾紛。至於兩旁樹木，則宜悉意栽培，務令其天機活潑，生趣盎然，否則不吉。

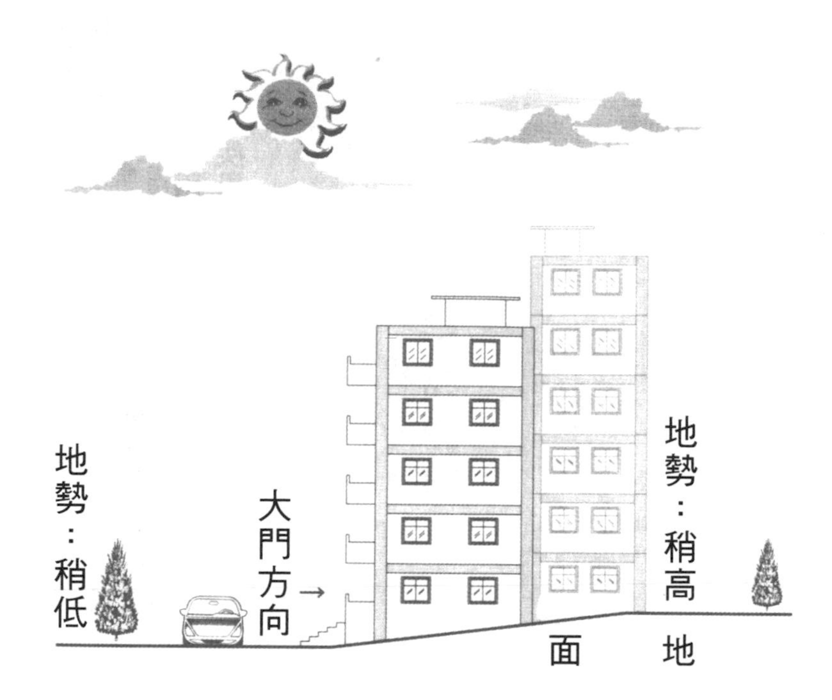


## 地勢

建地前低後高，大口。蓋以此類地勢，後有穩固之屏障，前有通暢之出路，且以高處向陽，氣流通暢，令居者怡然，好運自來，爲難能之福地。

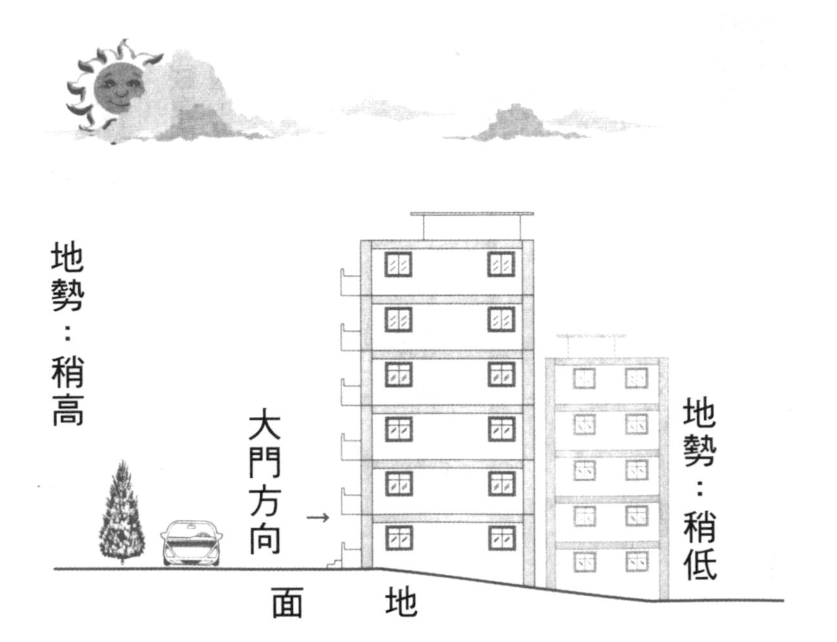


## 地勢

反之，建地前高後低，凶。蓋以後無屏障，前路阻滯，縱使建築物外觀華麗，不足以易其凶相。

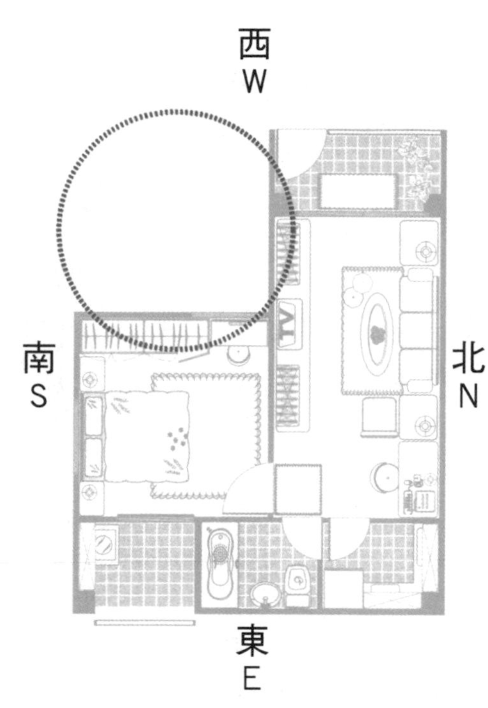


## 地勢

缺西南角：易致消化、呼吸、失眠、血氣系統方面疾患，財運容易財來財去。

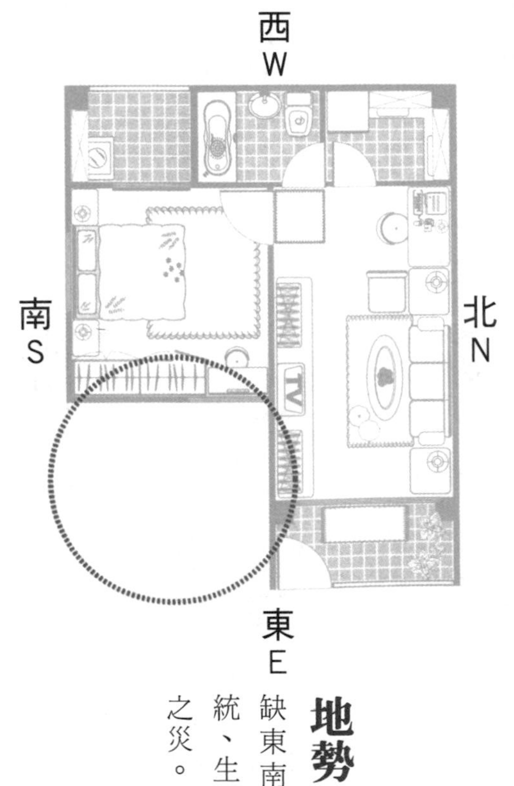


## 地勢

缺東南角：易致精神方面，肝膽系統、生育方面問題，易犯小人、口舌之災。

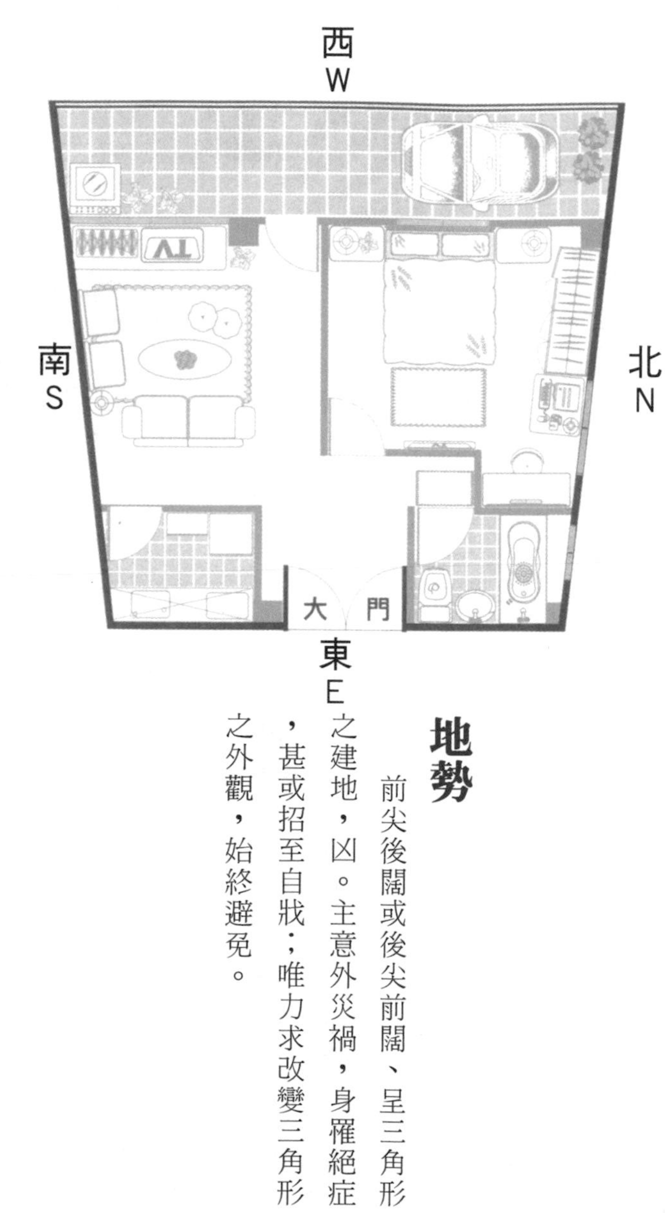


## 地勢

前尖後闊或後尖前闊、呈三角形之建地，凶。主意外災禍，身罹絕症，甚或招至自戕；唯力求改變三角形之外觀，始終避免。

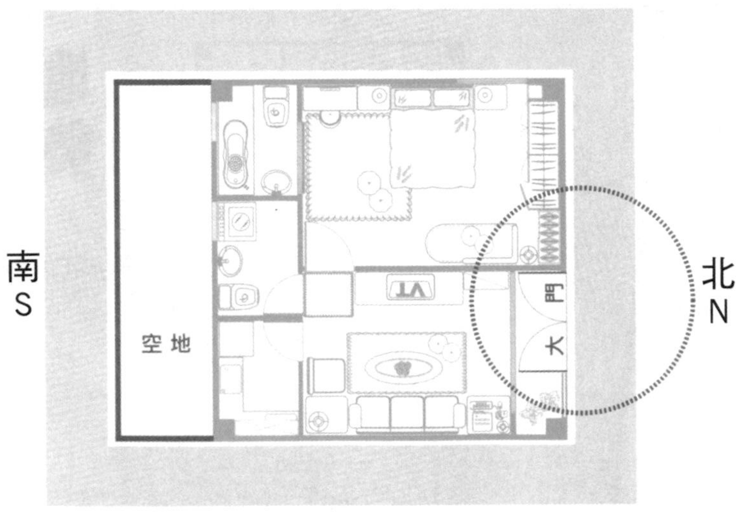


## 地勢

南北向之屋宇，其空地居南者，吉。以室內光線充足，空氣清新，居者心曠神怡，身體健康。

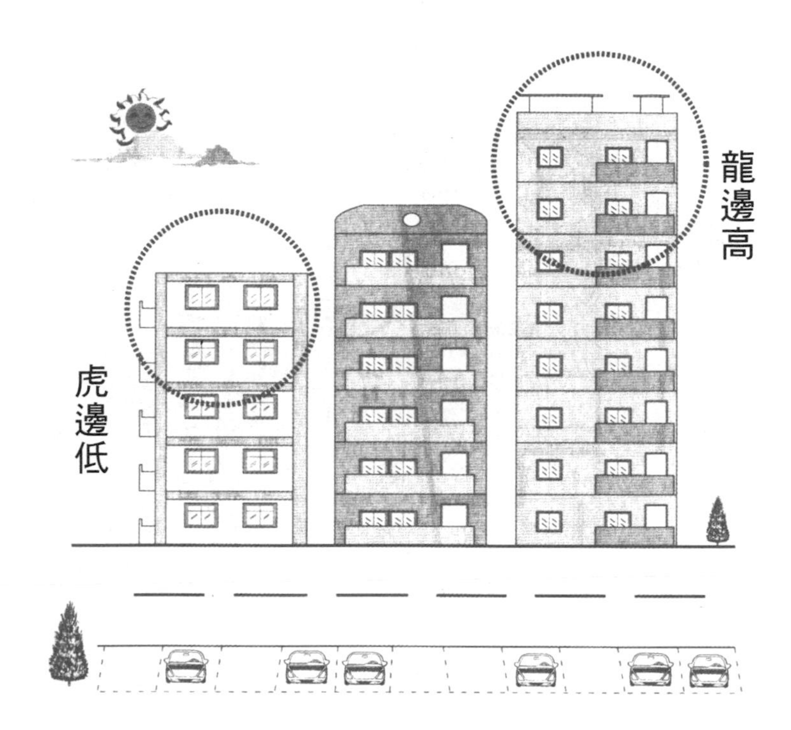


## 地勢

陽宅風水以爲，龍邊高、虎邊低，地勢是爲吉相。

古書云：白虎拜青龍，子孫出英雄。

## 地勢

反之，地勢，龍邊低、虎邊高，是所謂逼虎傷人。

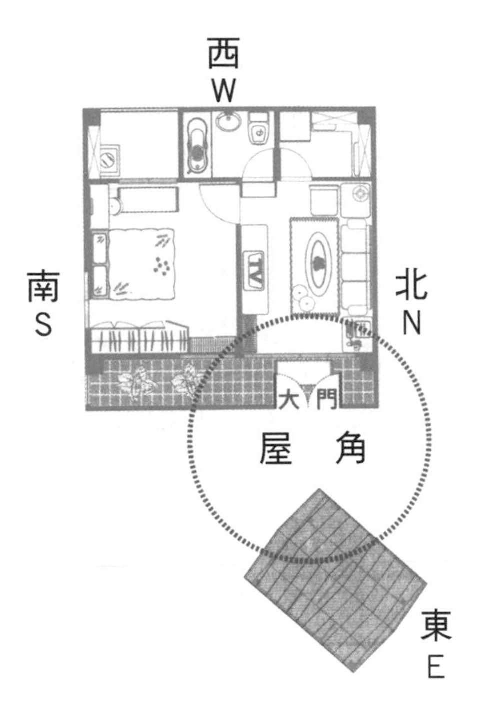


## 地勢

住家正面不可與鄰屋的牆角、屋角、屋脊對到，這稱爲「壁煞」（角煞），損財、損身體，主凶。

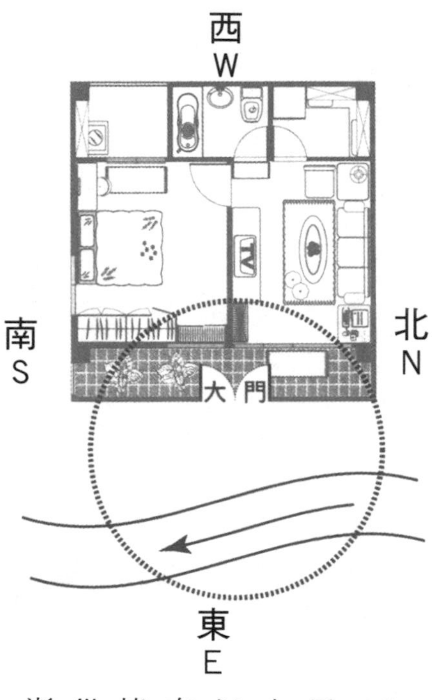


## 地勢

風水上「高一寸就是山，低一寸就是水」，山主人丁，水為財。從水流可以判斷一家氣勢財運，下雨時，人站在屋內面向外，觀察門前地面水流的情況。如果由青龍位流向白虎位（即從左到右邊），會得財。反之，就會漸衰敗。

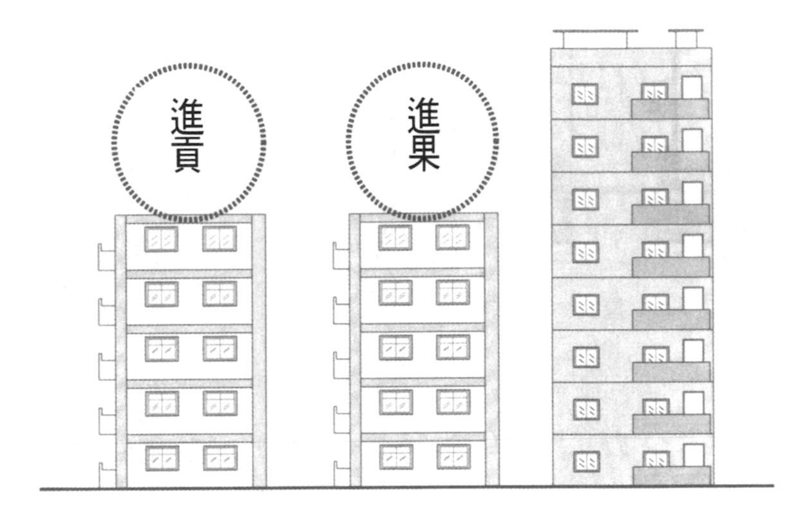


## 地勢

明堂廣擴，明堂前低層樓房像進貢宴桌，是爲吉宅。

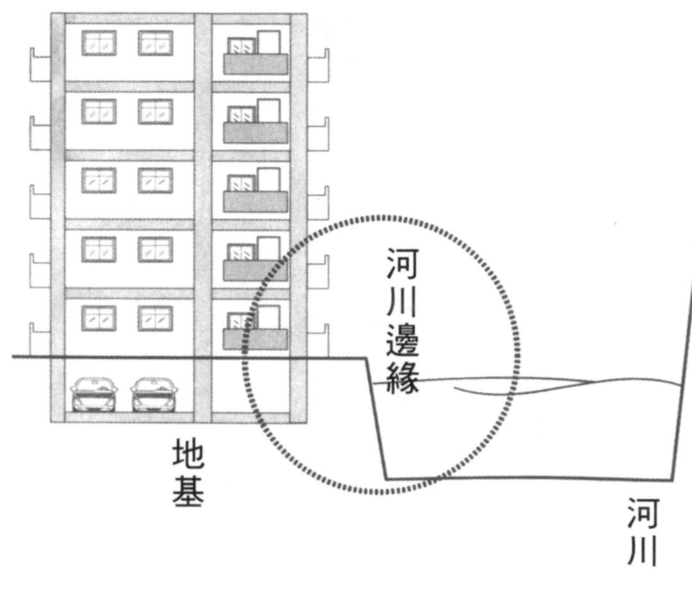


## 地勢

基因：河川邊緣，土質鬆軟之地，或地下水太大的地方遇雨則發生走山……等等，必定會造成人財兩失，不得不慎。

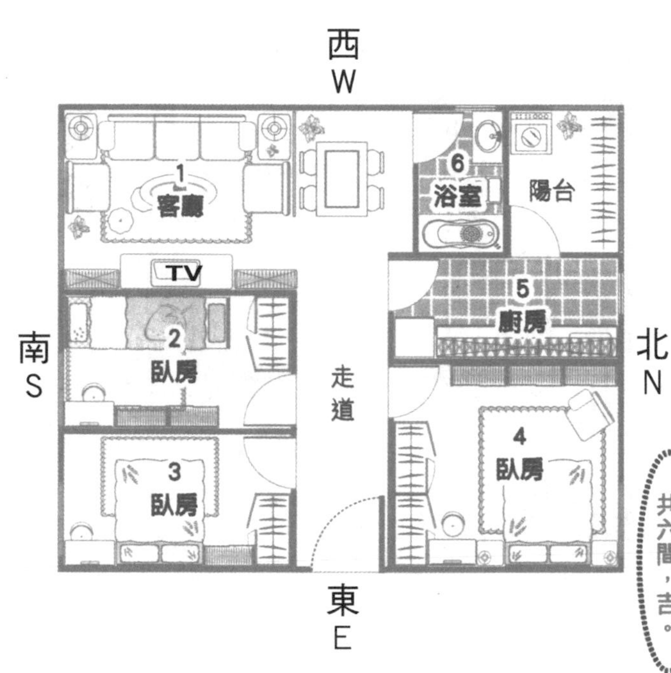


## 地勢

間隔之數目，禍福攸關（客廳、廚房、儲藏室、浴廁間等，凡單獨間隔者以一間計），間數列後：

▲一間、二間，吉。

▲五間、六間、七間，吉。

▲九間，吉。以下依次類推。

共六間，吉。

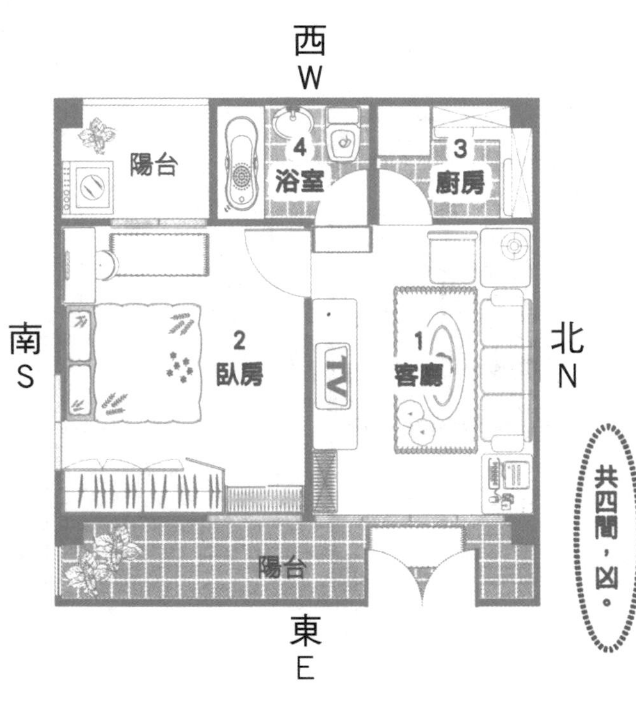


## 地勢

間隔之數目，禍福攸關（客廳、廚房、儲藏室、浴廁間等，凡單獨間隔者以一間計），間數列後：

▲三間、四間，不吉。

▲八間，不吉。共四間，凶。

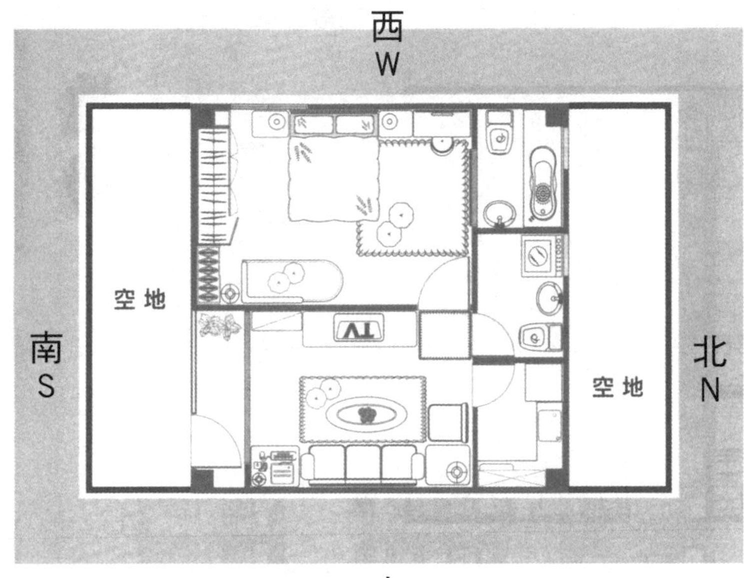


## 地勢

宅後留有空地爲大吉之相，主發展性強，家運亨通。

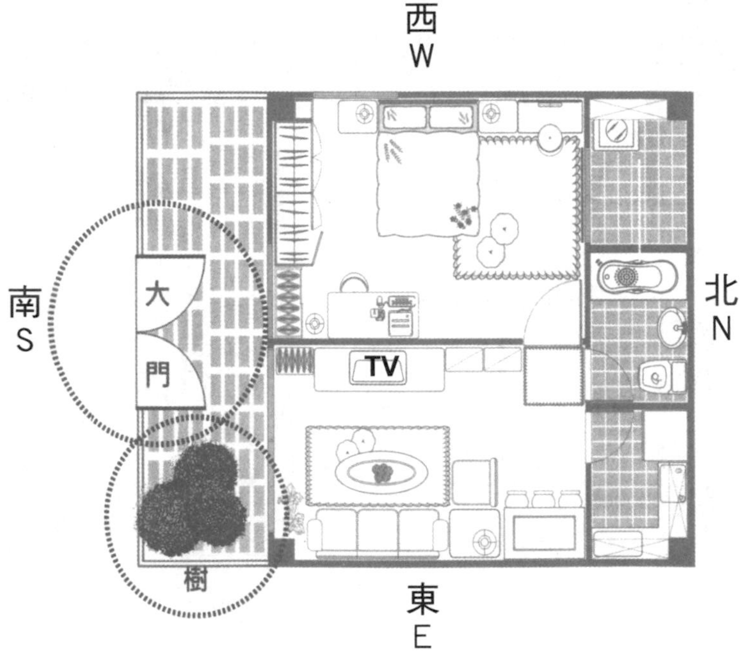

西
W
南
S
大
門
TV
北
N
樹
東
E

## 地勢

庭院樹木淨化空氣，宜種植：茄冬、苦楝、桂樹、玉蘭、樟樹、相思樹、阿勃勒、台灣櫸、黃連木、羅漢松、烏心石、小葉欖仁、印度紫檀。

禁忌種植：楓香、榕樹、杜鵑、垂榕、水黃皮、豔紫荊、錫蘭橄欖、印度橡膠樹。

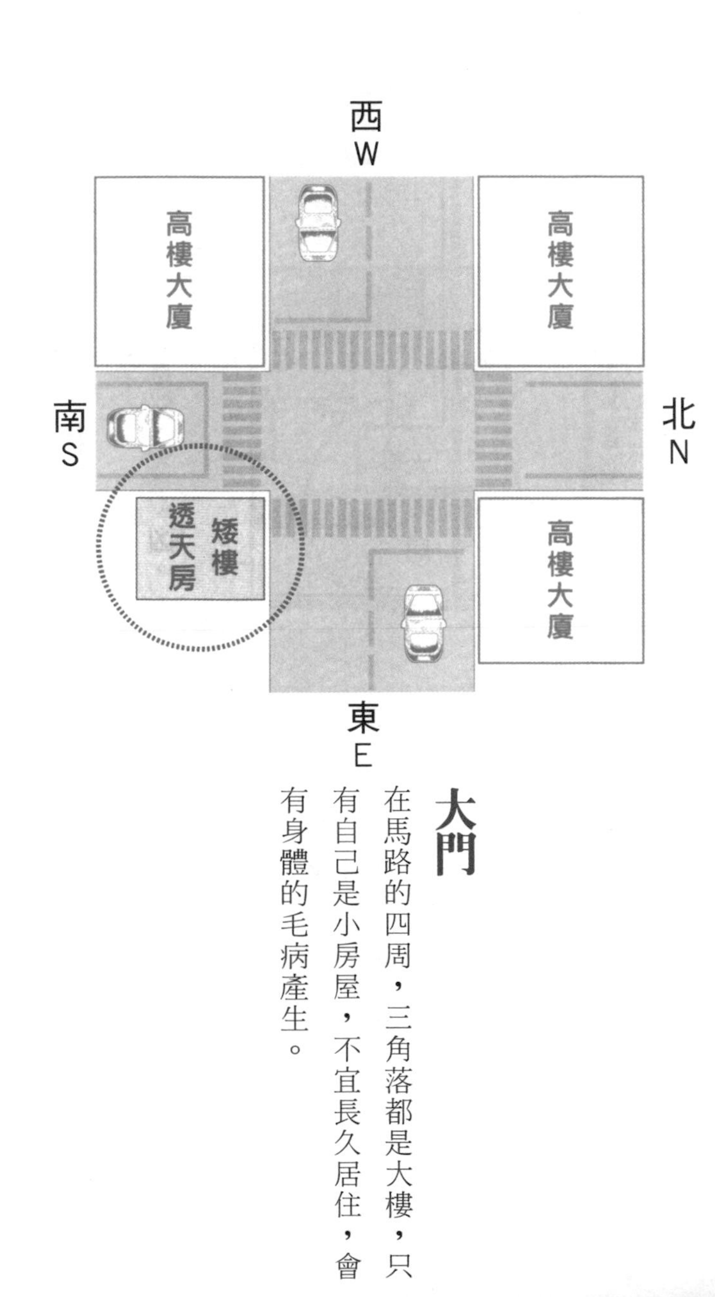


# 大門

在馬路的四周，三角落都是大樓，只有自己是小房屋，不宜長久居住，會有身體的毛病產生。

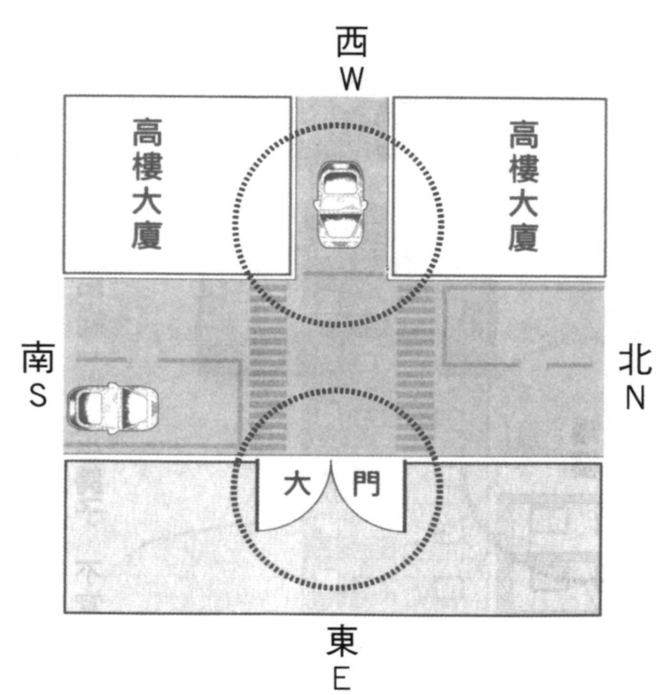


## 大門

大門不宜正面對著兩棟大樓狹小的空間，俗稱「血光煞」。

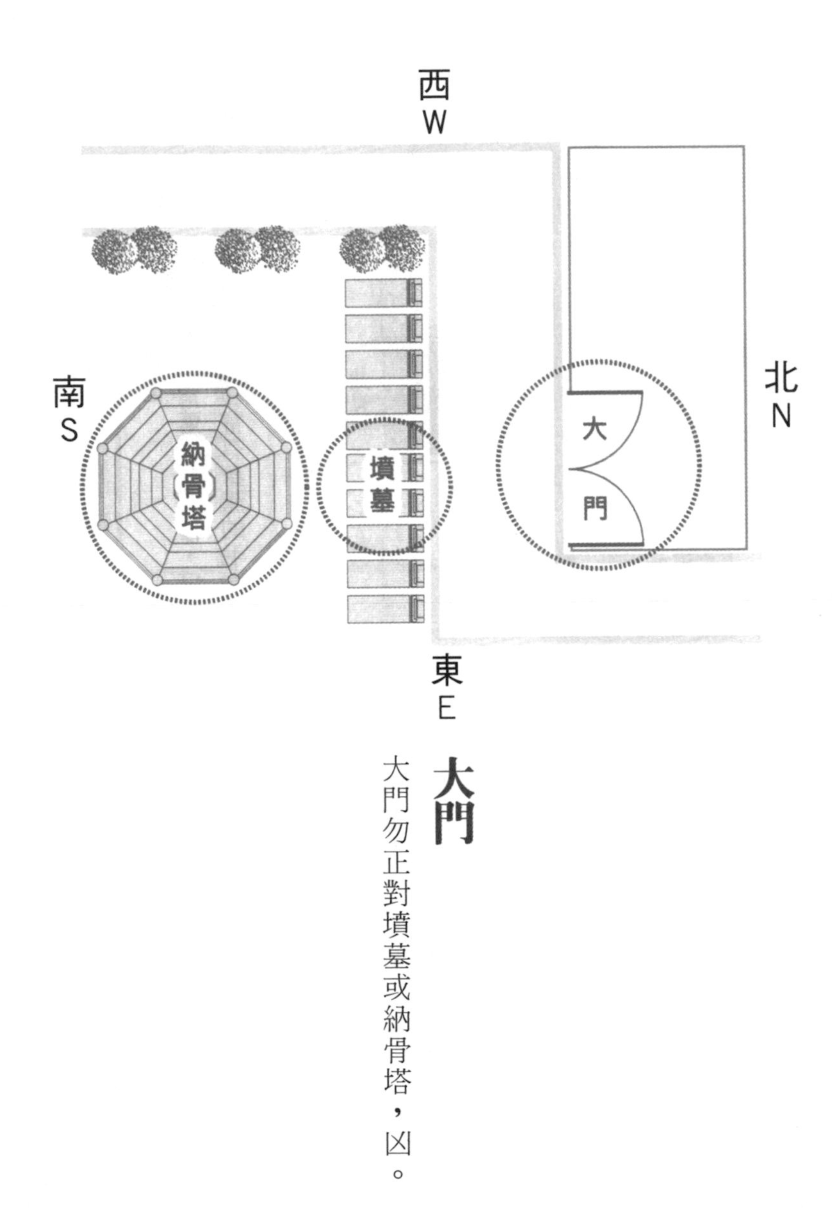


## 大門

大門勿正對墳墓或納骨塔，凶。

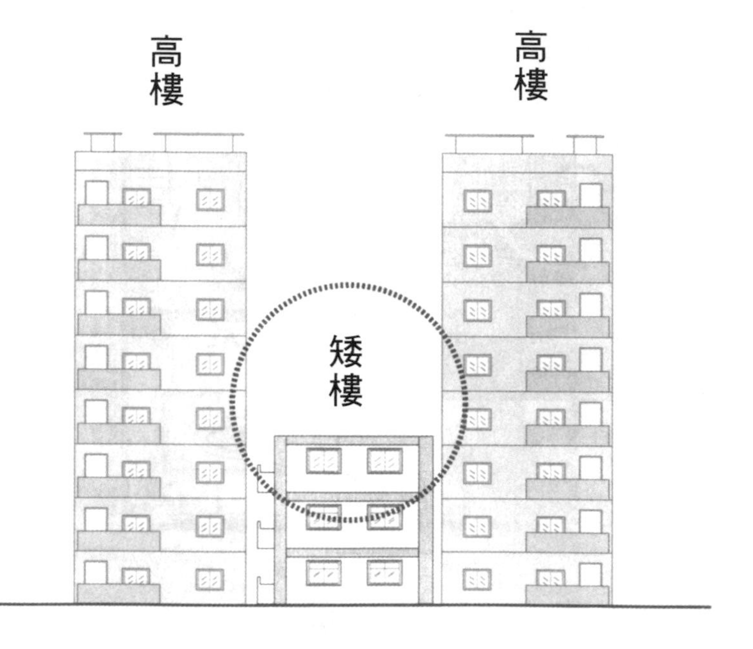


## 大門

在高樓間夾在中間一棟矮小房子，不宜。

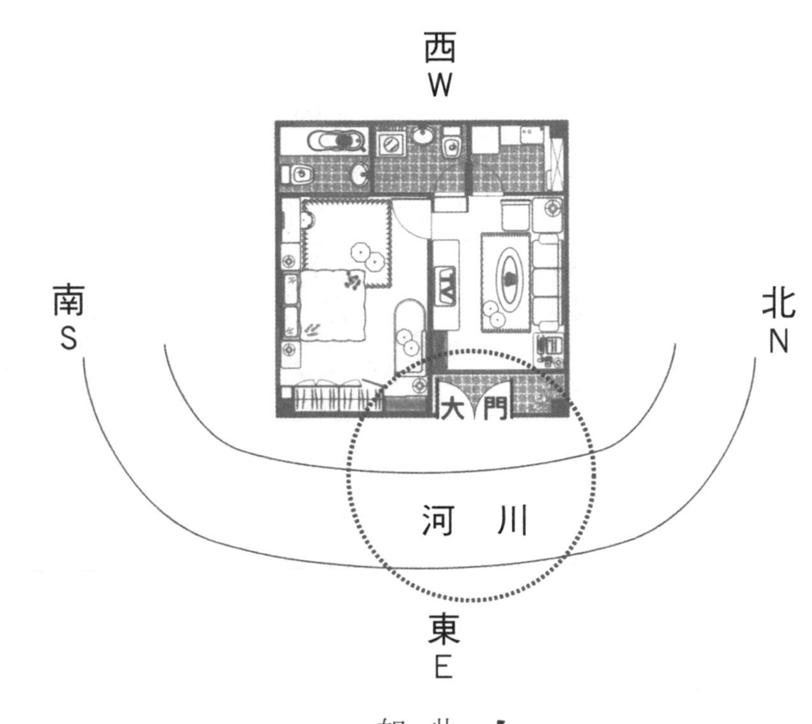


## 大門

此爲吉宅、吉地、得腰帶水帶腰者，如古時高官的腰帶；故又稱此吉地爲「玉帶環腰，財星高照」，吉相。

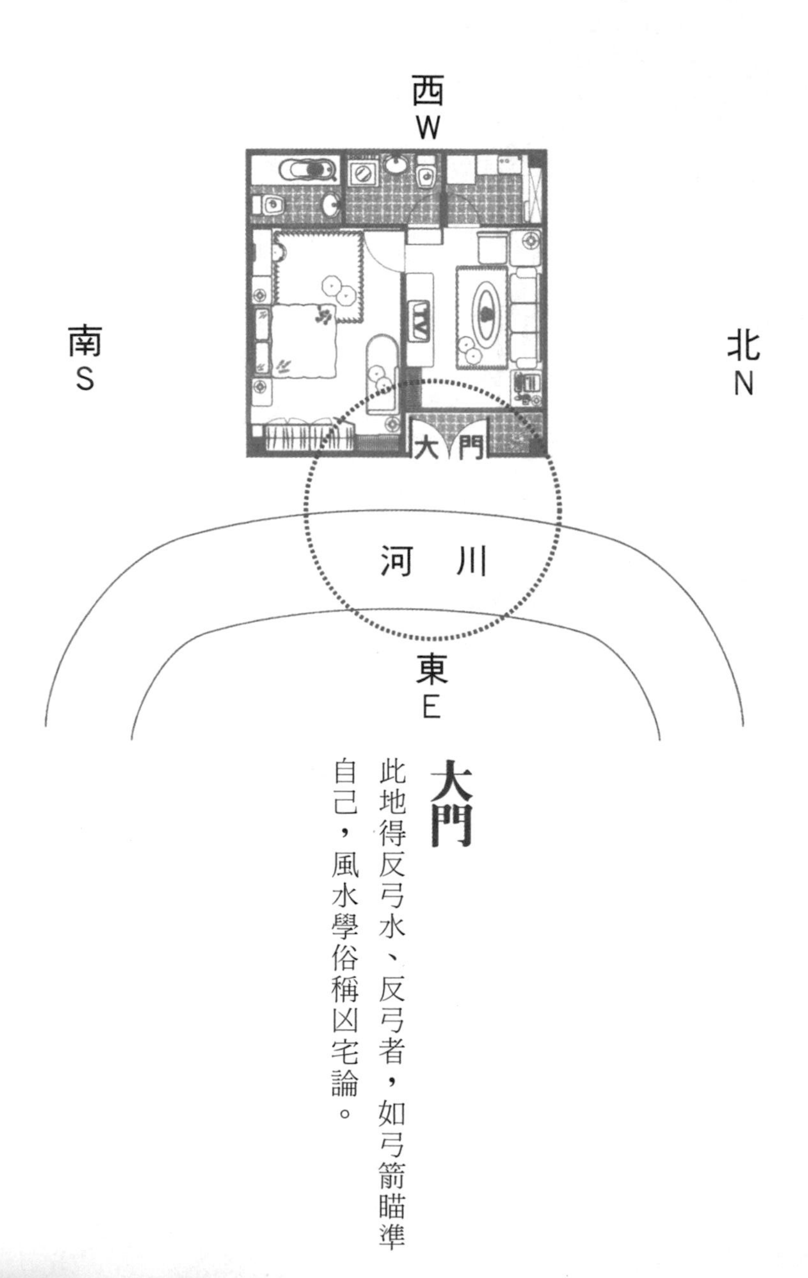


# 大門

此地得反弓水、反弓者，如弓箭瞄準自己，風水學俗稱凶宅論。

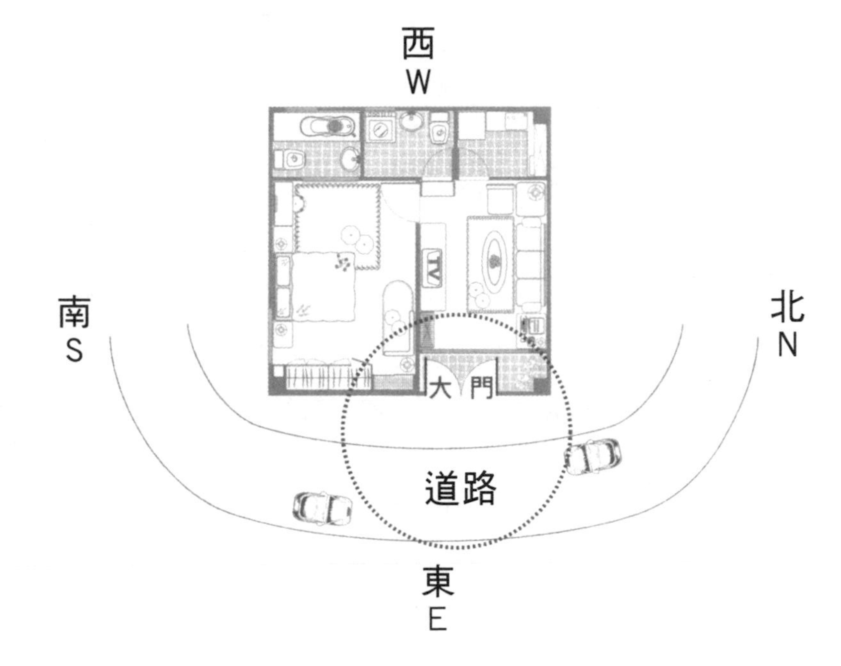


# 大門

與玉帶環腰水順弓道路同理，是爲次吉。

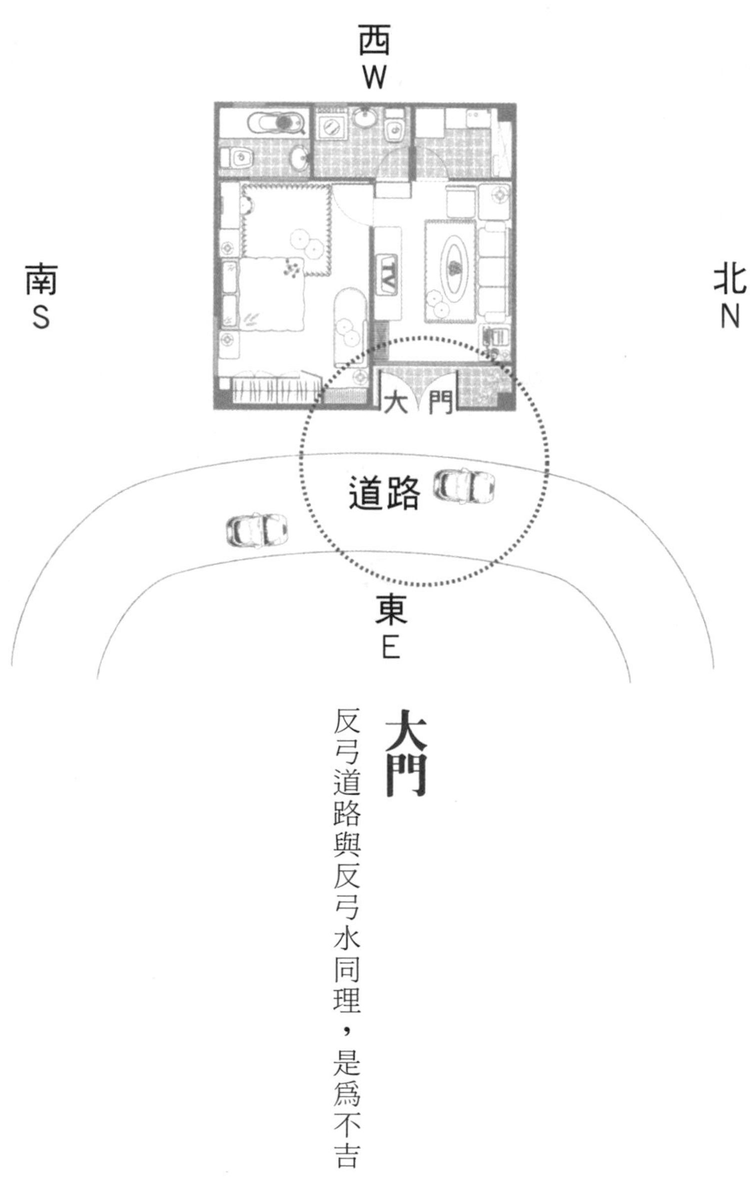


## 大門

反弓道路與反弓水同理，是爲不吉。

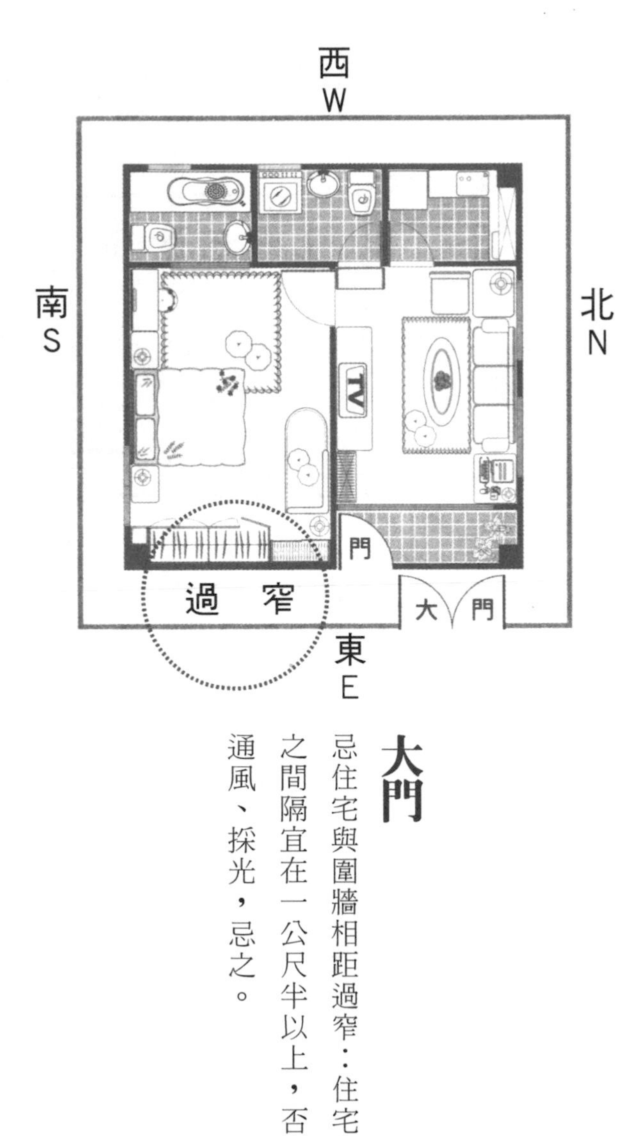


## 大門

忌住宅與圍牆相距過窄：住宅與圍牆之間隔宜在一公尺半以上，否則影響通風、採光，忌之。

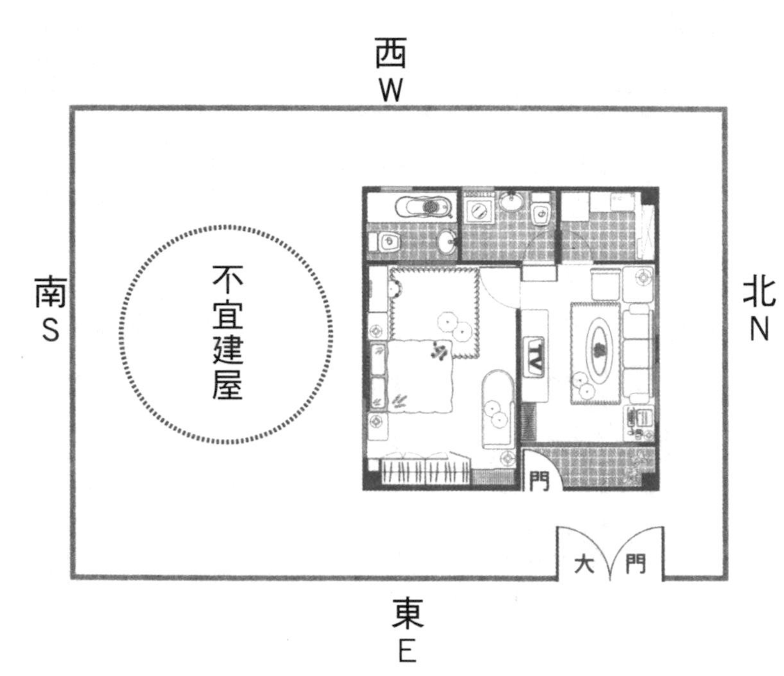


## 大門

同一大門之內，虎邊不宜建屋，否則主家宅不寧。

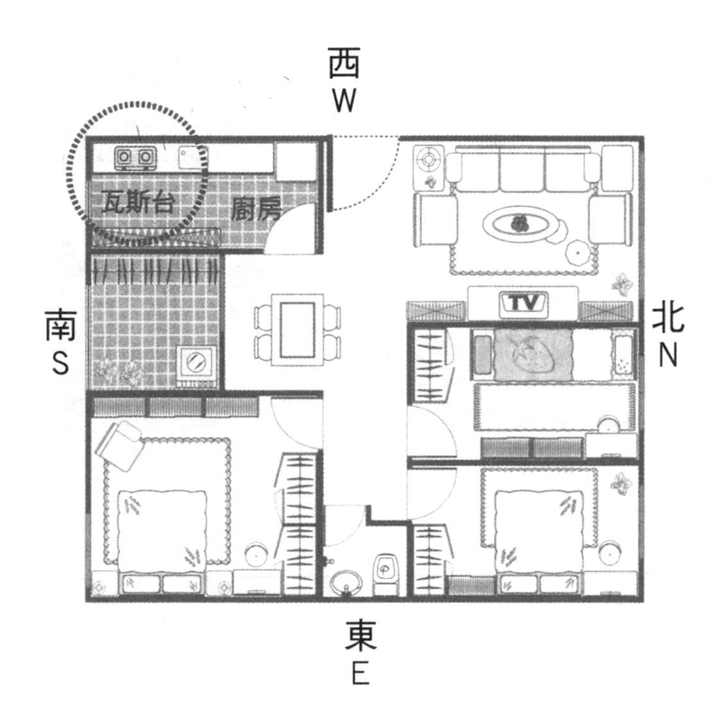


## 廚房

廚房之方位，宜居宅之東方或南方，爐灶之方位，亦宜朝東或朝南，蓋以五行相生之序，木屬東，火屬南故為大吉；而燃木以為火，故灶口向東，亦主發云。此說看似亦虛，而其理至。蓋古人以土灶舉炊，須煥然木取火，灶口朝東，取其風向助燃也。

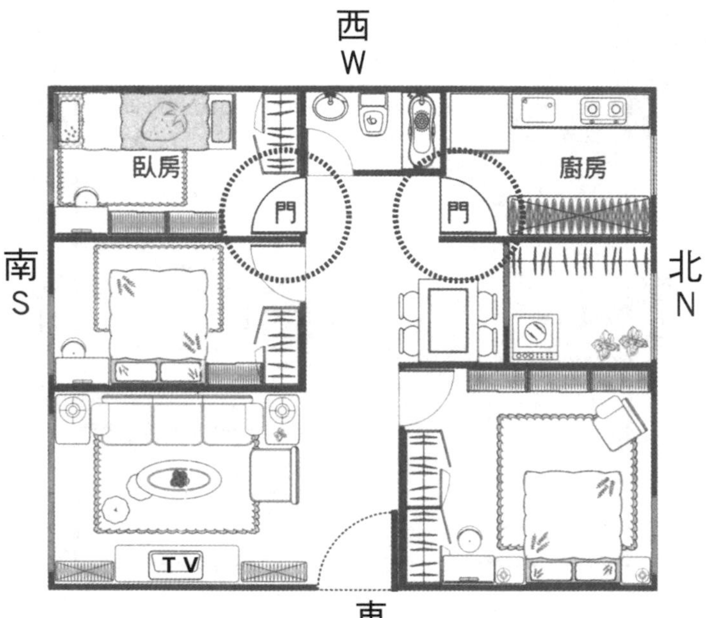


## 廚房

廚房忌對臥房之門。蓋以廚房終年排熱，空氣對流，則損於居者健康。同理，臥室亦不宜置於廚房。

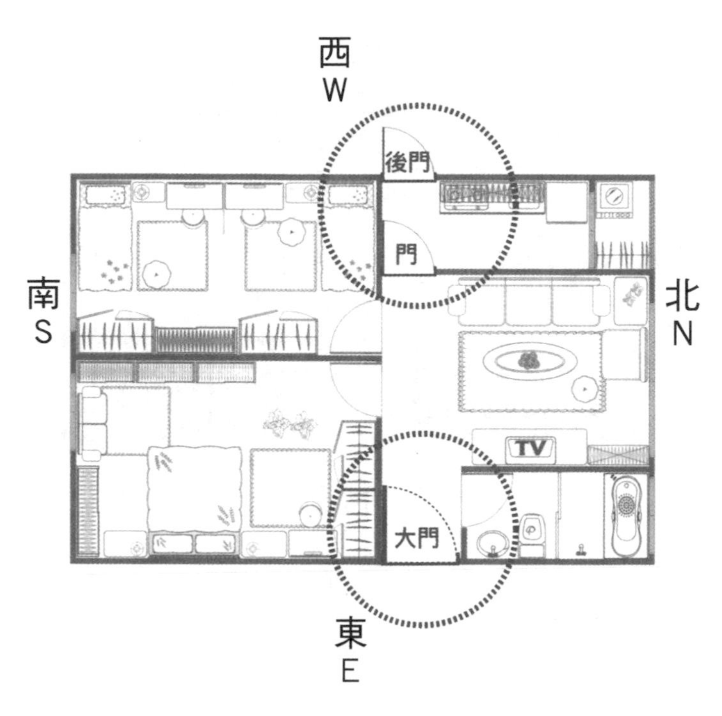


## 廚房

廚房門戶，忌對前後大門。蓋廚房猶倉庫也，倘與前後大門成一直線，即示錢財無以留，流水之東流也。同理，廚房門亦忌與客廳門成一直線，若不得已，則宜設置屏障以資阻攔。

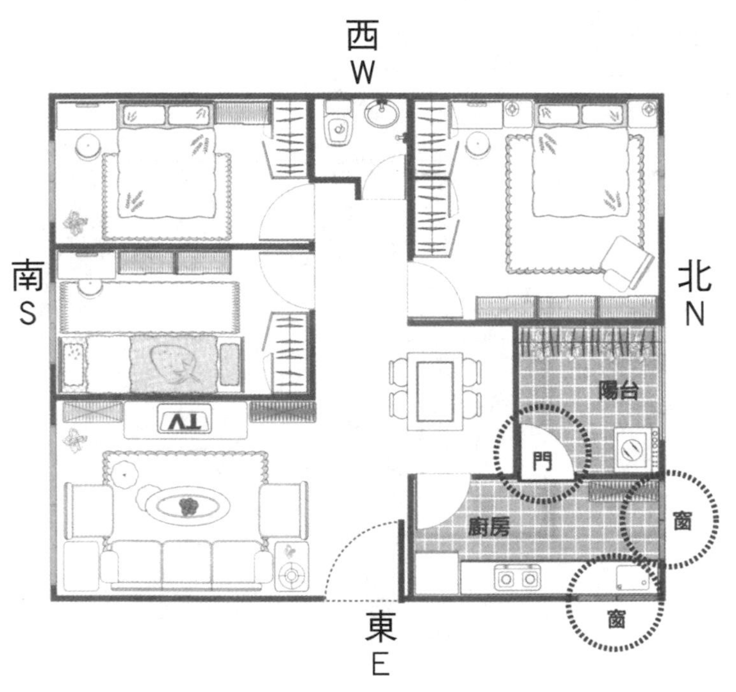


## 廚房

加強通風設備，務使廚房清潔乾爽，空氣暢通，以保持人廚主婦之身心健康。

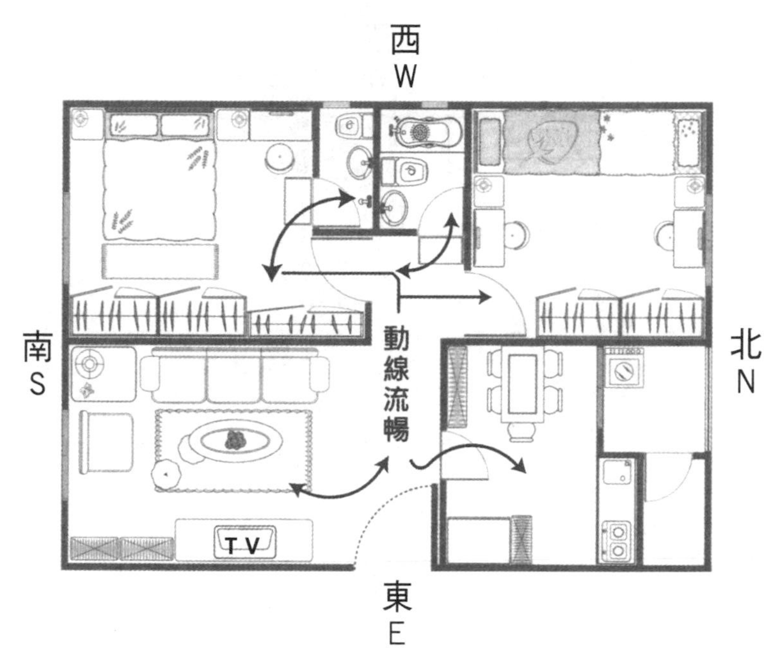


## 客廳

然客廳內之流動線（即廳內人行通道）宜流暢便捷，務使與臥室、浴廁之間通行無礙，始爲吉屋。

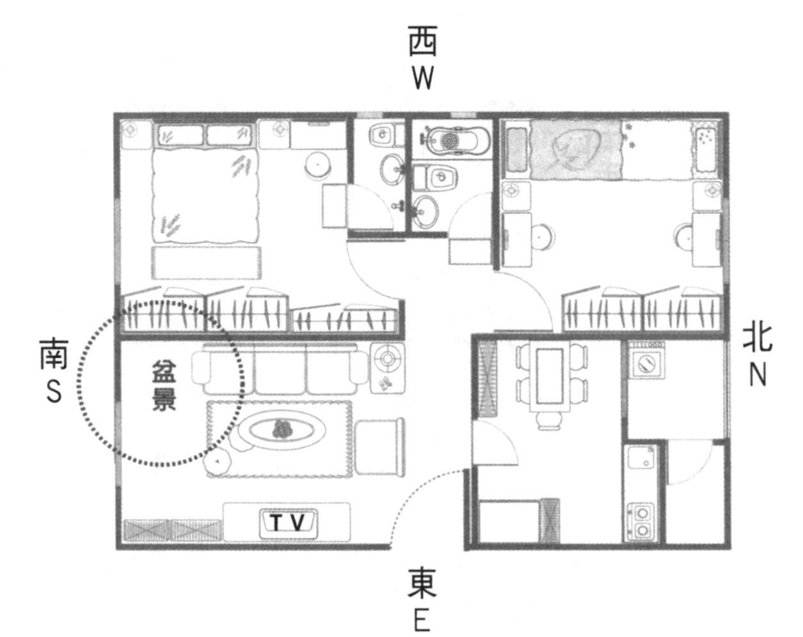


## 客廳

客廳的對角位是風水所說的「財位」，這個位置擺放如梅、蘭、菊、竹等盆景，主吉利。

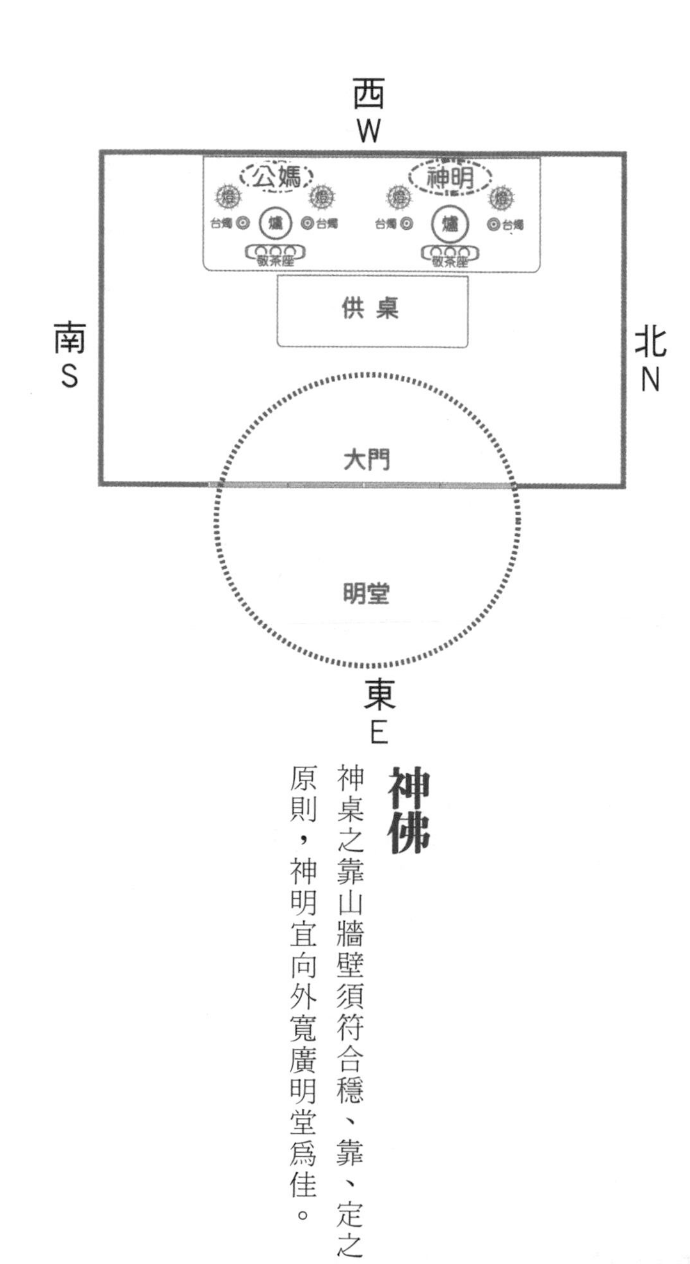


## 神佛

神桌之靠山牆壁須符合穩、靠、定之原則，神明宜向外寬廣明堂爲佳。

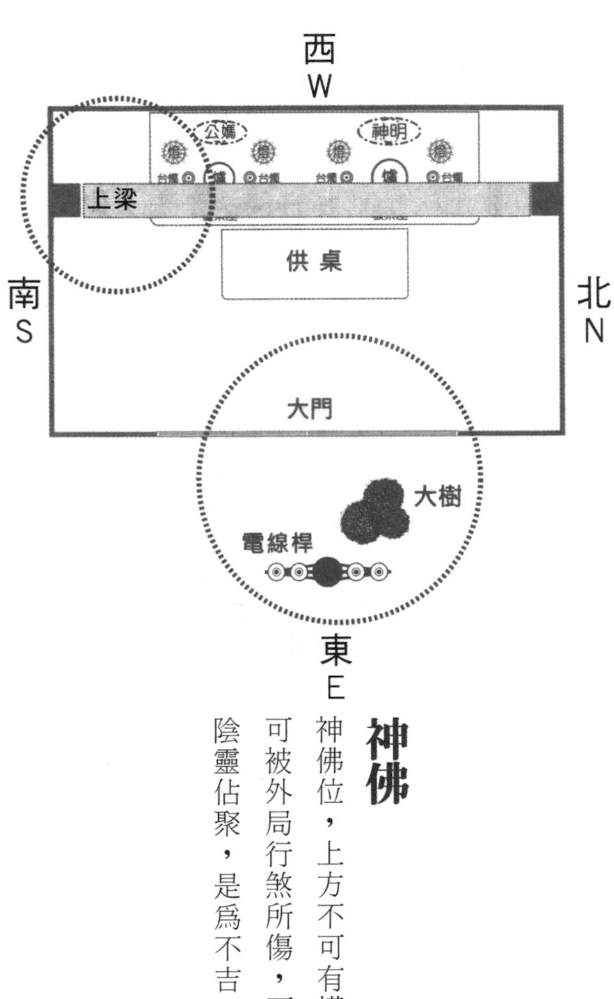


## 神佛

神佛位，上方不可有橫樑所壓，也不可被外局行煞所傷，否則佛靈不聚，陰靈佔聚，是爲不吉。

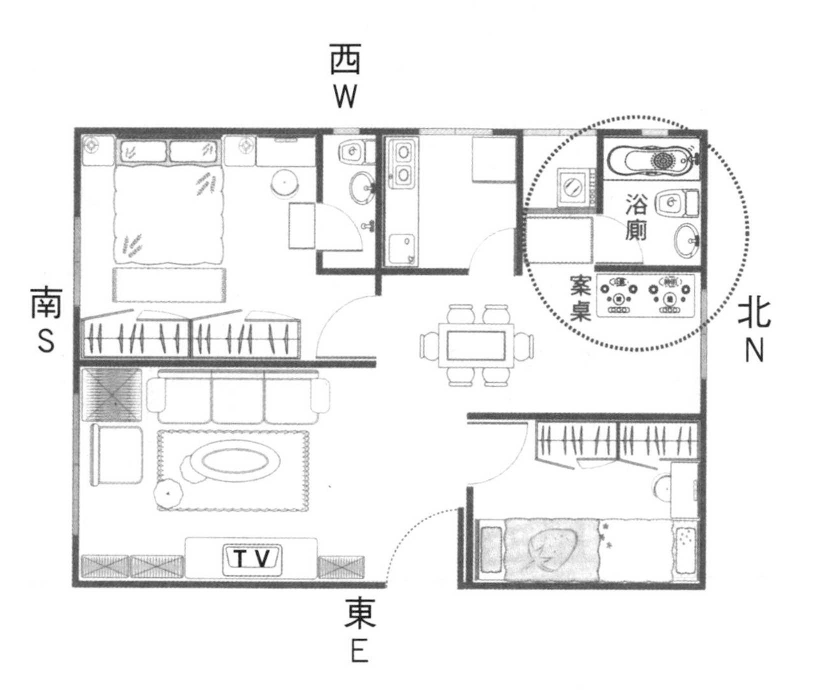


## 神佛

神佛位不宜安座在浴廁的旁邊，主家運壅阻，錢財、身體不安，不吉利也。

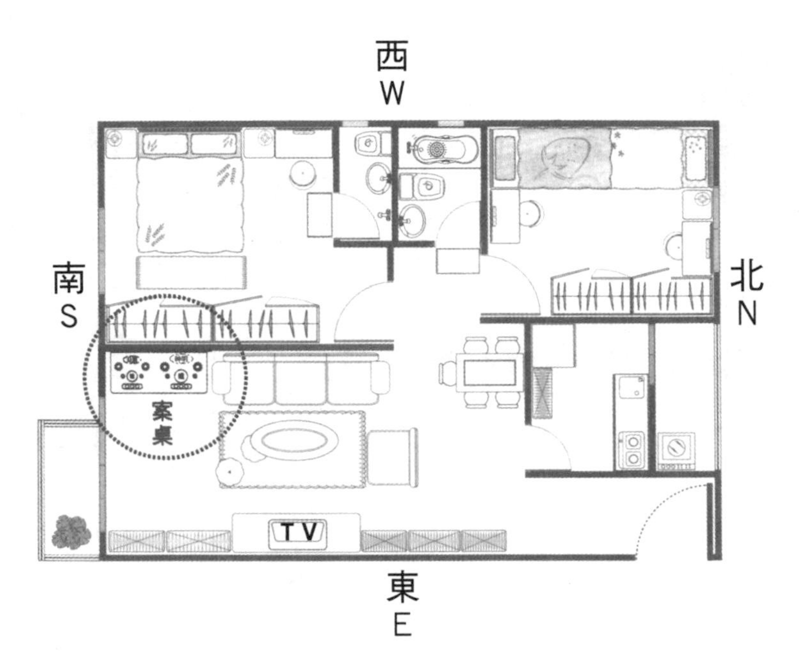


## 神佛

神佛、公媽爲應安座在背後有靠山，前面有空間，動線流暢，明亮不動方，安靜的位置，是可增佛靈聚集吉祥。

住宅的前方叫「朱雀」，右前方或右方叫「白虎」，左前方或左方叫「青龍」，住宅的後方叫「玄武」。此圖爲一般的住宅。

本圖是以透天厝的房子爲主，讀者的對面便是房子的大門，而大門正好在「子」的方位上，房子的後面是「午」，所以這房子是「午山子向」，或只稱「午山」。

街道兩旁的住宅，由於觀測者所站的角度不同，所以難以在這裏明述他的外表形狀與方位，一定要現場觀測才行。這裡只是先說明宅前、宅後與座山的關係。

城市街道兩邊長條形的住宅也是前方叫「朱雀」，左前方或左方叫「青龍」，住宅的後方叫「玄武」。此圖爲樓上、樓下與騎樓，並且是正面的圖樣。

這張圖要把書橫過來看，這是城市街道兩旁的房子，是長條形，如果到現場觀測一定很容易看出該宅第的座山。圖上表明有樓上、樓下與騎樓。

本圖要把書橫過來看，這是城市街道兩旁的房子，是長條形，本圖只表明有樓上、樓下與騎樓。

騎樓的前方是酉（西方），屋後是卯（東方），所以房屋可說「卯山酉向」，或說「卯山」。

本圖房屋的大門向著「丑」，所以屋後就向著「未」，也就是這房屋的座山爲「未山」，八卦是屬於「坤卦」。

「坤卦未山」的房屋，最理想的大門及圍牆所留的大門路爲「丑、戌、辰、巳、亥」等方位。

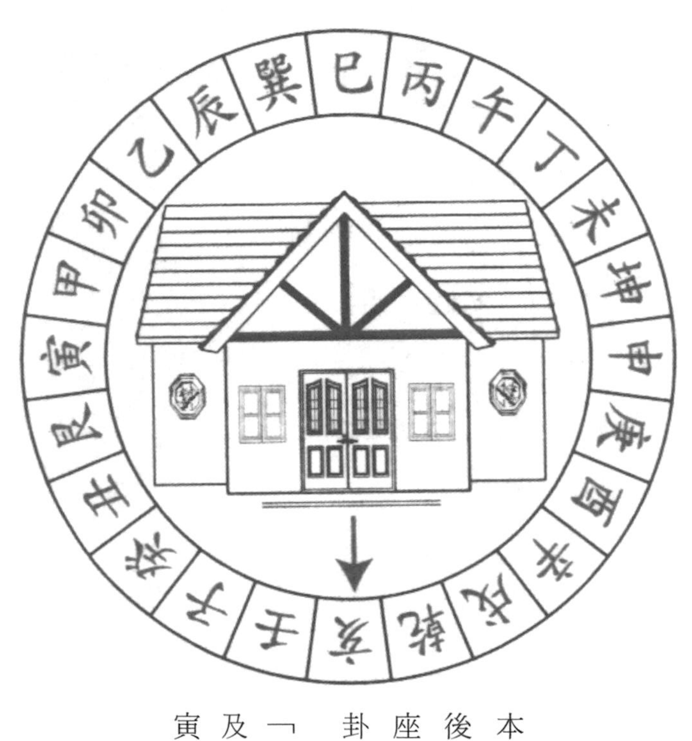


本圖房屋的大門向著「亥」，所以屋後就向著「巳」，就是說這間房屋的座山爲「巳山」，屬於八卦中的「巽卦」。

「巽卦巳山」的房屋，最理想的大門及圍牆所留的大門路爲「亥、申、寅、酉、乾」等方位。

本圖房屋的大門向著「壬」，所以屋後就向著「丙」，就是說這間房屋的座山爲「丙山」，屬於八卦中的「離卦」。

「離卦丙山」的房屋，最理想的大門及圍牆所留的大門路爲「壬、甲、庚、辛、癸」等方位。

本圖房屋的大門向著「艮」，所以屋後就向著「坤」，就是說這間房屋的座山爲「坤山」，屬於八卦中的「坤卦」。

「坤卦坤山」的房屋，最理想的大門及圍牆所留的大門路爲「艮、乾、巽、壬、甲」等方位。

本圖房屋的大門向著「戌」，所以屋後就向著「辰」，就是說這間房屋的座山為「辰山」，屬於八卦中的「巽卦」。

「巽卦辰山」的房屋，最理想的大門及圍牆所留的大門路為「戌、未、丑、申、亥」等方位。

本圖房屋的大門向著「酉」，所以屋後就向著「卯」，就是說這間房屋的座山爲「卯山」，屬於八卦中的「震卦」。

「震卦卯山」的房屋，最理想的大門及圍牆所留的大門路爲「酉、午、丁、未、庚」等方位。

# 第2章

# 通書便覽
# 查用淺說

乾隆時有感於術用紛歧之無所依從，並見康熙二十二年欽天監撰編的《選擇通書》因訛襲謬，故作《協紀辨方書》以為擇吉利用。

今日所見《通書》，已備選擇之宜忌，並備諸家百術之大要，極具選擇利用之參考價值、細分用事選擇之精要，苟涉術用之知者，雖未必萬能博知，但有一書在手，甚利立索便覽而以為利用之。

《通書》、《通書便覽》大備選擇利用之精要，且歷久不衰，向為崇尚者或時師術士所參考利用，因彼等有自知之明，我國五術浩博駁雜，就算終人之一生，亦難盡窺全貌，勉或專精一、二，略通其餘，一旦執業服務，不免泛及五術，故年年必備《通書》以補己短！

今日所謂《通書》、《通書便覽》之類，大抵相近明清所謂的《時憲書》，由選擇家逐年選備「廿四山便覽」、「安香入宅」、「嫁娶吉課」、「安葬吉課」、「安床」、「酬神祈福」……諸年月日時吉凶宜忌外，並且以刊刻使用之年逐月日以為註記用事宜忌，使利為選擇之參考，其逐日記註之記事內容格式大抵如下：

## 農曆癸卯二月小　上層國曆三月大

| 二日 | 三日 | 四日 | 五日 | 六日 | | | 七日 |
|---|---|---|---|---|---|---|---|
| 星期二 | 星期三 | 星期四 | 星期五 | 星期六 | | | 星期日 |
| 接雨水中<br>陽六局乙<br>五丙四丁三 | 五時福午<br>時入艮宮<br>上弦卯正一刻零分 | 初九丙戌<br>申時壬課<br>申丙<br>亥申<br>丑戌<br>辰丑 | （勵陽格）<br>勵陽機關<br>略見干外 | 天帝到甲<br>太陽到乾<br>危行六<br>壯之恒卦 | 太陽到坎<br>太陰到坤<br>金星到乾<br>木星到巽<br>日四吉臨 | 接雨水下<br>陽三局乙<br>二丙一丁九 | 時五福卯<br>時入巽宮<br>十二己丑<br>房牛<br>婁昂 |
| 初七甲申 | 登貴寅戌<br>初八乙酉<br>沖兔煞東 | 登貴丑亥<br>初九丙戌<br>登貴亥丑 | 初十丁亥<br>沖蛇煞西 | 登貴酉卯<br>十一戊子<br>沖馬煞南 | 十一戊子 | 登貴酉卯<br>十一戊子<br>沖馬煞南 | 登貴戌寅<br>十二己丑<br>沖羊煞東 |
| 水破<br>翼伐 | 水危<br>一白中<br>軫伐 | 土成<br>二二<br>黑 | 土收<br>三碧中<br>亢伐 | 火開<br>四綠中<br>氐制 | 管局 | 節后 | 火開<br>五中<br>黃<br>房和 |
| 天貴驛馬天后解神天地解神在節會●月破值夫食主復日天乙絕氣雀中破碎<br>憲協通宜祭祀解除沐浴求醫治病破屋壞垣掃舍宇●沖戊寅45歲胎占門爐西北 | 天貴陰德福生除神神在七聖顯星日●瓦碎初旬瓦解瘟出門光龍禁人鬲雀乾<br>憲宜祭祀沐浴剃頭整容掃舍宇○協紀加整手足甲取魚○通宜開光塑繪齋醮<br>⊙勿拆灶⊙功果習藝裁衣合帳冠紗巾嫁娶納婿安機械作染開市立券<br>交易納財出貨財開生坟合壽木入殮成除服移柩破土啓攢安葬立碑謝土○沖<br>己卯44歲○的呼丙子47歲胎占推磨門外西北⊙日值瓦碎初旬故刪堅造全章 | 月德月恩四相三合天喜天醫曲星日●月厭地火值婦橫天帝酷受死虎中雀兌<br>憲宜祭祀○協紀加解除○通宜塞穴結網畋獵取魚入殮成除服移柩破土啓攢<br>歲合天德母倉六合五富不將四相日●河魁翻弓劫煞門光重日天兵流財雀艮<br>憲宜祭祀結婚姻會親友進人口沐浴捕捉安機械栽種牧養○協記加祈福求嗣<br>解除造修倉庫納畜○通宜開光塑繪出行針灸問名訂盟納采裁衣作染出火拆<br>卸修造動土起基定磉豎柱安砛床移徙結網○沖辛巳42歲○胎占倉庫床外西北 | | 母倉時陽生氣益後青龍季分七聖日●災煞天火下兀食主楊公忌刀砧披蔴日<br>⊙**驚蟄** 臺灣卯時初三刻十二分<br>憲協宜祭祀沐浴○通宜塑繪祈福求<br>嗣出行剃頭整容結婚納采裁衣冠紗<br>巾嫁娶納婿動土安碓磑放水開市立券交易納財開井修飾垣牆栽種成除服移 | 柩破土啓攢○沖壬午41歲○的呼己卯44歲○胎占房床碓外正北●不宜開光 | 母倉陽德司命天府兵吉七聖傳星日●天罡月刑咸池天地賊刀砧遊山虎下兀<br>憲協均不取○通宜剃頭整容冠紗巾嫁娶納婿進人口捕捉取魚○沖壬午41歲<br>胎神占房床碓外正北●不宜出火移徙入宅開光開生坟合壽木出行作灶問卜 | 月德合時陽生氣不將六龍神在七聖●五虛勾陳雀坎離巢財離無祿泉竭泉悶<br>憲宜祭祀上官赴任入學習藝結婚姻會親友進人口求醫治病修置產室開渠牧<br>⊙密日⊙　烏兔太陽未時⊙　養○協紀加祈福求嗣晉級受章臨政<br>親民解除納畜○通宜開光塑繪齋醮出行沐浴剃頭整容問名訂盟納采裁衣嫁<br>娶納婿伐木做樑出火拆卸修造動土雖注中宮不宜起基定磉豎柱上樑歸岫蓋屋安門<br>砛床灶放水移徙入宅分居造廟掛匾開生坟合壽木成除服移柩破土啓攢○沖<br>癸未40歲呼丁未16歲胎占門廁外正北●忌開井開市立券納財入殮安葬求財 |

前頁爲節錄《通書記事便覽》一頁部分，其大抵分成五層記事——

**1、最上層爲國（陽）曆月日及星期之記載。**

**2、二層記註節氣，星曜到山方，奇門遁甲日局等記載。**

**3、三層爲農（陰）曆月日，簡註貴人登天門時，**如初八「乙酉」日右旁註「登貴寅戌」，意指雨水後乙日陽貴寅時登天門（按：以六壬遁之，陽貴申不得位，故《協紀辨方書》不註陽貴登天門），陰貴戌時登天門。左旁註「沖兔煞東」，意指日辰沖己卯之人，日三煞方在寅卯辰東方。

**4、四層記註紫白挨星，廿八宿善惡曜及建除十二神。**

**5、五層詳備宜忌記註，**如初八乙酉日宜開市、嫁娶……諸事，忌拆灶之類。

一般使用通書查閱之方法，必須先知用事種類，凡與山家方位相關者，必須先確定開山、立向、修方之吉利後，始依據習學或依賴通書，以爲便覽擇用之。

譬如有己卯年生人，籌備艮山坤向兼丑未之店鋪，擬擇用該壬戌年壬寅月乙酉日戊寅時開市者，雖見寅時註爲貴人登天門時，應不可逕爲擇用，其理由大約如下：

**1、艮山兼丑，丑坐年月三煞之歲煞、月煞，故不可擇用之一。**

**2、日辰乙酉與本主「己卯」有「天剋地衝」之忌，故必不可擇用。**

其餘用事擇吉，猶有諸多繁絮，不及一一盡述，簡而言之，選擇利用只在於「相主、補龍、扶山」之認知，以夫月日時八字「造命」，強調於用事之「太極」時辰猶人命之初生，「好的開始為成功的一半」，故古人立剋擇本此，後學因循記敘相傳而已！

因此能夠查用通書便覽，必具有剋擇之認識，且要熟知年月日時各有剋宜，如乙酉日沖己卯人、戊寅時沖壬申人之類，所以因循「**年善不如月善，月好不如日好，日吉不如時吉。**」之概念，擇吉甚重於時辰之擇用也。

以下附錄日時局神煞便覽，以為選時之參考——

## 【鼠】五子日時局◎沖馬煞南

◎吉　★中　●凶

| 戌甲 | 申壬 | 午庚 | 辰戊 | 寅丙 | 子甲 | **甲子日時局**<br>胎神占門碓外東南<br>正沖戊午的呼辛丑 |
|---|---|---|---|---|---|---|
| ★★◎沖<br>旬天國戊<br>空刑印辰 | ★★◎沖<br>路天三丙<br>空賊合寅 | ●沖日沖<br>大勿時甲<br>凶用相子 | ★★◎沖<br>六天三壬<br>戊牢合戌 | ★◎◎沖<br>天日喜庚<br>兵祿神申 | ★◎◎沖<br>日大金戊<br>建進匱午 | |
| 亥乙 | 酉癸 | 未辛 | 巳己 | 卯丁 | 丑乙 | |
| ★◎◎沖<br>朱長進己<br>雀生貴巳 | ★◎◎沖<br>路明官丁<br>空堂貴卯 | 貴弼丑沖<br>勾◎◎乙<br>陳乙右 | ★★◎沖<br>大元進癸<br>退武貴亥 | ◎◎◎沖<br>少玉天辛<br>微堂赦酉 | ◎ ◎ 沖<br>六交羅己<br>合貴紋未 | |
| 戌戊 | 申丙 | 午甲 | 辰壬 | 寅庚 | 子戊 | **丙子日時局**<br>胎神廚灶碓外西南<br>正沖庚午的呼丁丑 |
| ★★◎沖<br>六天福壬<br>戊刑貴辰 | ◎◎◎沖<br>喜三青庚<br>神合龍寅 | ●沖日沖<br>大勿時戊<br>凶用相子 | ★★◎沖<br>路不三丙<br>空遇合戌 | ★◎◎沖<br>地長日甲<br>兵生馬申 | ★◎◎沖<br>六福金壬<br>戊貴匱午 | |
| 亥己 | 酉丁 | 未乙 | 巳癸 | 卯辛 | 丑己 | |
| ★ ◎ 沖<br>朱交羅癸<br>雀貴紋巳 | ◎◎◎沖<br>天明乙辛<br>赦堂貴卯 | ★★◎沖<br>日勾進己<br>煞陳貴丑 | ★◎◎沖<br>路進日丁<br>空祿祿亥 | ◎◎◎沖<br>少玉少乙<br>微堂微酉 | ◎◎◎沖<br>進寶六癸<br>貴光合未 | |
| 戌壬 | 申庚 | 午戊 | 辰丙 | 寅甲 | 子壬 | **戊子日時局**<br>胎神房床碓外正北<br>正沖壬午的呼己卯 |
| ★★◎沖<br>路天右丙<br>空刑弼辰 | ★◎◎沖<br>地三青甲<br>兵合龍寅 | ●沖日沖<br>大勿時壬<br>凶用相子 | ★◎◎沖<br>天喜三庚<br>兵神合戌 | ★◎◎沖<br>不日長戊<br>遇馬生申 | ★◎◎沖<br>路大金丙<br>空進匱午 | |
| 亥癸 | 酉辛 | 未己 | 巳丁 | 卯乙 | 丑癸 | |
| ★★◎沖<br>路朱左丁<br>空雀輔巳 | ★◎◎沖<br>天明貪乙<br>賊堂狼卯 | ★ ◎ 沖<br>勾交羅癸<br>陳貴紋丑 | ★◎◎沖<br>元天日辛<br>武赦祿亥 | ◎◎◎沖<br>進官玉己<br>貴貴堂酉 | ★◎◎沖<br>路乙六丁<br>空貴合未 | |
| 戌丙 | 申甲 | 午壬 | 辰庚 | 寅戊 | 子丙 | **庚子日時局**<br>胎神占碓磨房內南<br>正沖甲午的呼乙未 |
| ★★◎沖<br>不天喜庚<br>遇刑神辰 | ◎◎◎沖<br>青日三戊<br>龍祿合寅 | ●沖日沖<br>大勿時丙<br>凶用相子 | ★★◎沖<br>天地三甲<br>牢兵合戌 | ★★◎沖<br>六白日壬<br>戊虎馬申 | ★◎◎沖<br>天喜金庚<br>兵神匱午 | |
| 亥丁 | 酉乙 | 未癸 | 巳辛 | 卯己 | 丑丁 | |
| ★◎◎沖<br>朱左天辛<br>雀輔赦巳 | ◎◎◎沖<br>進明帝己<br>貴堂旺卯 | ★◎◎沖<br>路進乙丁<br>空祿貴丑 | ★◎◎沖<br>元太長乙<br>武陰生亥 | ◎◎◎沖<br>進玉大癸<br>貴堂進酉 | ◎◎◎沖<br>寶天乙辛<br>光赦貴未 | |
| 戌庚 | 申戊 | 午丙 | 辰甲 | 寅壬 | 子庚 | **壬子日時局**<br>胎神倉庫碓外東北<br>正沖丙午的呼乙亥 |
| ★★◎沖<br>天地右甲<br>刑兵弼辰 | ◎◎◎沖<br>六青三壬<br>戊龍合寅 | ●沖日沖<br>大勿時庚<br>凶用相子 | ◎◎◎沖<br>福武三戊<br>貴曲合戌 | ★ ◎ 沖<br>路趨六丙<br>空良壬申 | ★◎◎沖<br>地帝金甲<br>兵旺匱午 | |
| 亥辛 | 酉己 | 未丁 | 巳乙 | 卯癸 | 丑辛 | |
| ★ ◎ 沖<br>朱居日乙<br>雀時祿巳 | ◎◎◎沖<br>明大進癸<br>堂進貴卯 | ★◎◎沖<br>勾官天辛<br>陳貴赦丑 | ★ ◎ 沖<br>天交羅己<br>賊貴紋亥 | ★ ◎ 沖<br>路交祿丁<br>空馳貴酉 | ◎◎◎沖<br>寶六天乙<br>光合德未 | |

# 【牛】五丑日時局◎沖羊煞東

◎吉 ★中 ●凶

| 戌丙 | 申甲 | 午壬 | 辰庚 | 寅戊 | 子丙 | **乙丑日時局** |
|---|---|---|---|---|---|---|
| ★◎◎沖<br>天青喜庚<br>兵龍神辰 | ★ ◎ 沖<br>大交羅戊<br>退貴紋寅 | ★★◎沖<br>天路長丙<br>牢空生子 | ★★◎沖<br>白地進甲<br>虎兵貴戌 | ★◎◎沖<br>六金進壬<br>戊匱貴申 | ★◎◎沖<br>天六乙庚<br>兵合貴午 | 胎神碓磨廁外東南<br>正沖己未的呼辛巳 |
| 亥丁 | 酉乙 | 未癸 | 巳辛 | 卯己 | 丑丁 | |
| ◎◎◎沖<br>明天福辛<br>堂赦貴巳 | ★◎◎沖<br>勾三比己<br>陳合肩卯 | ●沖日沖<br>大勿時辛<br>凶用相丑 | ★◎◎沖<br>不玉三乙<br>遇堂合亥 | ◎◎◎沖<br>日天大癸<br>祿德進酉 | ★◎◎沖<br>朱福天辛<br>雀星赦未 | |
| 戌庚 | 申戊 | 午丙 | 辰甲 | 寅壬 | 子庚 | **丁丑日時局** |
| ★◎◎沖<br>地進青甲<br>兵貴龍辰 | ★◎◎沖<br>六司進壬<br>戊命貴寅 | ★◎◎沖<br>天日喜庚<br>兵祿神子 | ★★◎沖<br>白日進戊<br>虎煞貴戌 | ◎★◎沖<br>大路金丙<br>退空匱申 | ★◎◎沖<br>地進六甲<br>兵貴合午 | 胎神倉庫廁外正西<br>正沖辛未的呼癸未 |
| 亥辛 | 酉己 | 未丁 | 巳乙 | 卯癸 | 丑辛 | |
| ◎◎◎沖<br>官明乙乙<br>貴堂貴巳 | ◎◎◎沖<br>福三大癸<br>貴合進卯 | ●沖日沖<br>大勿時辛<br>凶用相丑 | ◎◎◎沖<br>帝玉三己<br>旺堂合亥 | ★◎◎沖<br>路寶天丁<br>空光德酉 | ★★◎沖<br>朱日唐乙<br>雀建符未 | |
| 戌甲 | 申壬 | 午庚 | 辰戊 | 寅丙 | 子甲 | **己丑日時局** |
| ★◎◎沖<br>日進青戊<br>刑貴龍辰 | ★◎◎沖<br>路乙司丙<br>空貴命寅 | ★ ◎ 沖<br>地交祿甲<br>兵馳貴子 | ★ ◎ 沖<br>六日時壬<br>戊貴居戌 | ★◎◎沖<br>天喜金庚<br>兵神匱申 | ◎ ◎ 沖<br>大合羅戊<br>進貴紋午 | 胎神占門廁外正北<br>正沖癸未的呼丁未 |
| 亥乙 | 酉癸 | 未辛 | 巳己 | 卯丁 | 丑乙 | |
| ★◎◎沖<br>不明日己<br>遇堂馬巳 | ★◎◎沖<br>路長三丁<br>空生合卯 | ●沖日沖<br>大勿時乙<br>凶用相丑 | ◎◎◎沖<br>帝玉三癸<br>旺堂合亥 | ◎◎◎沖<br>天寶天辛<br>德光赦酉 | ★★◎沖<br>不朱唐己<br>遇雀符未 | |
| 戌戊 | 申丙 | 午甲 | 辰壬 | 寅庚 | 子戊 | **辛丑日時局** |
| ★◎◎沖<br>雷青進壬<br>兵龍貴辰 | ★◎◎沖<br>天司喜庚<br>兵命神寅 | ◎ ◎ 沖<br>大交羅戊<br>進貴紋子 | ★★◎沖<br>白路唐丙<br>虎空符戌 | ★ ◎ 沖<br>地交羅甲<br>兵貴紋申 | ★◎◎沖<br>六進長壬<br>戊貴生午 | 胎神廚灶廁房內南<br>正沖乙未的呼壬子 |
| 亥己 | 酉丁 | 未乙 | 巳癸 | 卯辛 | 丑己 | |
| ★◎◎沖<br>大日明癸<br>退馬堂巳 | ◎◎◎沖<br>三日天辛<br>合祿赦卯 | ●沖日沖<br>大勿時己<br>凶用相丑 | ★◎◎沖<br>路三福丁<br>空合貴亥 | ◎◎◎沖<br>比寶天乙<br>肩光德酉 | ★★◎沖<br>日朱太癸<br>建雀陰未 | |
| 戌壬 | 申庚 | 午戊 | 辰丙 | 寅甲 | 子壬 | **癸丑日時局** |
| ★★◎沖<br>日路青丙<br>刑空龍辰 | ★◎◎沖<br>地進司甲<br>兵貴命寅 | ★★◎沖<br>六天進壬<br>戊牢貴子 | ★★◎沖<br>天白喜庚<br>兵虎神戌 | ★◎◎沖<br>天金進戊<br>賊匱貴申 | ★◎◎沖<br>路大日丙<br>空進祿午 | 胎神房床廁外東北<br>沖丁未的呼丁亥甲寅 |
| 亥癸 | 酉辛 | 未己 | 巳丁 | 卯乙 | 丑癸 | |
| ★◎◎沖<br>路日明丁<br>空馬堂巳 | ★◎◎沖<br>勾三扶乙<br>陳合元卯 | ●沖日沖<br>大勿時癸<br>凶用相丑 | ◎◎◎沖<br>乙玉三辛<br>貴堂合亥 | ◎◎◎沖<br>寶乙長己<br>光貴生酉 | ★ ◎ 沖<br>路相同丁<br>空資類未 | |

## 【虎】五寅日時局◎沖猴煞北

◎吉　★中　●凶

### 甲寅日時局

胎神占門爐外東北
正沖戊申的呼癸巳癸未

| 戌甲 | 申壬 | 午庚 | 辰戊 | 寅丙 | 子甲 |
|---|---|---|---|---|---|
| ◎◎◎沖<br>進司三戊<br>祿命合辰 | ●沖日沖<br>大勿時丙<br>凶用相寅 | ★★◎沖<br>白地三甲<br>虎兵合子 | ★★◎沖<br>六雷金壬<br>戊兵匱戌 | ★◎◎沖<br>天喜日庚<br>兵神祿申 | ◎◎◎沖<br>進青大戊<br>祿龍進午 |
| 亥乙 | 酉癸 | 未辛 | 巳己 | 卯丁 | 丑乙 |
| ★◎◎沖<br>勾六長己<br>陳合生巳 | ★◎◎沖<br>路唐官丁<br>空符貴卯 | ◎ ◎ 沖<br>玉交羅乙<br>堂貴紋丑 | ★★◎沖<br>大日寶癸<br>退刑光亥 | ◎◎◎沖<br>少玉天辛<br>微堂赦酉 | ◎◎◎沖<br>右乙明己<br>弼貴堂未 |

### 丙寅日時局

胎神廚灶爐外正南
正沖庚申的呼甲辰丙午

| 戌戊 | 申丙 | 午甲 | 辰壬 | 寅庚 | 子戊 |
|---|---|---|---|---|---|
| ★◎◎沖<br>六三司壬<br>戊合命辰 | ●沖日沖<br>大勿時庚<br>凶用相寅 | ◎◎◎沖<br>大生三戊<br>進旺合子 | ★★◎沖<br>路不金丙<br>空遇匱戌 | ★★◎沖<br>天地長甲<br>刑兵生申 | ★◎◎沖<br>六青官壬<br>戊龍貴午 |
| 亥己 | 酉丁 | 未乙 | 巳癸 | 卯辛 | 丑己 |
| ★◎◎沖<br>勾六乙癸<br>陳合貴巳 | ★◎◎沖<br>玄天乙辛<br>武赦貴卯 | ◎◎◎沖<br>武少玉己<br>曲微堂丑 | ★◎◎沖<br>路寶日丁<br>空光祿亥 | ★◎◎沖<br>朱功進乙<br>雀曹貴酉 | ★★◎沖<br>右狗明癸<br>弼食堂未 |

### 戊寅日時局

胎神房床爐外正西
沖壬申的呼甲辰丙午

| 戌壬 | 申庚 | 午戊 | 辰丙 | 寅甲 | 子壬 |
|---|---|---|---|---|---|
| ★◎◎沖<br>路三司丙<br>空合命辰 | ●沖日沖<br>大勿時甲<br>凶用相寅 | ★◎◎沖<br>六帝三壬<br>戊旺合子 | ★◎◎沖<br>天金喜庚<br>兵匱神戌 | ★◎◎沖<br>天長進戊<br>刑生祿申 | ★◎◎沖<br>路青大丙<br>空龍進午 |
| 亥癸 | 酉辛 | 未己 | 巳丁 | 卯乙 | 丑癸 |
| ★ ◎沖<br>路會天丁<br>空合地巳 | ★★◎沖<br>天天進乙<br>賊武貴卯 | ◎◎◎沖<br>少玉乙癸<br>微堂貴丑 | ★◎◎沖<br>寶天日辛<br>光赦祿亥 | ★◎◎沖<br>朱貪官己<br>雀狼貴酉 | ★◎◎沖<br>路明乙丁<br>空堂貴未 |

### 庚寅日時局

胎神碓磨爐外正北
正沖甲申的呼丙申

| 戌丙 | 申甲 | 午壬 | 辰庚 | 寅戊 | 子丙 |
|---|---|---|---|---|---|
| ★◎◎沖<br>天喜司庚<br>兵神命辰 | ●沖日沖<br>大勿時戊<br>凶用相寅 | ★◎◎沖<br>路福三丙<br>空貴合子 | ★◎◎沖<br>地福金甲<br>兵德匱戌 | ★★◎沖<br>雷六長壬<br>兵戊生申 | ★◎◎沖<br>天青喜庚<br>兵龍神午 |
| 亥丁 | 酉乙 | 未癸 | 巳辛 | 卯己 | 丑丁 |
| ★◎◎沖<br>勾六天辛<br>陳合赦巳 | ★◎◎沖<br>元帝金己<br>武旺星卯 | ★◎◎沖<br>路乙玉丁<br>空貴堂丑 | ◎◎◎沖<br>進寶長乙<br>貴光生亥 | ◎ ◎ 沖<br>大逢胞癸<br>進印胎酉 | ◎◎◎沖<br>明天乙辛<br>堂赦貴未 |

### 壬寅日時局

胎神倉庫爐房內南
正沖丙申的呼甲辰

| 戌庚 | 申戊 | 午丙 | 辰甲 | 寅壬 | 子庚 |
|---|---|---|---|---|---|
| ★◎◎沖<br>地司三甲<br>兵命合辰 | ●沖日沖<br>大勿時壬<br>凶用相寅 | ★★◎沖<br>白天喜庚<br>虎兵神子 | ◎◎◎沖<br>進福金戊<br>祿貴匱戌 | ★ ◎ 沖<br>路趨六丙<br>空艮壬申 | ★◎◎沖<br>地青貪甲<br>兵龍狼午 |
| 亥辛 | 酉己 | 未丁 | 巳乙 | 卯癸 | 丑辛 |
| ◎ ◎ 沖<br>六交祿乙<br>合馳貴巳 | ★◎◎沖<br>元大傳癸<br>武進送卯 | ◎◎◎沖<br>天官玉辛<br>赦貴堂丑 | ◎◎◎沖<br>乙寶天己<br>貴光德亥 | ★★◎沖<br>朱路乙丁<br>雀空貴酉 | ◎◎◎沖<br>進官明乙<br>貴貴堂未 |

## 【兔】五卯日時局◎沖雞煞西

◎吉 ★中 ●凶

### 乙卯日時局

胎神碓磨門外正東
沖己酉的呼戊子丙辰

| 時 | 沖 | 神煞 |
|---|---|---|
| 丙子 | 沖庚午 | ◎司命 ◎乙貴 ★天兵 |
| 丁丑 | 沖辛未 | ◎福貴 ◎天赦 ★勾陳 |
| 戊寅 | 沖壬申 | ◎青龍 ★六戊 ★雷兵 |
| 己卯 | 沖癸酉 | ◎大進 ◎日祿 ◎明堂 |
| 庚辰 | 沖甲戌 | ◎武曲 ★天刑 ★地兵 |
| 辛巳 | 沖乙亥 | ◎日馬 ◎少微 ★朱雀 |
| 壬午 | 沖丙子 | ◎長生 ◎金匱 ★路空 |
| 癸未 | 沖辛丑 | ◎寶光 ◎三合 ◎天赦 |
| 甲申 | 沖戊寅 | ◎乙貴 ★大退 ★白虎 |
| 乙酉 | 沖己卯 | 日時相沖勿用 ●大凶 |
| 丙戌 | 沖庚辰 | ◎喜神 ◎六合 ★天兵 |
| 丁亥 | 沖辛巳 | ◎天赦 ◎三合 ◎福貴 |

### 丁卯日時局

胎神倉庫門外正南
沖辛酉的呼甲午甲戌

| 時 | 沖 | 神煞 |
|---|---|---|
| 庚子 | 沖甲午 | ◎司命 ★日刑 ★地兵 |
| 辛丑 | 沖乙未 | ◎武曲 ◎唐符 ★勾陳 |
| 壬寅 | 沖丙申 | ◎青龍 ★路空 ★大退 |
| 癸卯 | 沖丁酉 | ◎明堂 ◎進貴 ★路空 |
| 甲辰 | 沖戊戌 | ◎武曲 ★不遇 ★天刑 |
| 乙巳 | 沖己亥 | ◎進祿 ◎日馬 ★朱雀 |
| 丙午 | 沖庚子 | ◎喜神 ◎日祿 ★天兵 |
| 丁未 | 沖辛丑 | ◎寶光 ◎三合 ◎天赦 |
| 戊申 | 沖壬寅 | ◎功曹 ★白虎 ★六戊 |
| 己酉 | 沖癸卯 | 日時相沖勿用 ●大凶 |
| 庚戌 | 沖甲辰 | ◎六合 ★六戊 ★天牢 |
| 辛亥 | 沖乙巳 | ◎乙貴 ◎三合 ★元武 |

### 己卯日時局

胎神占大門外正西
沖癸酉的呼丁亥己未

| 時 | 沖 | 神煞 |
|---|---|---|
| 甲子 | 沖戊午 | ◎乙貴 ◎大進 ◎司命 |
| 乙丑 | 沖己未 | ◎武曲 ★不遇 ★勾陳 |
| 丙寅 | 沖庚申 | ◎喜神 ◎青龍 ★天兵 |
| 丁卯 | 沖辛酉 | ◎天赦 ◎明堂 ★日建 |
| 戊辰 | 沖壬戌 | ◎武曲 ★六戊 ★天刑 |
| 己巳 | 沖癸亥 | ◎日馬 ★朱雀 ★大退 |
| 庚午 | 沖甲子 | ◎金匱 ◎日祿 ★地兵 |
| 辛未 | 沖乙丑 | ◎三合 ◎寶光 ◎福星 |
| 壬申 | 沖丙寅 | ◎羅紋交貴 ★路空 |
| 癸酉 | 沖丁卯 | 日時相沖勿用 ●大凶 |
| 甲戌 | 沖戊辰 | ◎天地合局 ★天牢 |
| 乙亥 | 沖己巳 | ◎進祿 ◎三合 ★不遇 |

### 辛卯日時局

胎神廚灶門外正北
正沖乙酉的呼辛未

| 時 | 沖 | 神煞 |
|---|---|---|
| 戊子 | 沖壬午 | ◎司命 ★雷兵 ★六戊 |
| 己丑 | 沖癸未 | ◎太陰 ◎武曲 ★勾陳 |
| 庚寅 | 沖甲申 | ◎青龍 ◎乙貴 ★地兵 |
| 辛卯 | 沖乙酉 | ◎同類相資 ◎明堂 |
| 壬辰 | 沖丙戌 | ◎進貴 ★路空 ★天刑 |
| 癸巳 | 沖丁亥 | ◎福星 ★路空 ★朱雀 |
| 甲午 | 沖戊子 | ◎大進 ◎乙貴 ◎金匱 |
| 乙未 | 沖己丑 | ◎三合財局 ◎寶光 |
| 丙申 | 沖庚寅 | ◎喜神 ★白虎 ★天兵 |
| 丁酉 | 沖辛卯 | 日時相沖勿用 ●大凶 |
| 戊戌 | 沖壬辰 | ◎六合 ★六戊 ★天牢 |
| 己亥 | 沖癸巳 | ◎三合 ★元武 ★大退 |

### 癸卯日時局

胎神房床門房內南
沖丁酉的呼丙辰丁巳

| 時 | 沖 | 神煞 |
|---|---|---|
| 壬子 | 沖丙午 | ◎大進 ◎日祿 ★路空 |
| 癸丑 | 沖丁未 | ◎進貴 ★路空 ★勾陳 |
| 甲寅 | 沖戊申 | ◎青龍左輔 ★狗食 |
| 乙卯 | 沖己酉 | ◎祿貴交馳 ◎明堂 |
| 丙辰 | 沖庚戌 | ◎喜神 ◎曲武 ★天兵 |
| 丁巳 | 沖辛亥 | ◎天赦 ◎乙貴 ★大退 |
| 戊午 | 沖壬子 | ◎金匱 ★六戊 ★雷兵 |
| 己未 | 沖癸丑 | ◎寶光 ◎三合 ◎天德 |
| 庚申 | 沖甲寅 | ◎國印 ★地兵 ★白虎 |
| 辛酉 | 沖乙卯 | 日時相沖勿用 ●大凶 |
| 壬戌 | 沖丙辰 | ◎六合 ◎進貴 ★路空 |
| 癸亥 | 沖丁巳 | ◎三合 ◎生旺 ★路空 |

## 【龍】五辰日時局◎沖狗煞南

◎吉　★中　●凶

### 甲辰日時局

胎神門雞栖房內東
正沖戊戌的呼庚辰

| 甲子 | 丙寅 | 戊辰 | 庚午 | 壬申 | 甲戌 |
|---|---|---|---|---|---|
| 沖戊午 ◎大進 ◎三合 ★天牢 | 沖庚申 ◎福貴 ◎日祿 ★天兵 | 沖壬戌 ◎青龍 ★雷兵 ★六戊 | 沖甲子 ◎貪狼 ★地兵 ★天刑 | 沖丙寅 ◎三合 ◎金匱 ★路空 | 沖戊辰 日時相 沖勿用 ●大凶 |
| 乙丑 | 丁卯 | 己巳 | 辛未 | 癸酉 | 乙亥 |
| 沖己未 ◎乙貴 ◎太陰 ★元武 | 沖辛酉 ◎天赦 ◎帝旺 ★勾陳 | 沖癸亥 ◎明堂 ★大退 ★五鬼 | 沖乙丑 ◎官貴 ◎乙貴 ★朱雀 | 沖丁卯 ◎寶光 ◎六合 ★路空 | 沖己巳 ◎六甲 ◎趨乾 ◎玉堂 |

### 丙辰日時局

胎神廚灶栖外正東
沖庚戌的呼甲辰甲申

| 戊子 | 庚寅 | 壬辰 | 甲午 | 丙申 | 戊戌 |
|---|---|---|---|---|---|
| 沖壬午 ◎福貴 ◎三合 ★六戊 | 沖甲申 ◎長生 ◎司命 ★地兵 | 沖丙戌 ◎青龍 ★路空 ★建刑 | 沖戊子 ◎大進 ◎帝旺 ★天刑 | 沖庚寅 ◎喜神 ◎金匱 ★天兵 | 沖壬辰 日時相 沖勿用 ●大凶 |
| 己丑 | 辛卯 | 癸巳 | 乙未 | 丁酉 | 己亥 |
| 沖癸未 ◎國印 ★元武 ★旬空 | 沖乙酉 ◎幹合 ★日害 ★勾陳 | 沖丁亥 ◎日祿 ◎明堂 ★路空 | 沖己丑 ◎少微 ◎右弼 ★朱雀 | 沖辛卯 ◎天赦 ◎乙貴 ◎寶光 | 沖癸巳 ◎乙貴 ◎玉堂 ★大退 |

### 戊辰日時局

胎神房床栖外正南
沖壬戌的呼癸酉癸未

| 壬子 | 甲寅 | 丙辰 | 戊午 | 庚申 | 壬戌 |
|---|---|---|---|---|---|
| 沖丙午 ◎三合 ◎大進 ★路空 | 沖戊申 ◎司命 ◎長生 ★不遇 | 沖庚戌 ◎喜神 ◎青龍 ★天兵 | 沖壬子 ◎貪狼 ◎太陰 ★六戊 | 沖甲寅 ◎金匱 ◎三合 ★乙卯 | 沖丙辰 日時相 沖勿用 ●大凶 |
| 癸丑 | 乙卯 | 丁巳 | 己未 | 辛酉 | 癸亥 |
| 沖丁未 ◎乙貴 ★路空 ★元武 | 沖己酉 ◎官貴 ◎太陽 ★勾陳 | 沖辛亥 ◎明堂 ◎天赦 ◎日祿 | 沖癸丑 ◎右弼 ◎乙貴 ★朱雀 | 沖乙卯 ◎六合 ◎寶光 ◎天德 | 沖丁巳 ◎玉堂 ★旬空 ★路空 |

### 庚辰日時局

胎神碓磨栖外正西
沖甲戌的呼戊辰戊戌

| 丙子 | 戊寅 | 庚辰 | 壬午 | 甲申 | 丙戌 |
|---|---|---|---|---|---|
| 沖庚午 ◎三合 ◎喜神 ★天兵 | 沖壬申 ◎司命 ◎日馬 ★六戊 | 沖甲戌 ◎青龍 ★地兵 ★日建 | 沖丙子 ◎官貴 ◎福貴 ★路空 | 沖戊寅 ◎日祿 ◎三合 ◎金匱 | 沖庚辰 日時相 沖勿用 ●大凶 |
| 丁丑 | 己卯 | 辛巳 | 癸未 | 乙酉 | 丁亥 |
| 沖辛未 ◎乙貴 ◎天赦 ★元武 | 沖癸酉 ◎胞胎 ◎逢印 ◎大進 | 沖乙亥 ◎長生 ◎明堂 ◎功曹 | 沖丁丑 ◎乙貴 ★路空 ★朱雀 | 沖己卯 ◎天地 ◎會合 ◎寶光 | 沖辛巳 ◎天赦 ◎玉堂 ◎傳送 |

### 壬辰日時局

胎神倉庫栖外正北
正沖丙戌的呼壬申

| 庚子 | 壬寅 | 甲辰 | 丙午 | 戊申 | 庚戌 |
|---|---|---|---|---|---|
| 沖甲午 ◎三合 ★地兵 ★天牢 | 沖丙申 ◎司命 ◎臨官 ★路空 | 沖戊戌 ◎福貴 ◎青龍 ★建刑 | 沖庚子 ◎喜神 ◎唐符 ★天兵 | 沖壬寅 ◎三合 ◎長生 ★六戊 | 沖甲辰 日時相 沖勿用 ●大凶 |
| 辛丑 | 癸卯 | 乙巳 | 丁未 | 己酉 | 辛亥 |
| 沖乙未 ◎官貴 ◎水星 ★元武 | 沖丁酉 ◎福貴 ◎乙貴 ★路空 | 沖己亥 ◎乙貴 ◎明堂 ★天賊 | 沖辛丑 ◎官貴 ◎天赦 ★朱雀 | 沖癸卯 ◎六合 ◎大進 ◎寶光 | 沖乙巳 ◎日祿 ◎玉堂 ◎少微 |

【蛇】五巳日時局◎沖豬煞東

◎吉 ★中 ●凶

## 乙巳日時局

胎神碓磨床房內東
正沖己亥的呼丙子

| 丙子 | 戊寅 | 庚辰 | 壬午 | 甲申 | 丙戌 |
| --- | --- | --- | --- | --- | --- |
| 沖庚午 ◎祿貴 ◎交馳 ★天兵 | 沖壬申 ◎進祿 ★六戊 ★雷兵 | 沖甲戌 ◎司命 ★狗食 ★地兵 | 沖丙子 ◎青龍 ◎長生 ★路空 | 沖戊寅 ◎乙貴 ◎六合 ★天賊 | 沖庚辰 ◎喜神 ◎金匱 ★天兵 |
| 丁丑 | 己卯 | 辛巳 | 癸未 | 乙酉 | 丁亥 |
| 沖辛未 ◎天赦 ◎三合 ◎玉堂 | 沖癸酉 ◎日祿 ◎大進 ★元武 | 沖乙亥 ◎少微 ◎左輔 ★勾陳 | 沖丁丑 ◎進貴 ◎明堂 ★路空 | 沖己卯 ◎三合 ◎太陽 ★朱雀 | 沖辛巳 日時相 沖勿用 ●大凶 |

## 丁巳日時局

胎神倉庫床外正東
正沖辛亥的呼庚子

| 庚子 | 壬寅 | 甲辰 | 丙午 | 戊申 | 庚戌 |
| --- | --- | --- | --- | --- | --- |
| 沖甲午 ◎貪狼 ★地兵 ★白虎 | 沖丙申 ◎進貴 ★大退 ★路空 | 沖戊戌 ◎司命 ◎傳送 ◎右弼 | 沖庚子 ◎日祿 ◎喜神 ★天兵 | 沖壬寅 ◎六合 ◎進祿 ★六戊 | 沖甲辰 ◎金匱 ◎福德 ★地兵 |
| 辛丑 | 癸卯 | 乙巳 | 丁未 | 己酉 | 辛亥 |
| 沖乙未 ◎三合 ◎玉堂 ◎少微 | 沖丁酉 ◎進寶 ★路空 ★元武 | 沖己亥 ◎帝旺 ◎左輔 ★勾陳 | 沖辛丑 ◎天赦 ◎明堂 ◎武曲 | 沖癸卯 ◎三合 ◎乙貴 ◎大進 | 沖乙巳 日時相 沖勿用 ●大凶 |

## 己巳日時局

胎神占門床外正南
沖癸亥的呼甲辰己未

| 甲子 | 丙寅 | 戊辰 | 庚午 | 壬申 | 甲戌 |
| --- | --- | --- | --- | --- | --- |
| 沖戊午 ◎大進 ◎乙貴 ★白虎 | 沖庚申 ◎官貴 ◎喜神 ★天兵 | 沖壬戌 ◎司命 ★六戊 ★雷兵 | 沖甲子 ◎青龍 ◎日祿 ★地兵 | 沖丙寅 ◎羅紋 ◎交貴 ★路空 | 沖戊辰 ◎金匱 ◎福德 ★旬空 |
| 乙丑 | 丁卯 | 己巳 | 辛未 | 癸酉 | 乙亥 |
| 沖己未 ◎玉堂 ◎三合 ★不遇 | 沖辛酉 ◎天赦 ◎貪狼 ★元武 | 沖癸亥 ◎帝旺 ★大退 ★勾陳 | 沖乙丑 ◎明堂 ◎福貴 ◎武曲 | 沖丁卯 ◎三合 ◎長生 ★路空 | 沖己巳 日時相 沖勿用 ●大凶 |

## 辛巳日時局

胎神廚灶床外正西
正沖乙亥的呼己未

| 戊子 | 庚寅 | 壬辰 | 甲午 | 丙申 | 戊戌 |
| --- | --- | --- | --- | --- | --- |
| 沖壬午 ◎長生 ★白虎 ★六戊 | 沖甲申 ◎乙貴 ★地兵 ★天牢 | 沖丙戌 ◎司命 ◎進貴 ★路空 | 沖戊子 ◎大進 ◎乙貴 ◎青龍 | 沖庚寅 ◎六合 ◎喜神 ★天兵 | 沖壬辰 ◎金匱 ★六戊 ★雷兵 |
| 己丑 | 辛卯 | 癸巳 | 乙未 | 丁酉 | 己亥 |
| 沖癸未 ◎三合 ◎玉堂 ◎少微 | 沖乙酉 ◎貪狼 ★元武 ★天賊 | 沖丁亥 ◎進貴 ◎福貴 ★路空 | 沖己丑 ◎明堂 ◎武曲 ◎左輔 | 沖辛卯 ◎天合 ◎天赦 ◎日祿 | 沖癸巳 日時相 沖勿用 ●大凶 |

## 癸巳日時局

胎神占房床房內北
正沖丁亥的呼甲午

| 壬子 | 甲寅 | 丙辰 | 戊午 | 庚申 | 壬戌 |
| --- | --- | --- | --- | --- | --- |
| 沖丙午 ◎大進 ◎日祿 ★路空 | 沖戊申 ★天牢 ★天賊 ★日刑 | 沖庚戌 ◎司命 ◎喜神 ★天兵 | 沖壬子 ◎青龍 ◎進祿 ★六戊 | 沖甲寅 ◎長生 ◎六合 ★地兵 | 沖丙辰 ◎官貴 ◎金匱 ★路空 |
| 癸丑 | 乙卯 | 丁巳 | 乙未 | 辛酉 | 癸亥 |
| 沖丁未 ◎玉堂 ◎三合 ★路空 | 沖己酉 ◎長生 ◎乙貴 ◎福貴 | 沖辛亥 ◎天赦 ◎乙貴 ★大退 | 沖癸丑 ◎明堂 ◎唐符 ★不遇 | 沖乙卯 ◎三合 ★五鬼 ★朱雀 | 沖丁巳 日時相 沖勿用 ●大凶 |

# 【馬】五午日時局◎沖鼠煞北

◎吉　★中　●凶

## 甲午日時局

胎神占門碓房內北
沖戊子的呼丁酉庚子

|  |  |
|---|---|
| 甲子 | 沖戊午 日時相 沖勿用 ●大凶 |
| 丙寅 | 沖庚申 ◎喜神 ◎司命 ★天兵 |
| 戊辰 | 沖壬戌 ◎武曲 ★六戊 ★雷兵 |
| 庚午 | 沖甲子 ◎司命 ★地兵 ★不遇 |
| 壬申 | 沖丙寅 ◎青龍 ◎日馬 ★路空 |
| 甲戌 | 沖戊辰 ◎三合 ◎右弼 ★天刑 |
| 乙丑 | 沖己未 ◎天德 ◎乙貴 ◎寶光 |
| 丁卯 | 沖辛酉 ◎天赦 ◎玉堂 ◎帝旺 |
| 己巳 | 沖癸亥 ◎進巳 ★大退 ★狗食 |
| 辛未 | 沖乙丑 ◎羅紋 ◎交貴 ★勾陳 |
| 癸酉 | 沖丁卯 ◎明堂 ◎官貴 ★路空 |
| 乙亥 | 沖己巳 ◎長生 ◎左輔 ★朱雀 |

## 丙午日時局

胎神廚灶碓房內東
沖庚子的呼丁巳丁未

|  |  |
|---|---|
| 戊子 | 沖壬午 日時相 沖勿用 ●大凶 |
| 庚寅 | 沖甲申 ◎三合 ◎長生 ★地兵 |
| 壬辰 | 沖丙戌 ◎武曲 ★路空 ★不遇 |
| 甲午 | 沖戊子 ◎大進 ◎司命 ◎帝旺 |
| 丙申 | 沖庚寅 ◎青龍 ◎喜神 ★天兵 |
| 戊戌 | 沖壬辰 ◎三合 ◎福貴 ★六戊 |
| 己丑 | 沖癸未 ◎天德 ◎寶光 ◎進祿 |
| 辛卯 | 沖乙酉 ◎玉堂 ◎進貴 ◎少微 |
| 癸巳 | 沖丁亥 ◎日祿 ◎金星 ★路空 |
| 乙未 | 沖己丑 ◎長生 ◎六合 ★勾陳 |
| 丁酉 | 沖辛卯 ◎明堂 ◎乙貴 ◎天赦 |
| 己亥 | 沖癸巳 ◎祿貴 ◎交馳 ★朱雀 |

## 戊午日時局

胎神房床碓外正東
正沖壬子的呼辛未

|  |  |
|---|---|
| 壬子 | 沖丙午 日時相 沖勿用 ●大凶 |
| 甲寅 | 沖戊申 ◎生旺 ◎三合 ★白虎 |
| 丙辰 | 沖庚戌 ◎喜神 ◎武曲 ★天兵 |
| 戊午 | 沖壬子 ◎司命 ◎帝旺 ★六戊 |
| 庚申 | 沖甲寅 ◎福星 ◎青龍 ★地兵 |
| 壬戌 | 沖丙辰 ◎三合 ◎財局 ★路空 |
| 癸丑 | 沖丁未 ◎寶光 ◎乙貴 ★路空 |
| 乙卯 | 沖己酉 ◎玉堂 ◎官貴 ◎少微 |
| 丁巳 | 沖辛亥 ◎天赦 ◎日祿 ★元武 |
| 己未 | 沖癸丑 ◎祿貴 ◎交馳 ★勾陳 |
| 辛酉 | 沖乙卯 ◎明堂 ◎貪狼 ◎進貴 |
| 癸亥 | 沖丁巳 ◎少微 ★路空 ★朱雀 |

## 庚午日時局

胎神占碓磨外正南
正沖甲子的呼壬戌

|  |  |
|---|---|
| 丙子 | 沖庚午 日時相 沖勿用 ●大凶 |
| 戊寅 | 沖壬申 ◎三合 ◎生旺 ★六戊 |
| 庚辰 | 沖甲戌 ◎武曲 ★地兵 ★天牢 |
| 壬午 | 沖丙子 ◎司命 ◎福星 ★路空 |
| 甲申 | 沖戊寅 ◎青龍 ◎日祿 ◎日馬 |
| 丙戌 | 沖庚辰 ◎喜神 ◎三合 ★天兵 |
| 丁丑 | 沖辛未 ◎祿貴 ◎交馳 ◎天德 |
| 己卯 | 沖癸酉 ◎大進 ◎玉堂 ★天賊 |
| 辛巳 | 沖乙亥 ◎長生 ◎進貴 ★元武 |
| 癸未 | 沖丁丑 ◎六合 ◎乙貴 ★路空 |
| 乙酉 | 沖己卯 ◎明堂 ◎貪狼 ◎帝旺 |
| 丁亥 | 沖辛巳 ◎天赦 ◎進祿 ★朱雀 |

## 壬午日時局

胎神倉庫碓外西北
正沖丙子的呼壬寅

|  |  |
|---|---|
| 庚子 | 沖甲午 日時相 沖勿用 ●大凶 |
| 壬寅 | 沖丙申 ◎臨官 ◎三合 ★路空 |
| 甲辰 | 沖戊戌 ◎福貴 ◎武曲 ★天牢 |
| 丙午 | 沖庚子 ◎喜神 ◎司命 ★天兵 |
| 戊申 | 沖壬寅 ◎日馬 ◎青龍 ★六戊 |
| 庚戌 | 沖甲辰 ◎三合 ★天刑 ★地兵 |
| 辛丑 | 沖乙未 ◎寶光 ◎進貴 ★日煞 |
| 癸卯 | 沖丁酉 ◎玉堂 ◎乙貴 ★路空 |
| 乙巳 | 沖己亥 ◎乙貴 ◎長生 ★元武 |
| 丁未 | 沖辛丑 ◎天地 ◎合格 ◎天赦 |
| 己酉 | 沖癸卯 ◎大進 ◎進錄 ◎明堂 |
| 辛亥 | 沖乙巳 ◎祿貴 ◎交馳 ★朱雀 |

## 【羊】五未日時局◎沖午煞西

◎吉　★中　●凶

### 乙未日時局

胎神碓磨廁房內北
沖己丑的呼丙子丙申

| 時 | 沖 | | | |
|---|---|---|---|---|
| 丙子 | 沖庚午 | ◎喜神 | ◎乙貴 | ★天兵 |
| 丁丑 | 沖辛未 | 日時相 | 沖勿用 | ●大凶 |
| 戊寅 | 沖壬申 | ◎金匱 | ◎進貴 | ★六戊 |
| 己卯 | 沖癸酉 | ◎大進 | ◎三合 | ◎日祿 |
| 庚辰 | 沖甲戌 | ◎進貴 | ★地兵 | ★白虎 |
| 辛巳 | 沖乙亥 | ◎日馬 | ◎玉堂 | ★不遇 |
| 壬午 | 沖丙子 | ◎六合 | ◎長生 | ★路空 |
| 癸未 | 沖丁丑 | ◎右弼 | ★元武 | ★路空 |
| 甲申 | 沖戊寅 | ◎羅紋 | ◎交貴 | ◎司命 |
| 乙酉 | 沖己卯 | ◎比肩 | ◎太陽 | ★勾陳 |
| 丙戌 | 沖庚辰 | ◎青龍 | ◎喜神 | ★天兵 |
| 丁亥 | 沖辛巳 | ◎三合 | ◎明堂 | ◎福貴 |

### 丁未日時局

胎神倉庫廁房內東
沖辛丑的呼己未

| 時 | 沖 | | | |
|---|---|---|---|---|
| 庚子 | 沖甲午 | ◎進貴 | ★地兵 | ★天刑 |
| 辛丑 | 沖乙未 | 日時相 | 沖勿用 | ●大凶 |
| 壬寅 | 沖丙申 | ◎金匱 | ◎臨官 | ★路空 |
| 癸卯 | 沖丁酉 | ◎三合 | ★路空 | ◎寶光 |
| 甲辰 | 沖戊戌 | ◎進貴 | ★白虎 | ★不遇 |
| 乙巳 | 沖己亥 | ◎日馬 | ◎帝旺 | ◎玉堂 |
| 丙午 | 沖庚子 | ◎喜神 | ◎日祿 | ★天兵 |
| 丁未 | 沖辛丑 | ◎同類 | ◎相資 | ★元武 |
| 戊申 | 沖壬寅 | ◎司命 | ◎進貴 | ★六戊 |
| 己酉 | 沖癸卯 | ◎乙貴 | ◎大進 | ◎福貴 |
| 庚戌 | 沖甲辰 | ◎青龍 | ◎進貴 | ★地兵 |
| 辛亥 | 沖乙巳 | ◎乙貴 | ◎三合 | ◎明堂 |

### 己未日時局

胎神占門廁外正東
正沖癸丑的呼丙戌

| 時 | 沖 | | | |
|---|---|---|---|---|
| 甲子 | 沖戊午 | ◎羅紋 | ◎交貴 | ◎大進 |
| 乙丑 | 沖己未 | 日時相 | 沖勿用 | ●大凶 |
| 丙寅 | 沖庚申 | ◎金匱 | ◎喜神 | ★天兵 |
| 丁卯 | 沖辛酉 | ◎寶光 | ◎三合 | ◎天赦 |
| 戊辰 | 沖壬戌 | ◎進貴 | ★六戊 | ★白虎 |
| 己巳 | 沖癸亥 | ◎帝旺 | ◎玉堂 | ★大退 |
| 庚午 | 沖甲子 | ◎錄貴 | ◎交馳 | ★地兵 |
| 辛未 | 沖乙丑 | ◎福貴 | ◎右弼 | ★元武 |
| 壬申 | 沖丙寅 | ◎司命 | ◎乙貴 | ★路空 |
| 癸酉 | 沖丁卯 | ◎長生 | ★路空 | ★勾陳 |
| 甲戌 | 沖戊辰 | ◎青龍 | ◎進貴 | ★日刑 |
| 乙亥 | 沖己巳 | ◎三合 | ◎明堂 | ★不遇 |

### 辛未日時局

胎神廚灶廁外西南
正沖乙丑的呼己亥

| 時 | 沖 | | | |
|---|---|---|---|---|
| 戊子 | 沖壬午 | ◎長生 | ★六戊 | ◎進貴 |
| 己丑 | 沖癸未 | 日時相 | 沖勿用 | ●大凶 |
| 庚寅 | 沖甲申 | ◎羅紋 | ◎交貴 | ★地兵 |
| 辛卯 | 沖乙酉 | ◎寶光 | ◎三合 | ◎天德 |
| 壬辰 | 沖丙戌 | ◎唐符 | ★路空 | ★白虎 |
| 癸巳 | 沖丁亥 | ◎福貴 | ◎玉堂 | ★路空 |
| 甲午 | 沖戊子 | ◎六合 | ◎大進 | ◎乙貴 |
| 乙未 | 沖己丑 | ◎右弼 | ★元武 | ★日建 |
| 丙申 | 沖庚寅 | ◎喜神 | ◎司命 | ★天兵 |
| 丁酉 | 沖辛卯 | ◎天赦 | ◎日祿 | ★天遇 |
| 戊戌 | 沖壬辰 | ◎青龍 | ★六戊 | ★雷兵 |
| 己亥 | 沖癸巳 | ◎三合 | ◎明堂 | ★旬空 |

### 癸未日時局

胎神房床廁外西北
正沖丁丑的呼甲申

| 時 | 沖 | | | |
|---|---|---|---|---|
| 壬子 | 沖丙午 | ◎日祿 | ◎大進 | ★路空 |
| 癸丑 | 沖丁未 | 日時相 | 沖勿用 | ●大凶 |
| 甲寅 | 沖戊申 | ◎金匱 | ◎進貴 | ◎福貴 |
| 乙卯 | 沖己酉 | ◎寶光 | ◎三合 | ◎乙貴 |
| 丙辰 | 沖庚戌 | ◎官貴 | ◎喜神 | ★天兵 |
| 丁巳 | 沖辛亥 | ◎玉堂 | ◎乙貴 | ★大退 |
| 戊午 | 沖壬子 | ◎六合 | ★六戊 | ◎進貴 |
| 己未 | 沖癸丑 | ◎唐符 | ★不遇 | ★元武 |
| 庚申 | 沖甲寅 | ◎司命 | ◎進貴 | ★地兵 |
| 辛酉 | 沖乙卯 | ◎中平 | ★旬空 | ★勾陳 |
| 壬戌 | 沖丙辰 | ◎官貴 | ◎青龍 | ★路空 |
| 癸亥 | 沖丁巳 | ◎三合 | ◎明堂 | ★路空 |

## 【猴】五申日時局◎沖虎煞南

◎吉 ★中 ●凶

### 甲申日時局

胎神占門爐外西北
正沖戊寅的呼壬辰

| 時 | 沖 | | | |
|---|---|---|---|---|
| 甲子 | 沖戊午 | ◎三合 | ◎大進 | ◎青龍 |
| 乙丑 | 沖己未 | ◎羅紋 | ◎交貴 | ◎明堂 |
| 丙寅 | 沖庚申 | 日時相 | 沖勿用 | ●大凶 |
| 丁卯 | 沖辛酉 | ◎帝旺 | ◎天赦 | ◎傳送 |
| 戊辰 | 沖壬戌 | ◎三合 | ◎財局 | ★六戊 |
| 己巳 | 沖癸亥 | ◎天地 | ◎合格 | ◎寶光 |
| 庚午 | 沖甲子 | ◎進祿 | ★地兵 | ★不遇 |
| 辛未 | 沖乙丑 | ◎玉堂 | ◎乙貴 | ★狗食 |
| 壬申 | 沖丙寅 | ◎長生 | ★路空 | ★天賊 |
| 癸酉 | 沖丁卯 | ◎官貴 | ★路空 | ★元武 |
| 甲戌 | 沖戊辰 | ◎司命 | ◎鳳輦 | ◎國印 |
| 乙亥 | 沖己巳 | ◎六甲 | ◎趨乾 | ◎進貴 |

### 丙申日時局

胎神廚灶爐房內北
正沖庚寅的呼乙丑

| 時 | 沖 | | | |
|---|---|---|---|---|
| 戊子 | 沖壬午 | ◎青龍 | ◎福星 | ★六戊 |
| 己丑 | 沖癸未 | ◎明堂 | ◎進貴 | ◎右弼 |
| 庚寅 | 沖甲申 | 日時相 | 沖勿用 | ●大凶 |
| 辛卯 | 沖乙酉 | ◎貪狼 | ◎紫微 | ★朱雀 |
| 壬辰 | 沖丙戌 | ◎三合 | ◎金匱 | ★路空 |
| 癸巳 | 沖丁亥 | ◎寶光 | ◎日祿 | ★路空 |
| 甲午 | 沖戊子 | ◎大進 | ◎武曲 | ★白虎 |
| 乙未 | 沖己丑 | ◎玉堂 | ★狗食 | ◎進貴 |
| 丙申 | 沖庚寅 | ◎喜神 | ★天牢 | ★天兵 |
| 丁酉 | 沖辛卯 | ◎天赦 | ◎乙貴 | ★元武 |
| 戊戌 | 沖壬辰 | ◎司命 | ◎福貴 | ★六戊 |
| 己亥 | 沖癸巳 | ◎羅紋 | ◎交貴 | ★大退 |

### 戊申日時局

胎神房床爐房內東
正沖壬寅的呼庚戌

| 時 | 沖 | | | |
|---|---|---|---|---|
| 壬子 | 沖丙午 | ◎大進 | ◎青龍 | ★路空 |
| 癸丑 | 沖丁未 | ◎明堂 | ◎乙貴 | ★路空 |
| 甲寅 | 沖戊申 | 日時相 | 沖勿用 | ●大凶 |
| 乙卯 | 沖己酉 | ◎官貴 | ◎進貴 | ★朱雀 |
| 丙辰 | 沖庚戌 | ◎喜神 | ◎金匱 | ★天兵 |
| 丁巳 | 沖辛亥 | ◎六合 | ◎日祿 | ◎寶光 |
| 戊午 | 沖壬子 | ◎帝旺 | ★六戊 | ★白虎 |
| 己未 | 沖癸丑 | ◎羅紋 | ◎交貴 | ◎玉堂 |
| 庚申 | 沖甲寅 | ◎福貴 | ◎進祿 | ★地兵 |
| 辛酉 | 沖乙卯 | ◎功曹 | ★五鬼 | ★元武 |
| 壬戌 | 沖丙辰 | ◎司命 | ◎鳳輦 | ★路空 |
| 癸亥 | 沖丁巳 | ◎少微 | ★路空 | ★勾陳 |

### 庚申日時局

胎神碓磨爐外東南
沖甲寅的呼辛巳辛酉

| 時 | 沖 | | | |
|---|---|---|---|---|
| 丙子 | 沖庚午 | ◎三合 | ◎青龍 | ★天兵 |
| 丁丑 | 沖辛未 | ◎明堂 | ◎乙貴 | ◎天赦 |
| 戊寅 | 沖壬申 | 日時相 | 沖勿用 | ◎大凶 |
| 己卯 | 沖癸酉 | ◎大進 | ◎進貴 | ★天賊 |
| 庚辰 | 沖甲戌 | ◎三合 | ◎金匱 | ★地兵 |
| 辛巳 | 沖乙亥 | ◎長生 | ◎六合 | ◎寶光 |
| 壬午 | 沖丙子 | ◎福貴 | ◎官貴 | ★路空 |
| 癸未 | 沖丁丑 | ◎玉堂 | ◎乙貴 | ★路空 |
| 甲申 | 沖戊寅 | ◎日祿 | ◎太陽 | ★天牢 |
| 乙酉 | 沖己卯 | ◎帝旺 | ◎進貴 | ★元武 |
| 丙戌 | 沖庚辰 | ◎喜神 | ◎司命 | ★天兵 |
| 丁亥 | 沖辛巳 | ◎天赦 | ◎水星 | ★勾陳 |

### 壬申日時局

胎神倉庫爐外西南
正沖丙寅的呼丁巳

| 時 | 沖 | | | |
|---|---|---|---|---|
| 庚子 | 沖甲午 | ◎三合 | ◎青龍 | ★地兵 |
| 辛丑 | 沖乙未 | ◎官貴 | ◎明堂 | ◎左輔 |
| 壬寅 | 沖丙申 | 日時相 | 沖勿用 | ●大凶 |
| 癸卯 | 沖丁酉 | ◎乙貴 | ★路空 | ★朱雀 |
| 甲辰 | 沖戊戌 | ◎三合 | ◎金匱 | ◎福貴 |
| 乙巳 | 沖己亥 | ◎羅紋 | ◎交貴 | ◎天德 |
| 丙午 | 沖庚子 | ◎喜神 | ★白虎 | ★天兵 |
| 丁未 | 沖辛丑 | ◎玉堂 | ◎少微 | ◎天赦 |
| 戊申 | 沖壬寅 | ◎長生 | ★六戊 | ★雷兵 |
| 己酉 | 沖癸卯 | ◎大進 | ◎進貴 | ★元武 |
| 庚戌 | 沖甲辰 | ◎司命 | ◎進祿 | ★地兵 |
| 辛亥 | 沖乙巳 | ◎日祿 | ◎少微 | ★勾陳 |

# 【雞】五酉日時局◎沖兔煞東

◎吉　★中　●凶

| 戌丙 | 申甲 | 午壬 | 辰庚 | 寅戊 | 子丙 | **乙酉日時局** |
|---|---|---|---|---|---|---|
| ★◎◎沖<br>天進喜庚<br>兵貴神辰 | ★◎◎沖<br>白乙官戊<br>虎貴貴寅 | ★◎◎沖<br>路長金丙<br>空生匱子 | ★◎◎沖<br>地會天甲<br>兵合地戌 | ★★◎沖<br>雷六青壬<br>兵戊龍申 | ★◎◎沖<br>天交羅庚<br>兵貴紋午 | 胎神碓磨門外西北<br>正沖己卯的呼丙子 |
| 亥丁 | 酉乙 | 未癸 | 巳辛 | 卯己 | 丑丁 | |
| ★◎◎沖<br>元天福辛<br>武赦貴巳 | ★◎◎沖<br>建少玉己<br>刑微堂卯 | ★◎◎沖<br>路寶天丁<br>空光德丑 | ★★◎沖<br>朱不三乙<br>雀遇合亥 | ●沖日沖<br>大勿時癸<br>凶用相酉 | ◎◎◎沖<br>福進三辛<br>貴貴合未 | |
| 戌庚 | 申戊 | 午丙 | 辰甲 | 寅壬 | 子庚 | **丁酉日時局** |
| ★★◎沖<br>天地右甲<br>牢兵弼辰 | ★★◎沖<br>六白太壬<br>戊虎陽寅 | ★◎◎沖<br>天祿喜庚<br>兵貴神子 | ★◎◎沖<br>天武六戊<br>刑曲合戌 | ★★◎沖<br>大路青丙<br>退空龍申 | ★◎◎沖<br>地鳳司甲<br>兵輦命午 | 胎神倉庫門房內北<br>正沖辛卯的呼丁酉 |
| 亥辛 | 酉己 | 未丁 | 巳乙 | 卯癸 | 丑辛 | |
| ★◎◎沖<br>元乙官乙<br>武貴貴巳 | ◎◎◎沖<br>乙玉大癸<br>貴堂進卯 | ◎◎◎沖<br>寶天進辛<br>光赦貴丑 | ★◎◎沖<br>朱生三己<br>雀旺合亥 | ●沖日沖<br>大勿時丁<br>凶用相酉 | ★◎◎沖<br>勾三進乙<br>陳合祿未 | |
| 戌甲 | 申壬 | 午庚 | 辰戊 | 寅丙 | 子甲 | **己酉日時局** |
| ★◎◎沖<br>天太右戊<br>牢陰弼辰 | ★★◎沖<br>路白乙丙<br>空虎貴寅 | ★◎◎沖<br>地日金甲<br>兵祿匱子 | ★★◎沖<br>雷六六壬<br>兵戊合戌 | ★◎◎沖<br>天青喜庚<br>兵龍神申 | ◎◎◎沖<br>司乙大戊<br>命貴進午 | 胎神占大門外東北<br>正沖癸卯的呼庚申 |
| 亥乙 | 酉癸 | 未辛 | 巳己 | 卯丁 | 丑乙 | |
| ★★◎沖<br>不元馬己<br>遇武元巳 | ★◎◎沖<br>路玉長丁<br>空堂生卯 | ◎◎◎沖<br>進寶福乙<br>祿光貴丑 | ★◎◎沖<br>生生三癸<br>雀旺合亥 | ●沖日沖<br>大勿時辛<br>凶用相酉 | ★◎◎沖<br>不三唐己<br>遇合符未 | |
| 戌戊 | 申丙 | 午甲 | 辰壬 | 寅庚 | 子戊 | **辛酉日時局** |
| ★◎◎沖<br>六右太壬<br>戊弼陰辰 | ★◎◎沖<br>天進喜庚<br>兵貴神寅 | ◎◎◎沖<br>金乙大戊<br>匱貴進子 | ★★◎沖<br>天路六丙<br>刑空合戌 | ★◎◎沖<br>地乙青甲<br>兵貴龍申 | ★◎◎沖<br>六長司壬<br>戊生合午 | 胎神廚灶門外東南<br>正沖乙卯的呼庚辰 |
| 亥己 | 酉丁 | 未乙 | 巳癸 | 卯辛 | 丑乙 | |
| ★★◎沖<br>元大日癸<br>武退馬巳 | ◎◎◎沖<br>天交祿辛<br>赦馳貴卯 | ★◎◎沖<br>土寶天己<br>星光德丑 | ★◎◎沖<br>路福三丁<br>空貴合亥 | ●沖日沖<br>大勿時乙<br>凶用相酉 | ★◎◎沖<br>勾三武癸<br>陳合曲未 | |
| 戌壬 | 申庚 | 午戊 | 辰丙 | 寅甲 | 子壬 | **癸酉日時局** |
| ★★◎沖<br>路天官丙<br>空牢貴辰 | ★★★沖<br>狗地國甲<br>食兵印寅 | ★★◎沖<br>六雷金壬<br>戊兵匱子 | ★◎◎沖<br>天六喜庚<br>兵合神戌 | ★◎◎沖<br>天功青戊<br>兵曹龍申 | ★◎◎沖<br>路大日丙<br>空進祿午 | 胎神房床門外西南<br>正沖丁卯的呼辛丑 |
| 亥癸 | 酉辛 | 未己 | 巳丁 | 卯乙 | 丑癸 | |
| ★★◎沖<br>元路帝丁<br>武空旺巳 | ★◎◎沖<br>建進玉乙<br>刑祿堂卯 | ★◎◎沖<br>不寶天癸<br>遇光德丑 | ◎◎◎沖<br>三交羅辛<br>合貴紋亥 | ●沖日沖<br>大勿時己<br>凶用相酉 | ★★◎沖<br>勾路三丁<br>陳空合未 | |

## 【狗】五戌日時局◎沖龍煞北

◎吉 ★中 ●凶

### 甲戌日時局

胎神門雞栖外西南
正沖戊辰的呼戊子

|  |  |
|---|---|
| 甲子 | 沖戊午 ◎福德 ◎大進 ★天牢 |
| 丙寅 | 沖庚申 ◎喜神 ◎日祿 ★天兵 |
| 戊辰 | 沖壬戌 日時相 沖勿用 ●大凶 |
| 庚午 | 沖甲子 ◎三合 ★不遇 ★地兵 |
| 壬申 | 沖丙寅 ◎金匱 ★天兵 ★路空 |
| 甲戌 | 沖戊辰 ◎武曲 ★日建 ★白虎 |
| 乙丑 | 沖己未 ◎乙貴 ★元武 ★日刑 |
| 丁卯 | 沖辛酉 ◎六合 ◎天赦 ◎帝旺 |
| 己巳 | 沖癸亥 ◎傳送 ◎明堂 ★大退 |
| 辛未 | 沖乙丑 ◎乙貴 ★日刑 ★朱雀 |
| 癸酉 | 沖丁卯 ◎官貴 ◎寶光 ★路空 |
| 乙亥 | 沖己巳 ◎長生 ◎玉堂 ◎功曹 |

### 丙戌日時局

胎神廚灶栖外西北
正沖庚辰的呼甲子

|  |  |
|---|---|
| 戊子 | 沖壬午 ◎官貴 ◎福貴 ★六戊 |
| 庚寅 | 沖甲申 ◎司命 ◎三合 ★地兵 |
| 壬辰 | 沖丙戌 日時相 沖勿用 ●大凶 |
| 甲午 | 沖戊子 ◎三合 ◎大進 ◎帝旺 |
| 丙申 | 沖庚寅 ◎喜神 ◎金匱 ★天兵 |
| 戊戌 | 沖壬辰 ◎武曲 ◎福貴 ★六戊 |
| 己丑 | 沖癸未 ◎太陰 ★日刑 ★元武 |
| 辛卯 | 沖乙酉 ◎天地 ◎合局 ★勾陳 |
| 癸巳 | 沖丁亥 ◎明堂 ◎日祿 ★路空 |
| 乙未 | 沖己丑 ◎少微 ★日刑 ★朱雀 |
| 丁酉 | 沖辛卯 ◎寶光 ◎乙貴 ◎天赦 |
| 己亥 | 沖癸巳 ◎玉堂 ◎乙貴 ★大退 |

### 戊戌日時局

胎神房床栖房內南
正沖壬辰的呼癸亥

|  |  |
|---|---|
| 壬子 | 沖丙午 ◎大進 ★路空 ★天牢 |
| 甲寅 | 沖戊申 ◎三合 ◎司命 ★不遇 |
| 丙辰 | 沖庚戌 日時相 沖勿用 ●大凶 |
| 戊午 | 沖壬子 ◎三合 ◎帝旺 ★六戊 |
| 庚申 | 沖甲寅 ◎金匱 ◎福貴 ★地兵 |
| 壬戌 | 沖丙辰 ◎武曲 ★路空 ★白虎 |
| 癸丑 | 沖丁未 ◎乙貴 ★元武 ★路空 |
| 乙卯 | 沖己酉 ◎六合 ◎官貴 ★勾陳 |
| 丁巳 | 沖辛亥 ◎明堂 ◎日祿 ◎天赦 |
| 己未 | 沖癸丑 ◎乙貴 ◎右弼 ★朱雀 |
| 辛酉 | 沖乙卯 ◎寶光 ◎天德 ★天賊 |
| 癸亥 | 沖丁巳 ◎玉堂 ◎少微 ★路空 |

### 庚戌日時局

胎神碓磨栖外東北
正沖甲辰的呼辛丑

|  |  |
|---|---|
| 丙子 | 沖庚午 ◎喜神 ★天兵 ★天牢 |
| 戊寅 | 沖壬申 ◎三合 ◎司命 ★六戊 |
| 庚辰 | 沖甲戌 日時相 沖勿用 ●大凶 |
| 任午 | 沖丙子 ◎福貴 ◎官貴 ★路空 |
| 甲申 | 沖戊寅 ◎金匱 ◎日祿 ◎馬元 |
| 丙戌 | 沖庚辰 ◎喜神 ★天兵 ★白虎 |
| 丁丑 | 沖辛未 ◎天赦 ◎乙貴 ★元武 |
| 己卯 | 沖癸酉 ◎大進 ◎六合 ★勾陳 |
| 辛巳 | 沖乙亥 ◎長生 ◎明堂 ◎傳送 |
| 癸未 | 沖丁丑 ◎乙貴 ★路空 ★朱雀 |
| 乙酉 | 沖己卯 ◎天德 ◎寶光 ◎帝旺 |
| 丁亥 | 沖辛巳 ◎玉堂 ◎天赦 ◎少微 |

### 壬戌日時局

胎神倉庫栖外東南
沖丙辰的呼辛酉辛丑

|  |  |
|---|---|
| 庚子 | 沖甲午 ◎帝旺 ★地兵 ★天牢 |
| 壬寅 | 沖丙申 ◎三合 ◎司命 ★路空 |
| 甲辰 | 沖戊戌 日時相 沖勿用 ●大凶 |
| 丙午 | 沖庚子 ◎喜神 ◎三合 ★天兵 |
| 戊申 | 沖壬寅 ◎金匱 ◎日馬 ★六戊 |
| 庚戌 | 沖甲辰 ◎武曲 ★地兵 ★白虎 |
| 辛丑 | 沖乙未 ◎官貴 ◎水星 ★元武 |
| 癸卯 | 沖丁酉 ◎乙貴 ◎六合 ★路空 |
| 乙巳 | 沖己亥 ◎明堂 ◎乙貴 ★天賊 |
| 丁未 | 沖辛丑 ◎官貴 ◎天赦 ★朱雀 |
| 己酉 | 沖癸卯 ◎天德 ◎大進 ◎寶光 |
| 辛亥 | 沖乙巳 ◎玉堂 ◎日祿 ◎少微 |

## 【豬】五亥日時局◎沖蛇煞西

◎吉 ★中 ●凶

### 乙亥日時局

胎神碓磨床外西南
正沖己巳的呼乙未

| 時 | 沖 | 神煞 | | |
|---|---|---|---|---|
| 丙子 | 沖庚午 | ◎喜神 | ◎乙貴 | ★天兵 |
| 丁丑 | 沖辛未 | ◎福貴 | ◎玉堂 | ◎天敗 |
| 戊寅 | 沖壬申 | ◎六合 | ★六戊 | ★天牢 |
| 己卯 | 沖癸酉 | ◎三合 | ◎大進 | ◎日祿 |
| 庚辰 | 沖甲戌 | ◎司命 | ◎功曹 | ★地兵 |
| 辛巳 | 沖乙亥 | 日時相 | 沖勿用 | ●大凶 |
| 壬午 | 沖丙子 | ◎長生 | ◎青龍 | ★路空 |
| 癸未 | 沖丁丑 | ◎三合 | ◎明堂 | ★路空 |
| 甲申 | 沖戊寅 | ◎乙貴 | ★天賊 | ★大退 |
| 乙酉 | 沖己卯 | ◎太陽 | ★比肩 | ★朱雀 |
| 丙戌 | 沖庚辰 | ◎喜神 | ◎金匱 | ★天兵 |
| 丁亥 | 沖辛巳 | ◎天赦 | ◎福貴 | ◎寶光 |

### 丁亥日時局

胎神倉庫床外西北
沖辛巳的呼丁亥丁巳

| 時 | 沖 | 神煞 | | |
|---|---|---|---|---|
| 庚子 | 沖甲午 | ◎貪狼 | ★地兵 | ★白虎 |
| 辛丑 | 沖乙未 | ◎玉堂 | ◎唐符 | ◎少微 |
| 壬寅 | 沖丙申 | ◎天地 | ◎會合 | ★路空 |
| 癸卯 | 沖丁酉 | ◎三合 | ★路空 | ★元武 |
| 甲辰 | 沖戊戌 | ◎司命 | ◎功曹 | ◎右弼 |
| 乙巳 | 沖己亥 | 日時相 | 沖勿用 | ●大凶 |
| 丙午 | 沖庚子 | ◎祿貴 | ◎交馳 | ★天兵 |
| 丁未 | 沖辛丑 | ◎三合 | ◎天赦 | ◎明堂 |
| 戊申 | 沖壬寅 | ◎太陽 | ★六戊 | ★天刑 |
| 己酉 | 沖癸卯 | ◎大進 | ◎乙貴 | ◎福星 |
| 庚戌 | 沖甲辰 | ◎金匱 | ◎福德 | ★地兵 |
| 辛亥 | 沖乙巳 | ◎乙貴 | ◎官貴 | ◎寶光 |

### 己亥日時局

胎神占門床房內南
正沖癸巳的呼辛未

| 時 | 沖 | 神煞 | | |
|---|---|---|---|---|
| 甲子 | 沖戊午 | ◎大進 | ◎乙貴 | ★白虎 |
| 乙丑 | 沖己未 | ◎少微 | ◎玉堂 | ★不遇 |
| 丙寅 | 沖庚申 | ◎進祿 | ◎喜神 | ★天兵 |
| 丁卯 | 沖辛酉 | ◎三合 | ◎進貴 | ◎天赦 |
| 戊辰 | 沖壬戌 | ◎司命 | ★雷兵 | ★六戊 |
| 己巳 | 沖癸亥 | 日時相 | 沖勿用 | ●大凶 |
| 庚午 | 沖甲子 | ◎青龍 | ◎日祿 | ★地兵 |
| 辛未 | 沖乙丑 | ◎三合 | ◎明堂 | ◎福貴 |
| 壬申 | 沖丙寅 | ◎祿貴 | ◎交馳 | ★路空 |
| 癸酉 | 沖丁卯 | ◎長生 | ★路空 | ★朱雀 |
| 甲戌 | 沖戊辰 | ◎福德 | ◎金匱 | ★狗食 |
| 乙亥 | 沖己巳 | ◎天德 | ◎寶光 | ★建刑 |

### 辛亥日時局

胎神廚灶床外東北
正沖乙巳的呼辛亥

| 時 | 沖 | 神煞 | | |
|---|---|---|---|---|
| 戊子 | 沖壬午 | ◎長生 | ★六戊 | ★白虎 |
| 己丑 | 沖癸未 | ◎玉堂 | ◎少微 | ★五鬼 |
| 庚寅 | 沖甲申 | ◎六合 | ◎乙貴 | ★地兵 |
| 辛卯 | 沖乙酉 | ◎三合 | ★元賊 | ★元武 |
| 壬辰 | 沖丙戌 | ◎司命 | ◎進祿 | ★路空 |
| 癸巳 | 沖丁亥 | 日時相 | 沖勿用 | ●大凶 |
| 甲午 | 沖戊子 | ◎乙貴 | ◎大進 | ◎青龍 |
| 乙未 | 沖己丑 | ◎三合 | ◎明堂 | ◎武曲 |
| 丙申 | 沖庚寅 | ◎喜神 | ◎帝旺 | ★天兵 |
| 丁酉 | 沖辛卯 | ◎日祿 | ◎天赦 | ◎進貴 |
| 戊戌 | 沖壬辰 | ◎金匱 | ★雷兵 | ★六戊 |
| 己亥 | 沖癸巳 | ◎天德 | ◎寶光 | ★大退 |

### 癸亥日時局

胎神占房床外東南
正沖丁巳的呼丙寅

| 時 | 沖 | 神煞 | | |
|---|---|---|---|---|
| 壬子 | 沖丙午 | ◎日祿 | ◎大進 | ★路空 |
| 癸丑 | 沖丁未 | ◎玉堂 | ◎少微 | ★路空 |
| 甲寅 | 沖戊申 | ◎六合 | ◎臨官 | ★天牢 |
| 乙卯 | 沖己酉 | ◎三合 | ◎乙貴 | ◎長生 |
| 丙辰 | 沖庚戌 | ◎喜神 | ◎司命 | ★天兵 |
| 丁巳 | 沖辛亥 | 日時相 | 沖勿用 | ●大凶 |
| 戊午 | 沖壬子 | ◎青龍 | ★六戊 | ★雷兵 |
| 己未 | 沖癸丑 | ◎三合 | ◎明堂 | ★不遇 |
| 庚申 | 沖甲寅 | ◎國印 | ★天刑 | ★地兵 |
| 辛酉 | 沖乙卯 | ◎進馬 | ★五鬼 | ★朱雀 |
| 壬戌 | 沖丙辰 | ◎金匱 | ◎進祿 | ★路空 |
| 癸亥 | 沖丁巳 | ◎寶光 | ◎帝旺 | ★路空 |

## 吉神析義

凡擇課選時貴宜幫助日干蓋日爲體而時爲用體重而用輕 增補六十甲子日時局以便觀覽

|  |  |
| --- | --- |
| 天乙陰陽貴人 | 宜祈福求嗣出行入宅婚嫁修造宅葬百事吉 |
| 羅紋交貴 | 日時會貴人交織爲是如甲子日會乙丑時也 |
| 天官文昌貴人 | 宜上官出行求財見貴祭祀祈福祀神百事吉 |
| 福星貴人 | 宜祭祀祈福求嗣開市婚娶入宅造葬百事吉 |
| 羅天大進 | 宜祭祀祈福出行婚娶修造宅入宅葬百事吉 |
| 三合六合五合 | 宜祭祀祈福出行婚娶入宅修造宅葬百事吉 |
| 喜神天赦武曲 | 宜祭祀祈福求嗣齋醮出行婚娶造葬百事吉 |
| 祿長生馬元帝旺 | 宜祈福婚娶移徙開市修造宅葬入宅百事吉 |
| 祿貫交馳 | 日時會貴人祿元交織爲是丁酉日會丙午時 |
| 天地合格局 | 日時干五合地支六合如甲申日巳時可制退 |
| 明堂玉堂黃道 | 宜興衆務修造宅移徙作灶安床入宅開市吉 |
| 天德司命黃道 | 宜祭祀祈福設醮祀神起造修作灶窖祀灶吉 |
| 金匱青龍黃道 | 宜祈福婚娶安床移徙入宅修造宅葬百事吉 |
| 唐符國印少微 | 宜上官出行求財見貴婚娶進人口移徙造葬 |
| 左輔右弼鳳輦 | 宜上官見貴出行求財婚娶進人口移徙造葬 |
| 傳送功曹明星守護 | 宜祭祀祈福設醮齋醮明星制天地賊天狗食 |
| 天貴福德寶光 | 宜祈福齋醮出行婚娶修造宅葬移徙開市吉 |
| 天開明輔貪狼 | 宜上官出行求財婚娶修造宅移徙開市安葬 |
| 太陽太陰月仙 | 宜祈福婚娶出行移徙修造宅入宅開市安葬 |
| 金星水星木星 | 宜祈福婚娶修造宅舍修造廟作灶入宅安葬 |

## 凶神註解

其凶神惟日破大凶其餘凶神所忌有輕重之別所制有衰旺之殊若得制化反凶爲權變通活用

|  |  |
| --- | --- |
| 日時沖破 | 本日支神對沖時支神忌婚娶造宅葬百事凶 |
| 截路空亡 | 忌祭祀祈福設醮起鼓開光齋醮上官出行凶 |
| 天狗下食 | 忌祭祀祈福設醮修齋須明星丙日時婁宿制 |
| 天牢黑道天刑 | 忌上官赴任營建移徙遠行詞訟衆務吉多用 |
| 白虎黑道朱雀 | 忌衆務⊙白虎麟符制朱雀須鳳凰符制化用 |
| 勾陳黑道元武 | 忌上官赴任遠行出軍營建衆務若吉多堪用 |
| 句中空亡 | 忌上官赴任出行求財宜開生墳合壯木大吉 |
| 天獄鎖神地 | 忌上官赴任詞訟衆務須黃道合德祿貴解化 |
| 十惡五鬼覆丹 | 十惡覆舟時忌修造船五鬼忌上官出行審用 |
| 天罡河魁九醜 | 忌上官出行如會三德天赦願黃道祿貴解化 |
| 大退時 | 忌開光修造宅安葬須合大進秀氣補扶 |
| 六戊時 | 忌焚香祈福設齋醮須明星丙日婁宿制 |
| 暗天賊 | 忌祭祀祈福設齋醮須明星丙日婁宿制 |
| 天兵時 | 忌上梁蓋屋入殮凶其餘變喜神★吉用 |
| 地兵雷兵時 | 地兵忌動土修造凶雷兵忌修船不可用 |
| 日建時 | 即本日之支辰爲建忌造船行船餘吉用 |
| 日煞時 | 忌營建興造吉多用須黃道合祿貴德化 |
| 日刑日害時 | 忌上官出行諸衆務須黃道合德祿貴化 |
| 五不遇 | 忌上官赴任出行凶餘須合德祿貴解化 |
| 孤辰寡宿時 | 忌結婚姻嫁娶安床其餘諸事均不忌 |

# 第3章

# 居安事類節集

**居，生之大事，惟求安定舒適而已，大多因循既成建築以爲居住，不宜則移徙搬遷，故凡移徙必先擇定新居而後擇日出火移徙，或另擇日或亦同日以爲入宅、安香、安床，其中繁文縟節，並因風俗習慣之不同而異，故書籍只記其日時擇用而不備枝節也。**

凡房屋建築老舊頹敗破陋，或爲修營改造，或爲重新起造，又必出火避宅、破屋壞垣，重新豎造，完工謝土之後，又不免入宅、安香、安床諸種選擇，昔古農業社會比較缺乏時間觀念，相關諸用事往往各依用事分別擇吉選時，對於今日工業社會之重視時間，已頗生不符時尚及不便之煩擾，而泛見術士因循古法，未能切合時代以爲改良致用，故雜撰術用俗見以爲居安探宜。

## 第一節　修造以山向主命爲重

凡修造，斧斤震動且曠日持久，或擇空利方，或擇年月吉方，或擇本主祿馬貴人方以爲鼎新、開居、倒堂、豎造，故有修造皆以山向主命爲重，而補龍次之，扶山又次之，除非剋期必爲修作，泰半避免修造凶煞方及採用權變用法。

大抵遇有鼎新、開居、倒堂、豎造，皆謂之開山立向，則單論開山立向吉凶神至年與月之修方吉宜，而主命則止忌沖壓，避免年月日時與本主有「天剋地衝」、「天比地衝」之類，而不論吉凶神也。

凡原有住屋欲於屋後修造，謂之修山，而住屋前修造，謂之修向。有此修山、修方、修向，先看與主房利否，如與主房不利，又欲急修，則宜避宅別居，俟完工後入新宅之論。

綜而簡言之，凡修營竪造，首看年月開山立向修方吉凶神，擇用年月日時忌衝剋本主而已：

**1、開山立向修方喜取歲德、歲德合、歲枝德、貴人、歲祿、歲馬、奏書、博士、四利三元、三元紫白、蓋山黃道、通天竅馬。逐月喜取天道、天德、天德合、月德、月德合、月空、貴人、飛天祿馬、八節三奇、月紫白。**

**2、立向最忌向太歲、戊己煞、地支三煞、浮天空亡，故向上凶神除太歲、三煞二者外，其餘大多不必論，庶可避免不必要之避凶困擾也。**

**3、凡修山則忌開山凶神，兼忌修凶神。**

**4、凡修向則忌立向凶神，兼忌修方凶神。**

**5、開山立向修方俱忌太歲、歲破、三煞、坐煞向煞、浮天空亡。**

**6、開山歲忌年剋山家、陰府太歲、六害、死符、灸退。月忌月建、月破、月剋山家、陰府太歲。**

**7、立向歲忌巡山羅睺、病符。**

**8、修方歲忌天地官符、大煞、大將軍、力士、蠶室、蠶官、蠶命、歲刑、黃幡、豹尾、飛廉、喪門、弔客、白虎、金神、獨火、五鬼、破敗五鬼。月忌天地官符、大小月建、飛大煞、丙丁獨火、月遊火、月三煞、月刑、月害、月厭。**

**9、新開山立向者，不論方煞可也。**

以上已揭開山立向修方吉凶宜忌之大概，尋見《協紀辨方書》及《通書便覽》詳載甚明，有互相輔弼之參考價值也。

## 第二節　修作入宅歸火諸論

選擇求眞

凡修造，用家主（宅長）姓名昭告。

若家主行年不利，則以子弟行年得利者作修主，昭告神祇，俟修造完備入宅，然後安謝。

凡新立宅舍，或進行拆除舊宅、倒堂豎造，修主人眷既已出火避宅，其起工只就坐（山）上架馬。

若修主不出火避宅，或坐宮、或移宮（權造法），但就所修之方擇吉方起工架馬，或別擇吉方架馬亦利。

若修作在住近空屋，或在一百步之外起工架馬，並不問方道之吉凶矣！

凡原有舊宅，淨盡拆去，另造，謂之「倒堂」，豎造與新立宅舍同，擇吉方出火避宅，俟工作完備，別擇吉年月入宅歸火。

凡定磉（**按：磉者，柱下石也，即基址鋪石也。**）便爲立向，修方如月家不利，須與豎造同月，蓋豎造既得吉日，則在前定磉難得全吉之日，吉多凶少亦可用。至於扇架則又輕於定磉矣！

（**附按：定磉，相當於今日建築營造之安「地中樑」。**）

凡新立宅舍，尚未歸火入宅，即於宅內添造牛欄、馬房、羊棧、豬牢等屋，並不問年月方道。如在一百二十步之外，須看年月方道無凶殺佔方，宜起手修作。（**原按：此**

在一百二十步外須論年月方道，乃以既出香火與避居之宅視此方道之吉凶，非以新宅視此也。）（附按：凡牛欄等附屬建築物在營建之百二十步範圍內，視爲新立宅舍之全部工程一部分，不必論年月方道，如超出主建築物太遠，則視爲獨立之營建造作工事，亦要擇吉修作也。）

**凡方道有三：曰「陰方道」，曰「陽方道」，曰「交接方道」。**

**「陰方道」者，即中宮滴水門也。**

**「陽方道」者，地基不與舊宅相接也。**

**「交接方道」者，或前後左右屋宇，與舊宅相連也。**

如屋上起樓，及架天井，就簷滴水歸裏，皆屬中宮，名曰「陰方」，只取中宮無殺，得吉會爲大利。

如建亭台、造軒閣，不進中宮，名曰「陽方」，只取外方向爲利。

如就屋比連接架，增簷添桁補廊，名曰「交接」，方要內外俱有吉會，方爲大利。

（附按：「陰方道」者，意其修造不發生明顯方位感之內部裝潢之類，「陽方道」者，意其修造已具有明顯相對於主體建築發生方位感之工事，「交接方道」者，意其動及主建築而產生方位感之增建也。）

凡作宅，據方隅而作，方隅則當用作「方法」，若開新基、立棟宇，或淨盡拆除舊屋而創新居，則當用作「山」法。

然，造作之事，以人家居處爲本宮，所居在作百步外，則新創者，始可專用作「山」法，若所居在所作百步內，則雖新創，亦當以作「方」法論之。如所居雖在所作百步之外，但屋宇舊房門廊俱在，則其宅已定，不過補東而去西、除舊而換新，尙當用作「方」法，但不在百步之內，禍輕耳。

故凡造作，用作「方」法多，用作「山」法少。

論方道遠近神煞，城池州縣、寸金之地，所作之方，但隔街路作之不妨，如小修葺，並不問吉凶之方，但要吉日，餘即不畏。若是鄉村之地，修方道，或隔大溪水，人不得渡，四時常流，亦不問凶煞；若隔小水，溪闊常流不絕，小煞不妨。若居城市，隔一街巷三五尺非自己地者，亦不犯方隅神煞，如欲屋近作樓台廳館，雖是修方，亦取方道，有吉神無凶煞，作之無妨。

論立宅法，山向中宮並無凶煞，惟向上微有凶神，卻用關閉正門，從左右作小門出入，或奉橫門出入，或奉祖先福神香火暫駐吉方，俟凶神過後，正向得利，別擇吉月吉日，或歲除正初，或立奉交接，移入福光福神祀奉，遂開正門無妨。（原按：愚按入火歸火乃久遠之計，吉凶禍福由關，必坐向中宮盡利方宜舉事，如此權變能獲福乎，設使左右無空地，欲開門出入，勢必不能得，毋飛出飛入乎，大抵主家意急入宅歸火而俗術設此以迎其意耳！）

**論入宅歸火。蓋新造轉住爲「入宅」，舊屋轉住爲「移居」，同居屋分別炊爨爲「分居」，宜宅向中宮大利，取祿馬貴人到宅，到中宮上吉，宜月恩、四相、天月德、二德合日，忌建破平收日、月厭、歸忌、九醜、無祿、四離、四絕、往亡、月忌、月窮日。**

凡入宅，男女老幼，要各執物事，切不宜空手進宅歸火，令宅婦合利者，抱鏡先行，宅長抱香爐、奉神主，次第而進，其餘各執物事，亦不宜空手進也。

論歸火與豎造同日，惟吉時，家主先移祖先福神香火入宅，俗謂「先過香火」，俟完工後，再擇吉日，同家眷從吉方入宅。如豎造之日，不先移香火入宅，必待山向年月得利，方可入宅歸火。若豎造之日雖吉，或犯歸忌、九醜，又須另擇。（按：入宅歸火日，與豎造日相近，不待工竣而歸火者，選擇時，預查其所造之方道，在後利否，然後令主家催工，於安香處造就，以更至期奉祖先香火陞座，至歸火後，又作修方論也。此在選擇者，神而明之矣！）

凡人家修造內堂完備，已歸火入宅，向後續造廳廊，或久居宅舍，又欲修作、安碓磑、開渠、修築等事，只用修方法，擇年月，其山家墓運、陰府太歲，並不必忌，惟浮天空亡，巡山羅睺及月家飛宮方道緊煞忌之。

凡造葬，先看山家墓運，與正陰府太歲，不剋山頭，若浮天空亡，天官符佔舍位，並忌開山立向，巡山羅睺止忌立向，又論山家墓運，正陰府月日時忌剋山，選擇須年月有三奇紫白、貴人祿馬、帝星，得一二同到，蓋照山向，大能佐吉。

凡吉星到山為蓋，到方向為照，若吉星到山到向，併照中宮，豎造安葬大利，如修方對宮方上得吉星，名曰吉星照方，修作大利。

凡方道遭火害，七日之內，擇日起工，半月內，擇日豎造，並不問吉凶方道。（原按：垣牆崩頹，就二、三日內補築，亦不問吉凶方道。）

## 第三節　造葬權法

選擇之道，在人機變活用，非固執不變，故有造葬權法傳世也。

《通書》云：**「凡修造必身命年月方向皆利，則修作吉，如或不利而又不得不作**

**者，則當遷居，自所遷之處視所作之方為吉，可也。如年命利作兌，不利作震，則當遷居而東，既居於東，則自其居視所作之方，昔為震者，今為兌矣！自此作之，則無不可。」**

論作方終始，凡所作止在一宮，選擇固易，如連跨數宮，有吉有凶，則當於吉宮起工，自此連及不利之宮，殊無害也。若興造月日利而工作未辨，則略起造以應日時，自此接連以作之，固無不可也，及其完工須歸福德之方吉。

論取土方道，凡太歲、三煞、官符、大小月建等方忌動土，若遠隔百步之外，目所不見，則不問方道。

論清明前後修墓法，凡已葬墓塋，或加土、或種樹、或砌祭台、或破壞修整，宜於寒食清明之間鳩工修作，不論山向年月日時。（原按：《荊楚記》，寒食係冬至後一百零五日，以古曆平氣計之，清明在冬至後一百零六日半，寒食乃清明前二日也。魏時，寒食亦是三日。）

論豎造宅舍，大寒五日後擇日拆屋起手，立春前擇日豎造完工，不忌開山立向年月剋山家及歲月諸凶神，謂之「歲官交承」，如已過立春後，年月凶神方位已定，不可修作，如方位無凶神，修作不妨。

論安葬，擇大寒五日後，立春前，先擇日破土，又擇日安葬，不忌開山立向年月日時尅山家及歲月諸凶神，要於立春前依時謝墓，或於來年寒食清明節加土謝墓。

論凶葬法，凡人初死，乘凶葬之，雖值凶神，亦不為害，今人（明清時代）盡三日之內或一旬之內，並不問開山立向年月，但擇吉日破土，盡一日之內成墳，俟凶神過，方加土謝墓。

右權法，世多用之，雖變通而亦有理，利用之道於斯備矣！

# 風水術語說明

**【來龍】**　堪輿家稱向穴山伸展的龍脈。趙與時《賓退錄》二：「朱文公（熹）嘗與客談世俗風水之說，因曰：「冀州好一風水，雲中諸山來龍也。」繆希雍《葬經翼・察形篇》：「勢即來龍，……勢欲其來，形欲其止。」

**【扶山】**　堪輿家語。謂以選擇術扶持所坐之山。與「捕龍」均為捕救山龍不足之法。《協紀辨方書》卷三三《論扶山》：「坐山不必補，但宜扶起，不宜克倒，克倒則凶。何謂扶起。坐山有吉星照之，無大凶煞占之，而八字相合，不沖不克，即扶也。如坐山與龍同氣，則補龍即以補山。如壬癸龍坐子向午，龍與山皆屬水，用申子辰局可也。倘龍與山不同氣，則止以補龍為主，而坐山有吉星無凶煞即妙。」

**【折臂三公】**　傳為晉代羊祜因祖墓風水致遺事。《晉書・羊祜傳》：「又有善相墓者，言羊祜祖墓所有帝王氣，若鑿之則無後，祜遂鑿之。相者見曰：『猶出折臂三公。』而祜竟墜馬折臂，位至公而無子。」

**【折臂穴】**　堪輿家稱「龍」、「虎」二山凹折的穴場。謂主「生氣」耗散，不可立穴。繆希雍《葬經翼・穴病篇四》：「穴有折臂者，龍、虎來輔，當穴凹折，外風不蔽，生氣內散也。」

**【財建】** 堪輿「六建」之一。指穴山主財運的吉勢。廖瑀《洩天機・全局入式歌》「三陽不促六建全」註：「財建用本山正五行取之，如寅山艮水之類，主金玉。」

**【針盤】** 即「羅盤」。

**【作塔駝峰】** 傳北宋蔡京爲增益風水吉氣而築塔於其父葬山之事。陸游《老學庵筆記》：「蔡太師父准葬平山，山爲駝形，術家謂駝負重則行，故作塔於駝峰。而其墓以錢塘江爲水，越之秦望山爲案，可謂雄矣，然富貴既極，一旦喪敗，幾於覆族，至今不能振。俗師之不可信如此。」

**【住基】** 又名「陽基」。堪輿家稱住宅基地。《陽宅十書》一：「陽宅來龍原無異，居處須用寬平勢。明堂須寬容萬馬，廳堂門廡先立位。東廂西塾及庖廚，庭院樓台園圃地。或從山居或平原，前後有水環抱貴，左右有路亦如此。但遇返跳必須忌，水木金土四星龍，此作住基終吉利，……更須水口收拾緊，不宜太迫成小器。星辰近案明堂寬，案近明堂非窄勢。此言住基大局面……」

**【住腳星辰】** 即「駐蹕山」。

【近案】　即「案山」。楊筠松《疑龍經》：「客山千里來作朝，朝在面前為近案。」

【余氣山】　堪輿家稱大龍脈結穴後，剩餘氣脈所結之地。「余氣山」如較大，亦能融結小穴，但力量遠遜正穴。徐善繼《人子須知·龍法》：「凡干龍大地，龍氣長盛，結穴已完，山勢難止，必有餘氣之山，或去數里，或數十里月，融結小穴，隨其力量，皆有發越。」

【龜形宅】　堪輿家所稱一種形狀似龜的宅合。周密《齊東野語》：「楊和王建第極宏麗，一善相宅老僧云：此『龜形』也，得水則吉，失水則凶。遂引湖水入第。」

【迎砂】　指穴山前的矮山，即所謂「案山」。黃妙應《博山篇》：「繞抱穴前曰『迎砂』，平低以揖拜參之職。」

【迎峽】　又名「迎脈過峽」。堪輿家認為，龍脈過峽忌風吹水射，故「峽」兩頭須有山嶺迎送。所謂「迎峽」，即龍脈過峽後相夾迎之勢。徐善繼《人子須知·龍法》：「脈起頂而上兩臂有回轉之山，謂之『迎峽』，亦曰『迎脈過峽』。」

【迎脈過峽】即「迎峽」。

【迎送】　指「迎峽」和「送峽」。繆希雍《葬經翼·峽論篇》：「故峽必斷伏，旁必有夾，謂『迎送』。

【沒杖】 堪輿家倒杖十二法之一。指在陽窩（平位）立穴放棺。楊筠松《十二杖法・沒杖》：「沒者，本山陰來陽結，急落開窩，窩中立穴者，入首潛伏其氣，沈於窩底，杖亦沒於窩底，深乘乎本山之來脈而受穴也。」繆希雍《葬經翼・沒杖圖說》：「凡沒杖之法，蓋爲乳頭肥大圓滿，必大開明堂，闊作塋基，爲開金取水之義，鑿金井於塋基中心，放棺以葬。開掘闊大，脈線泯沒，無跡可尋，故曰『沒杖』。葬後氣暖骨溫，人丁既盛，官爵悠長。」

【證穴】 指點穴時根據穴山前後上下左右遠近的山川形勢印證龍穴所在及推斷吉凶諸情。常用方法有所謂朝山證穴、明堂證穴、水勢證穴、樂山證穴、鬼星證穴、龍虎證穴、分合證穴等。徐善繼《人子須知・穴法》：「眞龍結穴，必有佐證。求之於前，則朝、案美，明堂正，水勢聚；求之於後，則樂山峙，鬼星撐；求之左右，則龍虎有情，纏護俱夾；求之於下，則唇毬正；求之四方則十道全；求之界水，則分合明白。點穴之法，以此數者爲標準。」

【補龍】 堪輿家語。謂以選擇術補龍脈的衰氣。《協紀辨方書》卷三三《論補龍》：「入其鄉而山岡撩亂，龍神卑弱，貧賤無疑。禍福之本，總屬之龍，擇日而不捕龍，又何必擇？知捕龍之說，而此道之元樞得矣。」「凡補龍，全在四柱地支。蓋天乾氣經，地支力重也。有以地支一氣補者，如卯龍用四卯之類極妙，但難取，十餘年始一遇，而又或月家日家山向不空，其可強爲乎？不若三合局之活動易取也。三合局只要在三合月內，生月旺月墓月皆可，如此三月內凶神占方，則臨官月亦可。名曰『三合兼臨官地支一氣局』。」

**【初落龍】**　堪輿家所稱「三落」之一。指在距祖山不遠處結穴的龍脈。傳李淳風《小卷陰陽證要》：「龍有旺於初者。」廖瑀《洩天機・全局入式歌》：「初落由來近祖山，局勢必須完。」註：「初落者，離祖山未遠便結形穴，但得局勢完密，發福最速，只不久耐耳。」

# 第 4 章 建地基址淺說

陰陽宅之選擇利用，是否已經考慮到「自然生態」環境與「地質學」的原理，我們從未做學說或學理上的基本研究探討，只是一味依循傳承而已。

今日高樓大廈之建築科技，已經大大超越古老之建築格局與方法，甚難以古代之相宅地之標準，來衡量今日之建築，尤其是今日之都市，高樓大廈之建築鼎新，往往必須考慮消防、耐震，及相鄰樓房之安全顧慮等因素，甚至必須顧慮水電管線、電話電纜、瓦斯管線等等問題，完全超越了古代之陽宅觀念，所以今日相宅地亦難矣！

然而，今日之建築建地觀念仍然多少沿承著古代建築意識，譬如：避免建築住屋於山崖邊、下，或河道水利地，或斜崖山坡地，如果必須建築此等有山石滑落、遇雨成災之地方，大多必須先做水土保持、防洪排水設施等等，因此就自然避免在沙質砂地，或池塘沼澤填成地上建築，以免地基塌陷、滑動而造成危險等等。

譬如：台灣地區之地質脆弱，地殼活動強烈，山區邊坡多不穩定而容易崩場，桃竹地區有數條規模大小不一的斷層或潛在斷層，而且整個台灣地區多屬於中強震區，因此在建築房屋時，就必須考慮到建築物的耐震力，譬如：民國廿四年的「新竹、苗栗、台中」大地震，台中縣后里地區震災慘重，甚至在清水鎮清水公園內矗立一方震災紀念碑，耆舊提起五十年前的震災而猶有餘悸，或如民國五十五年的白河大地震，與七十五年的花蓮頻震等等，皆足以考驗建築科技與地質學的關係，所以人類的居住當然就與地質學發生了密切的關係，並且也受到氣候區域的影響，只是地理風水的觀念，用著不同的方法來解釋罷了！

當然，在堪輿風水的理性觀念之中，並沒有直接說明建築地的先決選擇條件，大多著眼於建築物之外形及其相對環境所可能產生的現象而已，今特以爲簡介之——

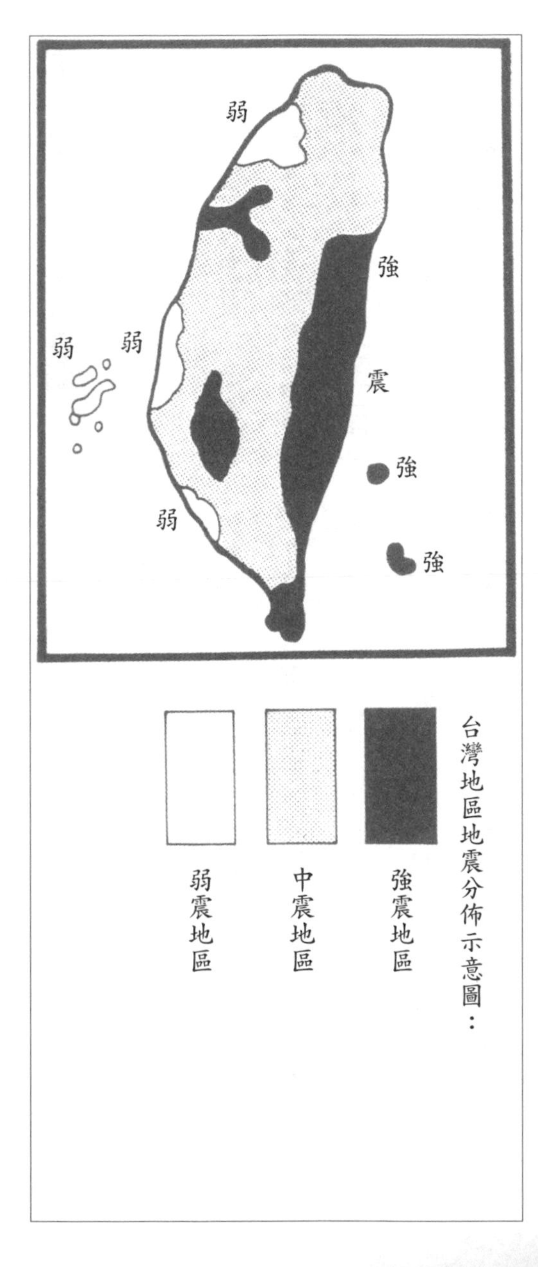

台灣地區地震分佈示意圖：

## 第一節　陽宅秘論

出玉髓眞經，謂論陽墓龍脈造作宜忌等事。

陽宅陰墳龍無異　但有穴法分險易　陰穴小巧亦可托　陽宅須用寬平勢
明當直須容萬馬　廳堂門廡先立位　東廂西廓及庖廚　庭院樓臺園圃地
三十六條分屋脊　三百六十定磉位　或從出居分等級　或是廣板得平地
水木金土四星龍　作此住墓終吉利　惟有火星甚不宜　只可剪裁作陰地
仍聽尖曜無所得　不比墳墓求秀氣　惟有卓筆及牙旗　聳在外陽方無忌
更須水口收拾緊　不宜太迫成小器　財星近案明堂寬　案近明堂亦復窄
家非巨富小小稅　此言住基大局面　若論門庭先論水　屋上流水莫交時
家道不和向此起　中堂天井納分流　引得外人相窺向　視身又須防倒射
僕夫謀主散殺弑　其次精詳行地水　地水流行須吉位　陽水不得雜陰流

去來皆要星辰利　假如亥坐向巳方　巽巳長生去有妨　但有斜穿丙丁去
不然左穿指卯方　折歸巳巽橫斜過　卻穿丙丁去未良　仍忌牛與坤申位
更有吉辰非去方　舉此凡例可類取　更有圖記爲君詳　行水既明看屋法
莫將樓閣頭上插　後堂行堂仍可安　廳亦欺人太相壓　更有廊屋可以安
龍鳳昂頭卻是法　中堂莫將暗視裝　暗視有病在衷腸　壽星不出入夭亡
梁枋笋要出小笋　如菱廣方勝其小　員星爲壽星藏頭　不出則主人短命
折壓梁頭亦不良　人不起頭多夭死　婦人少壯守空房　天井不可作一字
一字帶殺少神氣　一丈必須五尺闊　長短折半隨所至　磚高不過十五級
只取下階平水例　其次十一是合數　過此皆非吉與利　假如堂屋作九間
分作三井方爲是　堂前門廊不可空　窗稱隔梁須抵蔽　中堂不可架直屋
直屋停喪長不利　堂柱用九廳用七　間五間皆奇數利　至如折柱論火數
亦須折數方爲美　間架廣狹及高低　並不從偶從奇數　其數門徑當審陽

詳行水路亦有方　兩脇開張聚爲一　譬如個字在兩傍　似此名爲帶劍水
定主凶逆生不祥　水出兩傍面前合　一出一縮合縱長　恰如人字方出去
此名交劍亦有訣　先吉後凶主門競　破財更有逢殺傷　一家八口同一聚
同出同門同一處　水路縱橫兩脇來　一切凶禍歸中央　兩卷名爲抽劍水
抽劍殺人出輕狂　門路各家不如巷　水路空闊則不妨　兩脇不可分兩路
前橫合一過一方　順從一邊行過去　此水得地乃無傷　合流須是一家水
折作之玄隨短長　更有方位有吉凶　如此門法多富貴　蓄水斜出明堂裏
此爲神煞名抛鎗　堂後不可有蓄水　此又名爲背後鎗　家道不和子媳少
財産日退不可當　白虎前邊莫行破　人行常是起宮方　青龍頭上莫開口
殺名倒食虛耗當　仍主口舌當擊括　男女受謗日月長　白虎頭上莫開口
白虎口開人口傷　殺名呑啖難養人　産婦常常病在床　若還更有人行破
官禍在門不可當　更有碓磨居其上　家宅不寧發瘟疫　門外不須更架屋

蔽卻好山壞明堂　造屋從來有次第　先內後外起自堂　若還造門堂不造
客勝主人招官方　中堂戊主失中饋　錢財易散失禍殃　先造兩間不造堂
兒孫爭鬥不可當　公婆父母禁不住　兄弟各路行別方　造得門成要龍虎
龍虎可從門上裝　下水青龍要居外　上水青龍要內方　下水白虎要居外
上水白虎內方藏　莫道明堂外自有　不知門內是明堂　來龍在後碓居前
不可舂撼有損傷　震動不寧龍亦病　宅家不安事無常　來龍在左碓居右
來龍在右碓左傍　碓頭要向前頭去　人從後榻無禍殃　若是碓頭踏向裏
人踏居前向宅堂　被人擔碓打住居　家財冷落少人亡　荼磨必須居左腹
右腹攪動白虎腸　主生疾病攪腸病　出入偏窄結肚脹　廚灶必須居左位
不宜放在白虎方　陽宅若還依此法　定須子孫熾且昌

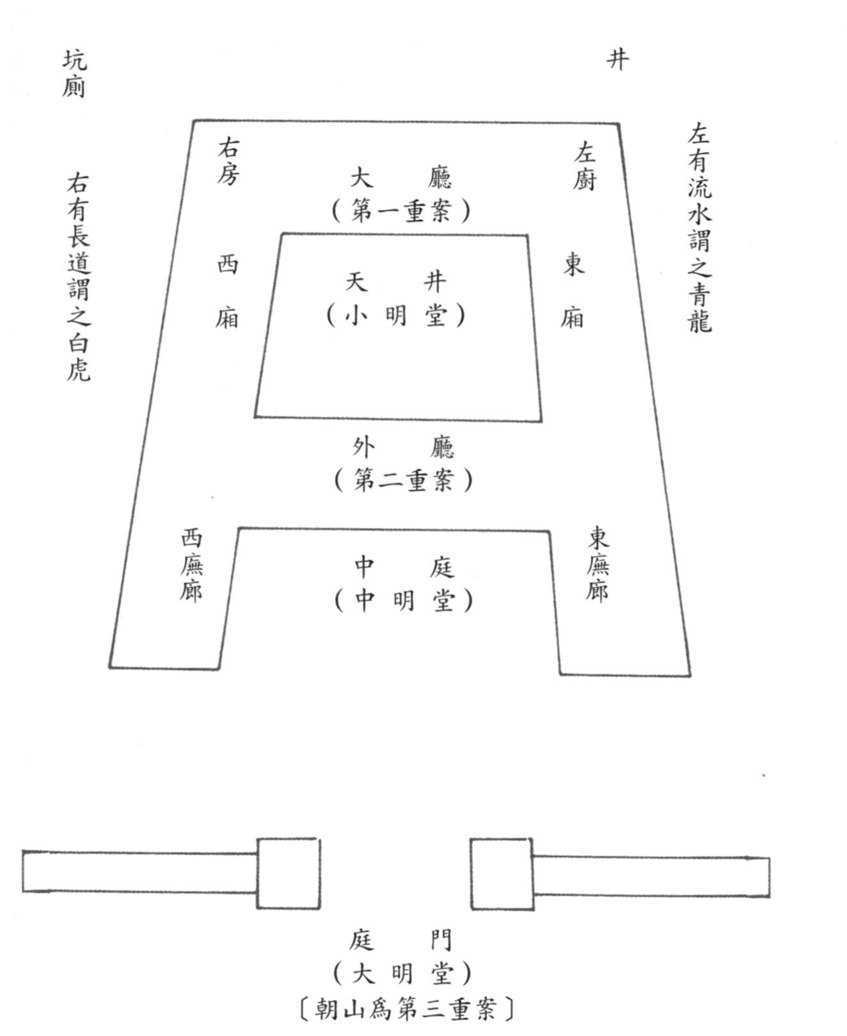
坑廁
井
右房
大 廳
（第一重案）
左廚
左有流水謂之青龍
右有長道謂之白虎
西廂
天 井
（小明堂）
東廂
外 廳
（第二重案）
西廡廊
中 庭
（中明堂）
東廡廊
庭 門
（大明堂）
〔朝山為第三重案〕

# 黃以周說寢示意圖

黃以周先生說：

寢爲古宮室之一座落也。其制猶昔五架五開間之廳，中三間，前後分隔爲二，前爲堂，後爲室，兩邊間分隔爲三，前爲東堂、西堂，其後爲夾，又其後爲房，東房北鄉無牆，亦謂之北堂。

——辭源——

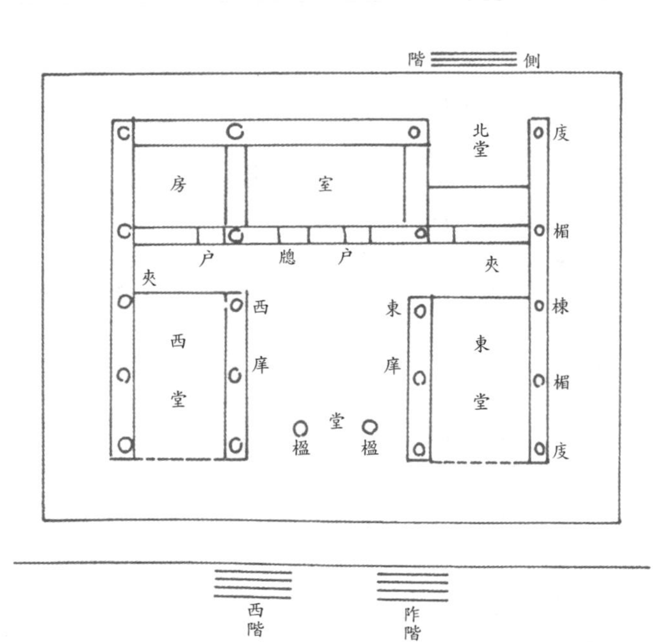

## 第二節　陽宅基址外形吉凶説

古代建築大多以平房爲主，官署府衙或富貴人家始見樓台亭榭，故一般建地基址與宅舍外形皆呈一定之鳥瞰平面，於是古人依據其基址外形而產生吉凶宜忌之觀念，並且錄於《陽宅十書》、《八宅明鏡》，今特摘錄以爲參考——

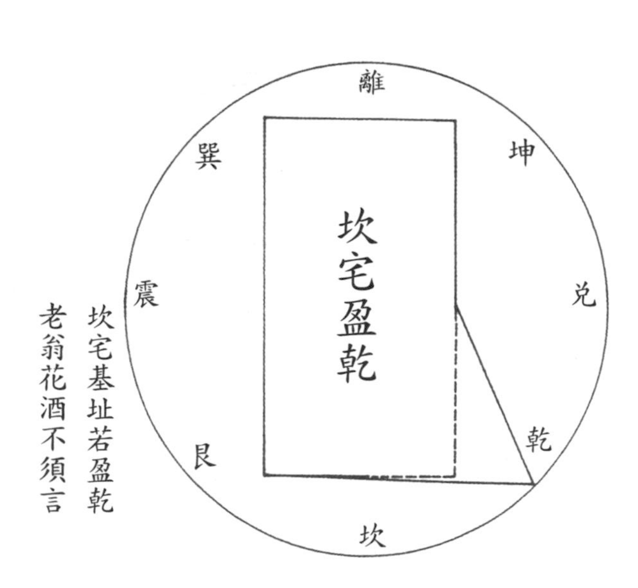


坎宅基址若盈乾
老翁花酒不須言

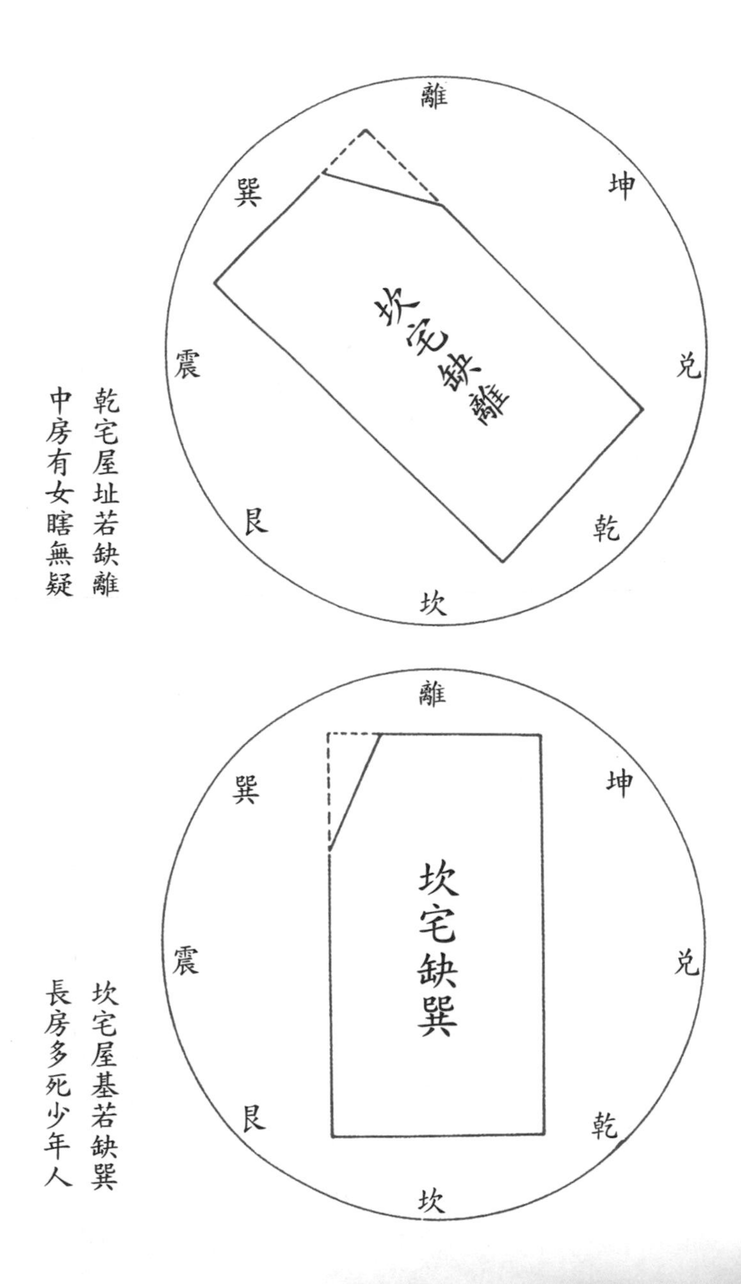


乾宅屋址若缺離
中房有女瞎無疑

坎宅屋基若缺巽
長房多死少年人

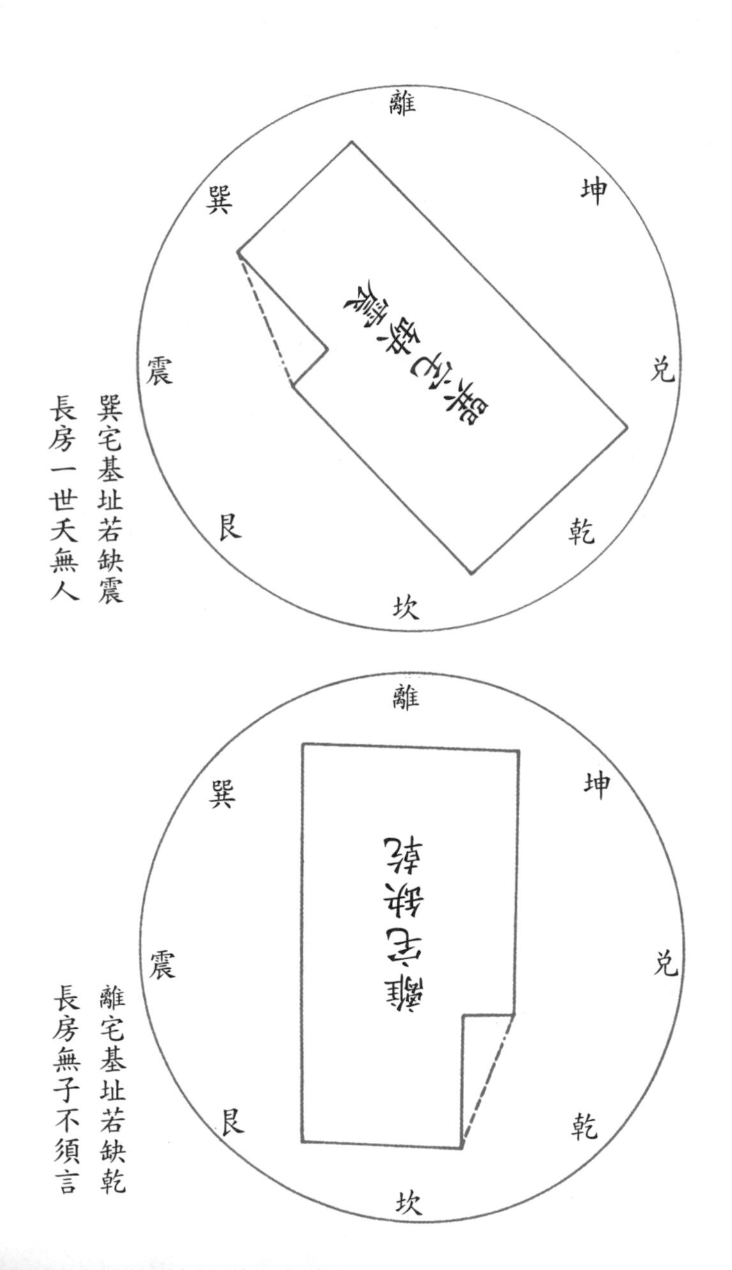


巽宅基址若缺震
長房一世夭無人

離宅基址若缺乾
長房無子不須言

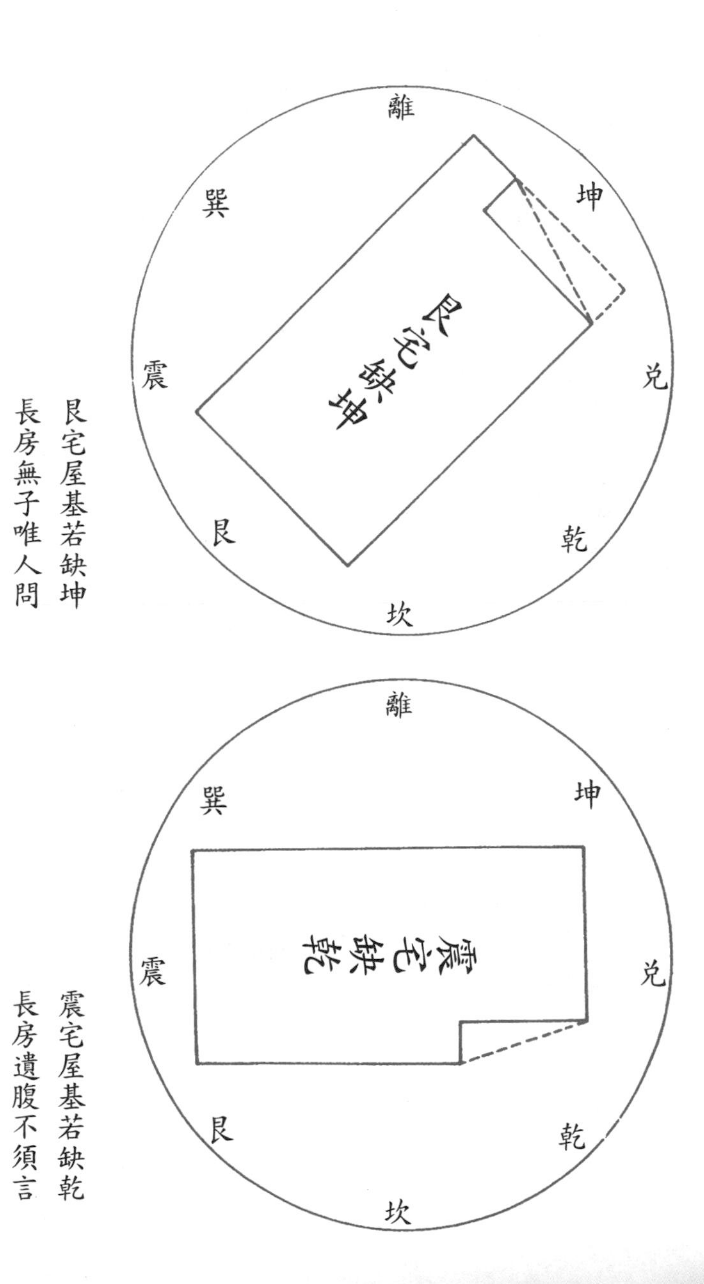


艮宅屋基若缺坤
長房無子唯人問

震宅屋基若缺乾
長房遺腹不須言

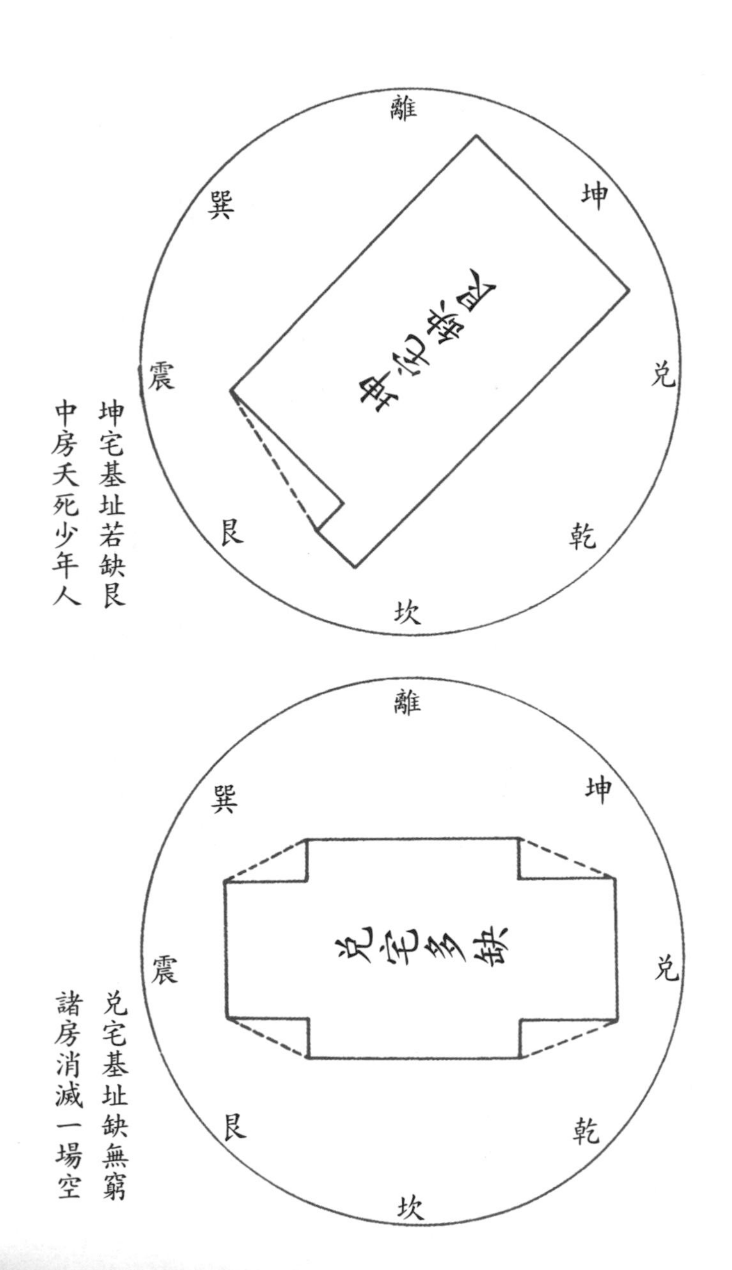
離
坤
巽
艮缺坤
震
兌
艮
乾
坎
坤宅基址若缺艮
中房夭死少年人
離
巽
坤
兌宅多缺
震
兌
艮
乾
坎
兌宅基址缺無窮
諸房消滅一場空

# 地宅形勢吉凶示意圖

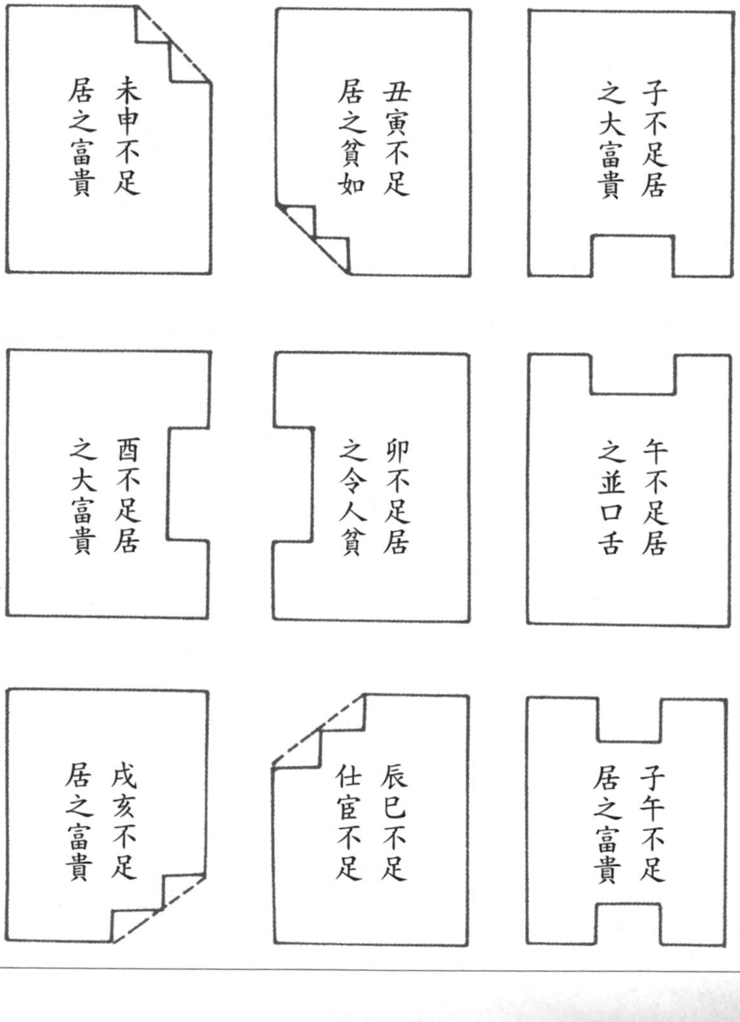

未申不足居之富貴

丑寅不足居之貧如

子不足居之大富貴

酉不足居之大富貴

卯不足居之令人貧

午不足居之並口舌

戌亥不足居之富貴

辰巳不足仕宦不足

子午不足居之富貴

## 地宅形勢吉凶示意圖

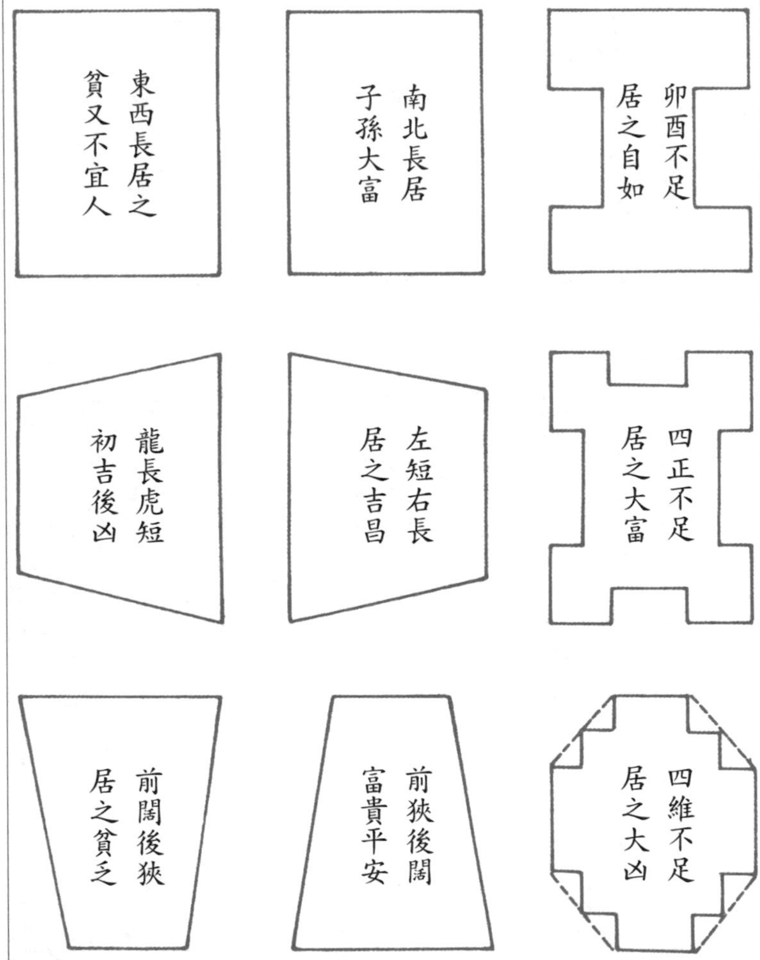

東西長居之貧又不宜人

南北長居子孫大富

卯酉不足居之自如

龍長虎短初吉後凶

左短右長居之吉昌

四正不足居之大富

前闊後狹居之貧乏

前狹後闊富貴平安

四維不足居之大凶

吉宅

凶宅

**此宅左短右邊長，居子居之大吉昌，家內錢財豐盛富，只因次後少兒郎。**（註：左短右長，基址必有所缺，如爲「坎宅缺巽」者，則主長房多死少年人；如爲「巽宅缺震」，則主長房無後，如爲「艮宅缺坤」亦然長房無子；或爲「震宅缺乾」，則主長房遺腹；或爲「坎宅缺艮巽」、「巽宅缺坎震」、「艮宅缺坎坤」、「震宅缺乾艮」之類，不妨併而玩味。以下類此者不贅記註。）

**右短左長不堪居，生財不旺人口虛，住宅必定子孫愚，先有田蠶後也無。**

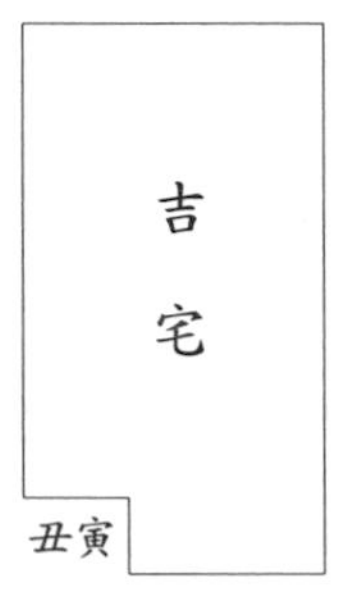

昔日周公相此居，丑寅空缺聚錢貲，
家豪富貴長保守，不遇仙人怎得知。

辰巳不足卻爲良，居之家豪大吉昌，
若是安莊終有利，子孫興旺足牛羊。

吉宅

吉宅

仰目之地出賢人，庶人居之又不貧，子孫印綬封官職，光顯門庭共九卿。

中央高大號圜丘，修宅安墳在上頭，人口資財多富貴，二千食祿任公侯。

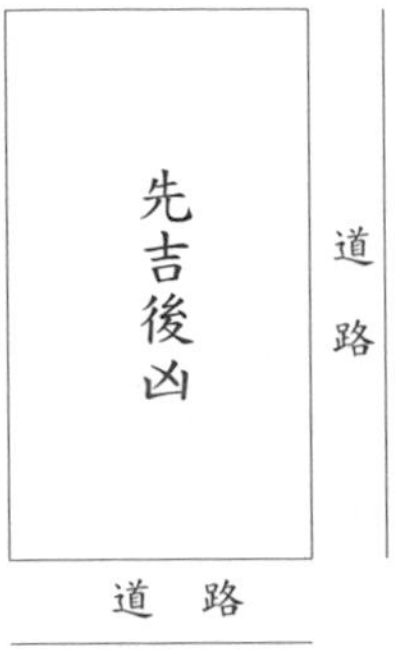

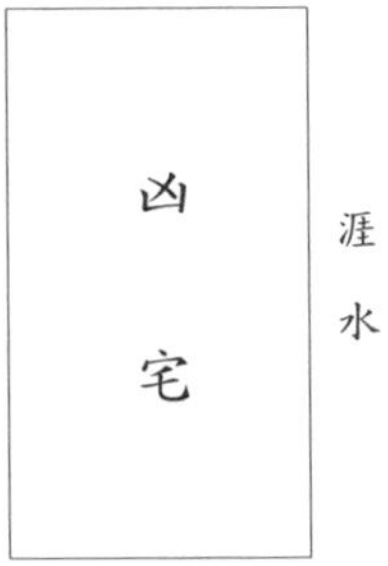

道路

先吉後凶

道路

涯水

凶宅

坎兌兩邊道路橫，定主先吉後有凶，
人口資財初一勝，不過十年一時空。

此宅修在涯水頭，主定其地不堪修，
牛羊盡死人逃去，造宅修塋見禍由。

吉宅

前狹後寬

凶宅

前寬後狹

前狹後寬居之穩，富貴平安旺子孫，
資財廣有人口吉，金珠財寶滿家門。

前寬後狹似棺形，住宅四時不安寧，
資財破盡人口死，悲啼呻吟有歎聲。

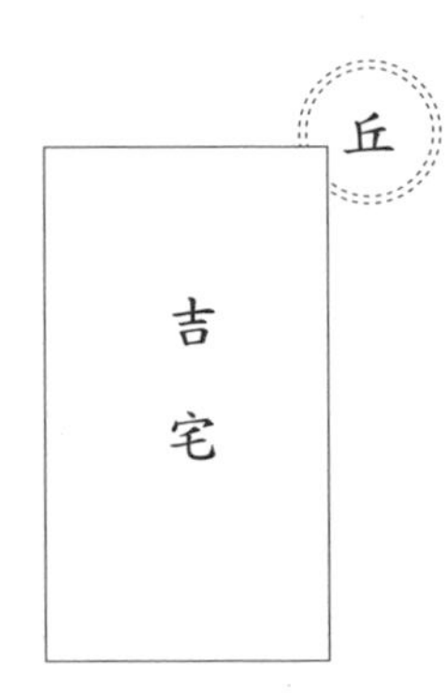


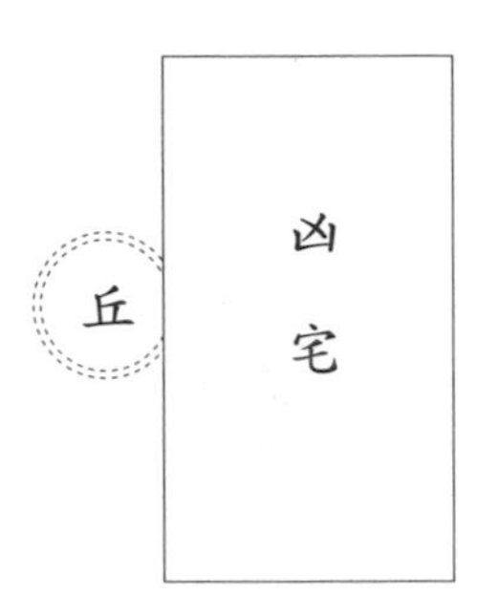


西南坤地有丘墳，此宅居之漸漸榮，
若是安莊並造屋，兒孫輩輩主興隆。

此宅卯地有丘墳，後來居之定滅門，
愚師不辨吉凶理，年久墳前缺子孫。

吉宅

丘

此房正北有丘墳，明師安莊定有名，
君子居之官出祿，庶人居之家道榮。

丘

半吉宅

丘

前後有丘不喜歡，安莊修造數餘年，
此宅常招凶與吉，得時富貴失時嫌。

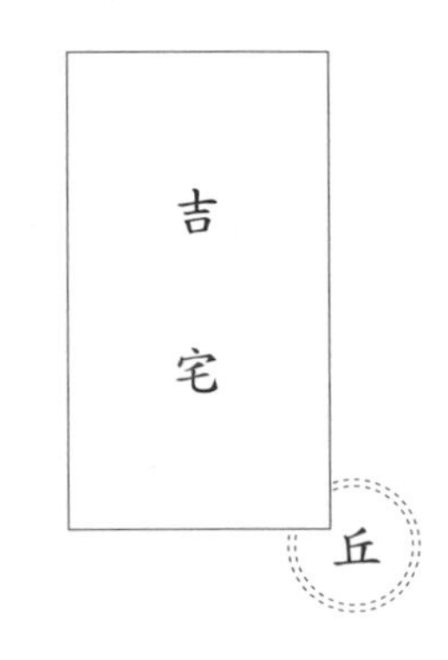


此居乾地有丘陵，修宅安莊漸漸興，女人入宮爲妃后，兒孫以後作公卿。

此宅前後有高沙，居之依師不爲差，田財廣有人多喜，處處談揚道富家。

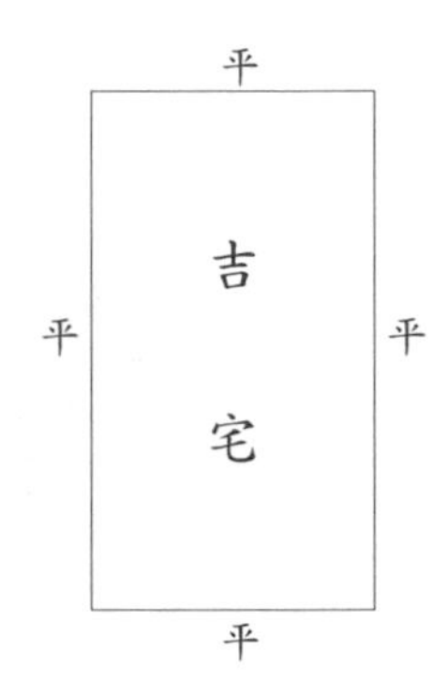


西高東下向北陽，正好修工興蓋莊，
後代資財石崇富，滿宅家宅六畜強。

此宅方圓四面平，地理觀此好興工，
不論宮商角徵羽，家豪富貴旺人丁。

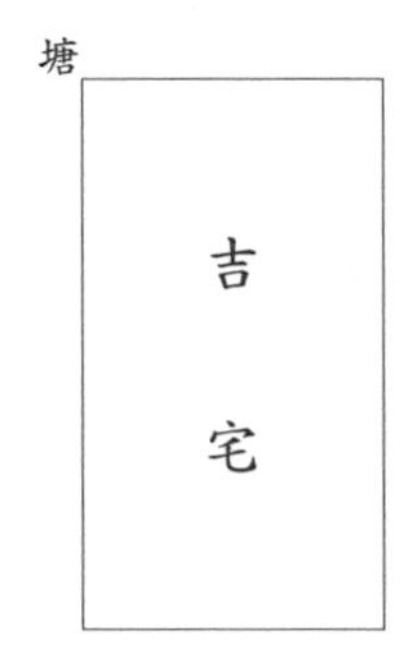

此宅觀靈取這強，卻因辰巳有池塘，
兒孫旺相家資盛，興小敗長有官防。

前後高山兩相宜，左右兩邊有沙地，
家豪富貴多年代，壽命延長彭祖齊。

此宅左右水長渠，久後兒孫福祿齊，
禾麥錢財常富貴，兒孫聰俊勝祖基。

左邊水來射午宮，先初富貴後貧窮，
明事斷盡吉凶事，左邊大富右邊窮。

凶宅

池

此屋西邊有水池，人若居之最不宜，
牛羊不旺人不吉，先富後貧少人知。

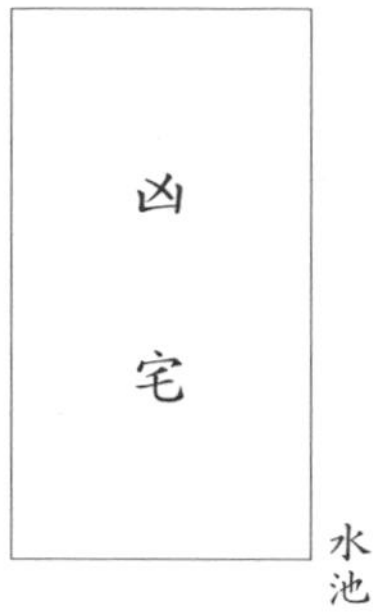

凶宅

水池

西北乾官有水池，安身甚是不相宜，
不逢喜事多悲泣，初雖富時終殘疾。

山

凶宅

吉宅

山

後邊有山可安莊，家財盛茂人最強，
若居此地人丁旺，子孫萬石有餘糧。

前有大山不足論，不可安莊立墳塋，
試問名師凶與吉，若居此地定滅門。

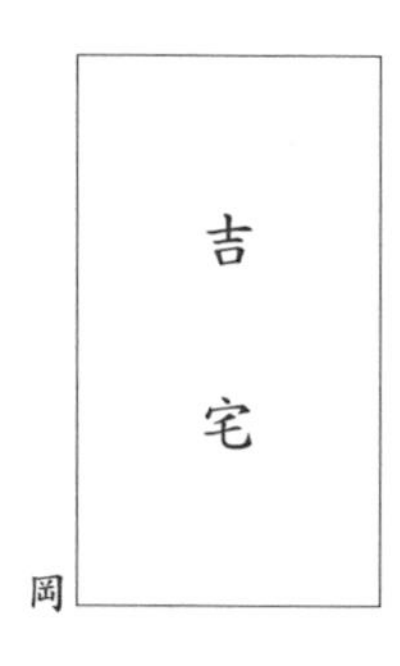


此宅後邊有高岡，南下居之第一強，
子孫興旺田蠶勝，歲歲年年有陳糧。

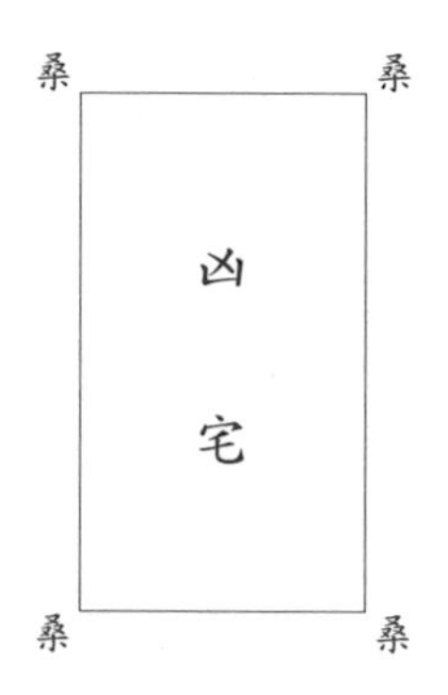


此宅四角有林桑，禍起之時不可當，
若遇明時重改造，免敎後輩受恓惶。

此宅前後有墳林，凡事未通不稱心，
家財破敗終無吉，常有非災後又侵。

左邊孤墳莫施工，此地安莊甚是凶，
疾病纏身終不吉，家中常被鬼賊侵。

此宅右短左邊長，假令左短有何妨，
後邊齊整方圓吉，庶人居之出賢良。

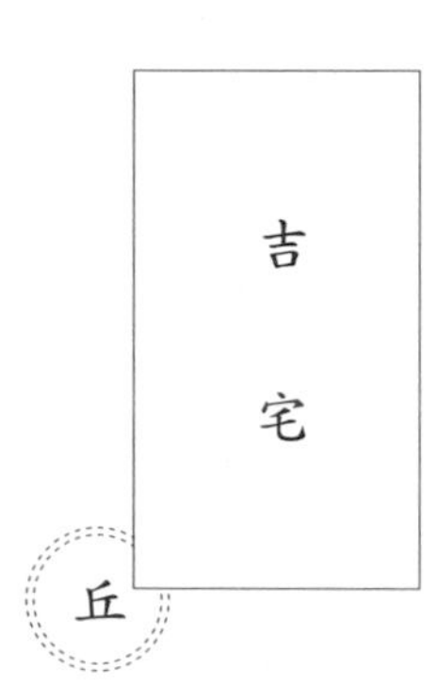


東北丘墳在艮方，成家立計有何妨，
修造安莊終迪吉，富貴榮華世世昌。

吉宅

凶宅

山

左短右長卻安然，後面狹稍前面寬，
此地修造人口吉，子孫興旺勝田莊。

此宅東邊有大山，又孤又寡又貧寒，
頻遭口舌多遭難，百事先成後來難。

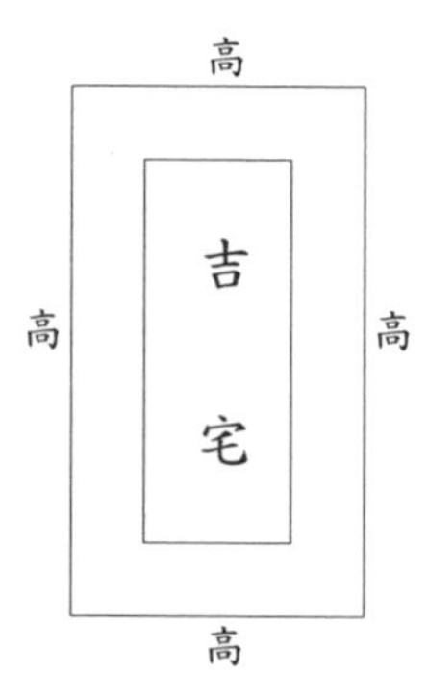


此地觀之有何如，前山後山不堪居，
家貧孤寡出賊子，六畜死盡禍有餘。

中央正面四面高，修蓋中宅福有餘，
牛羊六畜多興旺，家道富貴出英豪。

四面交道主凶殃，禍起人家不可當，
若不損財災禍死，投河自縊井中亡。

道

先吉後凶

此地只因道左邊，久住先富後貧寒，
貴重之人終迪吉，若逢賤者離家園。

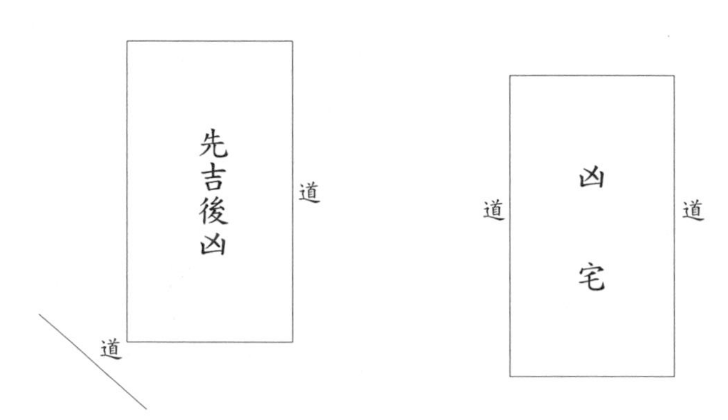


兩邊白虎生災殃，百事難成有死傷，
賊人偷盜錢財破，又兼多訟被官防。

此宅東北斜道行，宅西大道主亨通，
雖然置下家財產，破財一時就滅傾。

宅東流水勢無窮，宅西大道主亨通，
因何富貴一齊至，右有白虎左青龍。

朱玄龍虎四神全，男人富貴女人賢，
官祿不求而自至，後代兒孫福遠年。

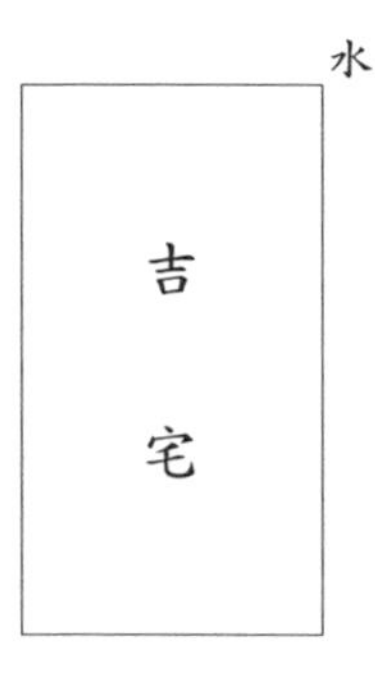


宅前有水後有墳，十人遇此九人憂，
家財初有終耗散，牛羊倒死禍無休。

此宅安居正可求，西南水向東北流，
雖然重妻別無事，三公九相近王侯。

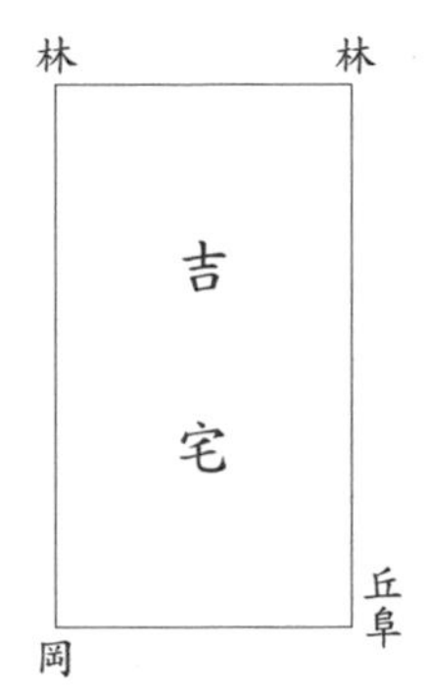


宅前林木在兩傍，乾有丘阜艮有岡，
若居此地家豪富，後代兒孫貴顯揚。

前有丘陵後有岡，西邊穩抱水朝陽，
東行漫下過一里，此宅安居甚是強。

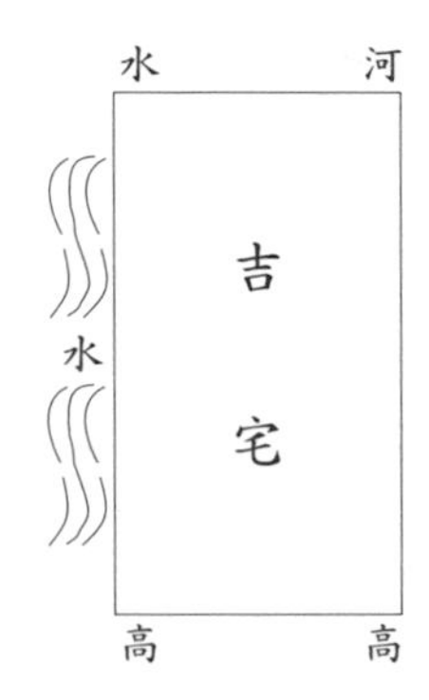


西來有水向東流，東顯長河九曲溝，
後高綿遠兒孫勝，禾穀田蠶歲歲收。

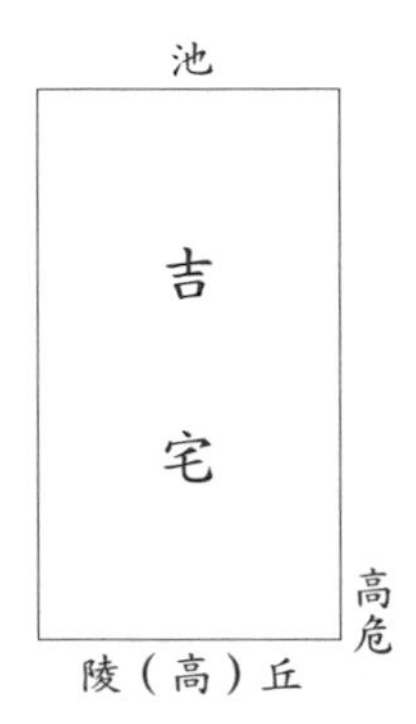


後高有陵前近池，西北瞻仰顯高危，
天賜富貴倉糧足，輩輩兒孫著紫衣。

西有長波匯遠岡，東有河水鵝鴨昌，
若居此地多吉慶，代代兒孫福祿強。

前邊左右有丘陵，後面東道遠平平，
巽地開門家富貴，不宜兌路子孫衝。

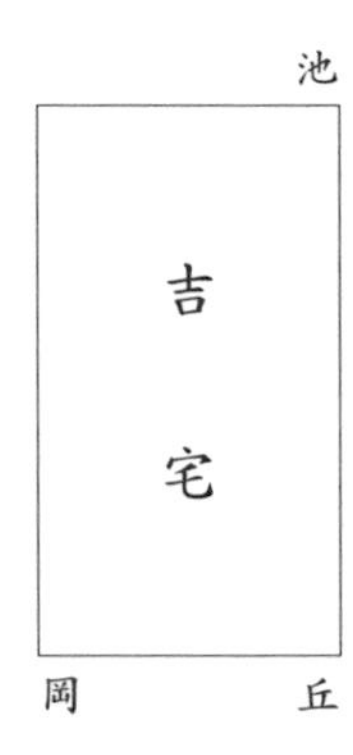


道
凶宅

住宅西南有水池，西北丘勢更相宜，
艮地有岡多富貴，子孫天賜著羅衣。

南來大路正衝門，速避直行過路人，
急取大石宜改鎮，免教後人哭聲頻。

東西有道道衝懷，定主風病疾傷災，
後來多用醫不可，兒孫難免器聲來。

前有高皐後有岡，東來流水西道長，
子孫世世居官位，紫袍金帶拜君主。

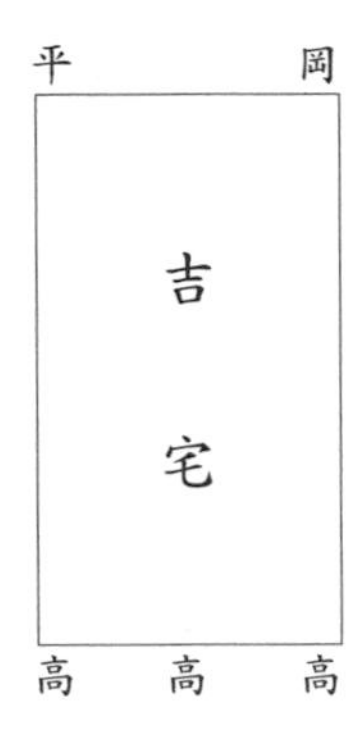


乾坤艮坎土岡高，前平地勢有相饒，
立宅居之人口旺，兒孫出眾又英豪。

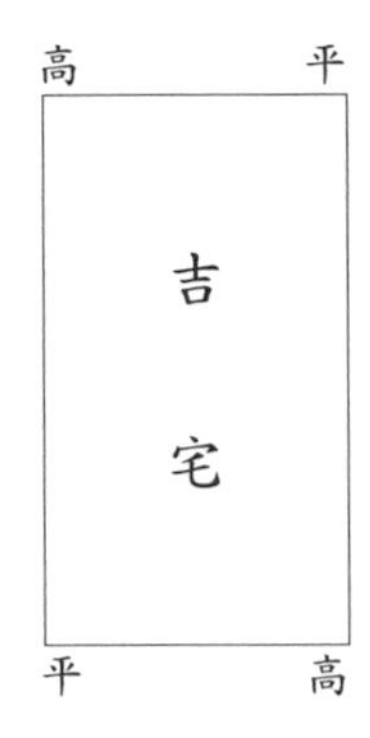


西北仰高數里強，東南巽地有重岡，
坤艮若平家富貴，田蠶萬倍足牛羊。

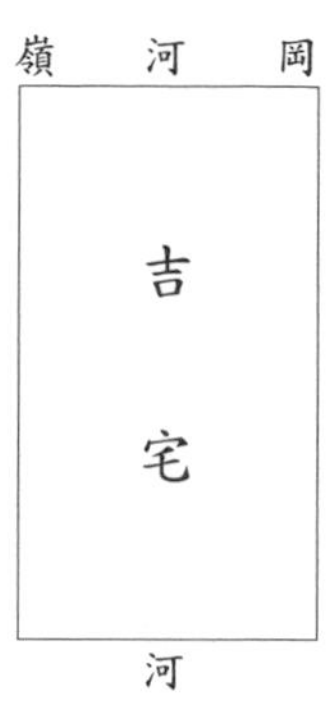


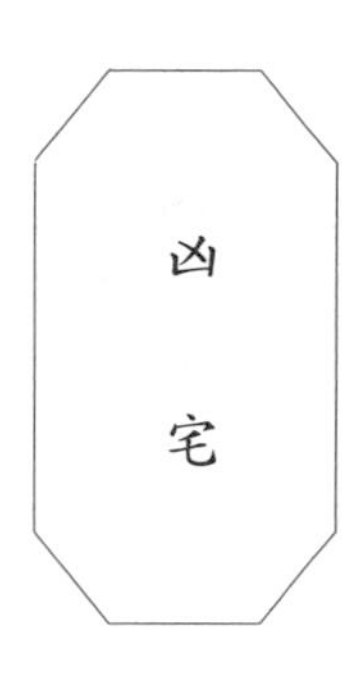


南北長河又寬平，東嶺西岡三兩層，
左右宅前來相顧，兒孫定出武官人。

東西寬大兩頭尖，嶺土安墳不足看，
此地若無前後勢，家中男女眾人嫌。

艮地孤墳一墓安，莫教百步內中間，
久後痴聾並喑啞，令人有病治難痊。

右邊白虎北聯山，左有青龍綠水潺，
若居此地居公相，不入文班入武班。

林中不得去安居，田宅莫把作丘墳，
田蠶歲歲多耗散，宅內驚憂鬼成精。

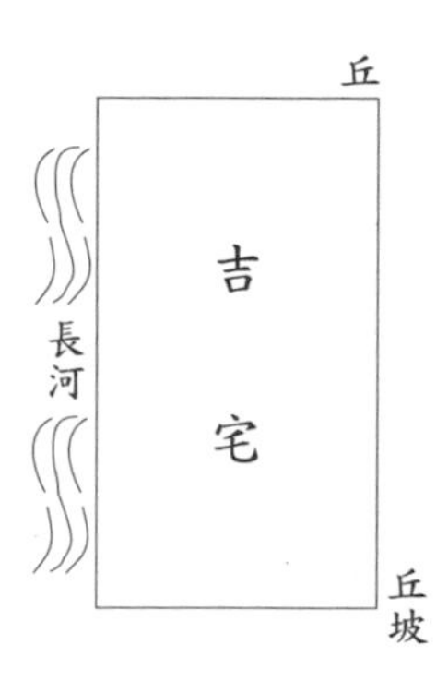


宅東南北有長河，坤乾丘墓近大坡，
此地若居大富貴，更兼後代子孫多。

北有大道正衝懷，多招盜賊破錢財，
男人有病常常害，貧窮不和鬧有乖。

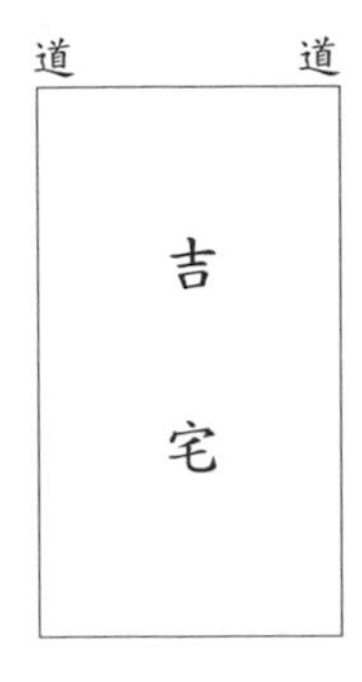


東西有道在門前，莫把行人斷遮欄，
宅內更有車馬過，子孫富貴得安然。

兩邊低下後邊高，婦人守寡愛勤勞，
多招接腳並義子，年深猶自出貧消。

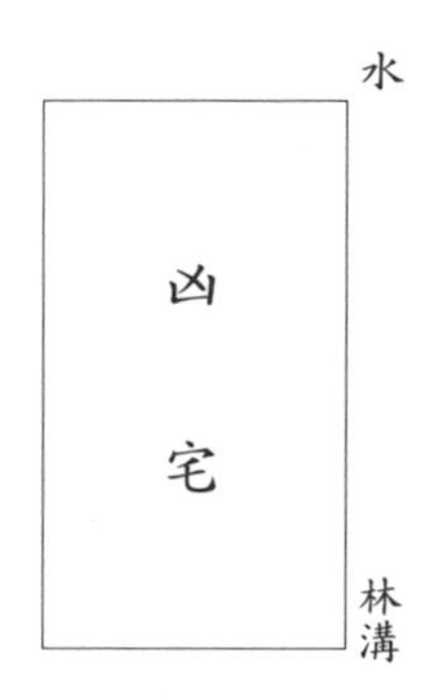


乾地林木婦女淫，溝河重見死佳人，
乾地水流妨老母，子孫後代受孤貧。

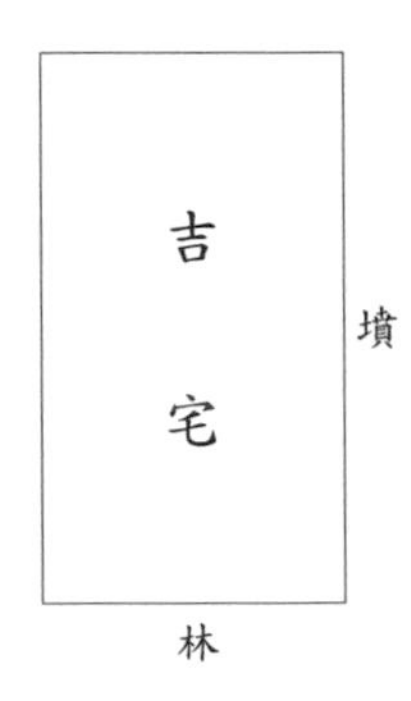

庚辛壬癸有墳林，可取千株鬱鬱林，
正對宅舍六十歲，兒孫改換舊家門。

寺廟丘墳切要知，不分南北共東西，
離宅未有一百步，已後傷人殺子孫。

# 第三節　外形吉凶凡例

## 一、營造宅經（見鰲頭象吉通書）

《周書秘奧》云：「昔黃帝造成宅舍，人得居之。宅者，人之根本，人從宅中而生，宅旺人樂，宅敗人喪也，故聖人將欲納民於富貴，使趨利而避害，余遍採宅經，勘其可否，削其繁冗，撮諸秘要，濟物利民，不亦美歟！」

**屋舍人宅，欲左有流水，謂之青龍，右有長道，謂之白虎，前有汙池，謂之朱雀，後有丘陵，謂之玄武，為最貴地。若無此相，凶，不若種樹，東種桃柳，南種梅棗，西種梔榆，北種李杏。**

◉宅東有杏，凶。宅北有李、宅西有桃，皆為淫邪。宅西有柳，為被刑戮。宅東種柳，益馬。宅西種棗，益牛。中門有槐，富貴三世。宅後有榆，百鬼不近。

**◉凡宅東高，西下，富貴雄豪。前高，後下，絕無門戶。後高，前下，多足牛馬。**

**◉凡雜地欲平坦，名曰梁土；後高前下，名曰晉土，居之並居。西高東下，名曰魯**

**土，居之富貴，當出賢人。前高後下，名曰楚土，居之凶。四面高，中央下，名曰衛土，居之先富後貧。**

◉凡宅不居當衝口處，不居古寺及祠社爐冶處，不居草木不生處，不居故軍營戰地，不居正當水流處，不居山谷衝尖處。不居大城門口處，不居對獄門處，不居百川口處。

**◉凡宅東有流水達江海，吉。東有大路，貧。北有大路，凶。南有大路，富貴。**

◉凡樹木皆欲向宅者，吉；背宅者，凶。

**◉凡宅地形，卯酉不足，居之自如；子午不居，居之大凶；子丑不足，居之口舌；南北長、東西狹，吉；東西長、南北狹，先凶後吉。**

◉凡人居宅滋潤、光澤、陽氣者，吉。乾燥無潤澤者，凶。

**◉凡宅前低後高，世出英豪。前高後低，長幼昏迷。左下右昂，男子榮昌，陽宅不居，陰宅不強。右下左高，陰宅豐豪，陽宅不吉，主必奔逃。**

◉兩新夾故，死須不住。兩故夾新，光顯宗親。新故俱半，陳粟朽貫。

◉實東空西，家無老妻。有西無東，家無老翁。

◉凡住祖上之宅，如欲修造，即要陽上作陽宅，陰宅運用方隅，如是則累代富貴，子孫隆盛。如居處不利，即宜轉陽作陰，或加陰加陽，吉；無不利。

◉凡人居住之宅，必須周密，勿令有細隙，致有風氣得入，但覺有風，勿強忍之，久坐必須急急避之，居處不得。

◉居處不得綺靡華麗，令人貪婪無厭，乃禍害之源，但令雅素潔淨，吉。

◉蓋屋布椽，不得當柱頭築上者，須是兩邊騎梁。云：「不得以小壓大也。」

◉凡造屋，切忌先築牆圍並外門，必難成。

◉起宅畢，其門刷以醇酒及線香末，蓋禮神之至也。

◉凡人家，不可多種芭蕉，久而招禍。又云：「人家房戶前，不宜多種芭蕉。俗云引鬼，婦人得血疾。」

◉住宅四畔，竹木青翠，進財。

◉屋架與間不用雙；須單，為大吉。

◉**水簷頭相射，主殺傷，內射外，外人死，外射內，謂內當。**

◉凡屋外簷頭廣闊為上，不得通促，斜雨潑壁，家內痢疾。風吹不著，不用服藥。解屋漏漿，新婦與良。

◉**樑棟偏倚，家多事非。屋勢傾倚，賭博貪花。瓦移棟摧，子孫貧羸。**

◉凡桁樑以木頭朝柱，主人大吉，木匠有成。

◉宅四面高衝，子孫袪弱。

**◉古塔，靈壇、神前、佛後，水田、爨社之所，其地並不堪居。**

**◉宅若前高後下，主孤兒寡婦，令男子懶惰，使婦人淫奔。**

◉宅中聚水汪汪，養蠶桑之難得。

◉屋頭有廈，衰病莫不由斯。

◉桑不宜作屋木，死樹不宜作棟樑。

◉凡居宅造樓，莫近大街，頭低吉，高凶，能招五通。

◉門樓高大須榮貴。

◉凡人之居宅廳後，不宜作灶。

**◉畫堂應干，須用偶數，則主家和睦。**

**◉私居廳不必廣大，亦要單數。廳上單廳上單棟，恐招內攻預事。**

◉私居堂要十分華飾，則夫婦偕老，子孫昌盛。

◉有廳無堂，孫寡難當。

◉堂前有綠樹吉。

◉南廳連於西屋，令歲月之憂煎。

◉折裏爲廳，終不利。折廳爲裏則無妨。
◉庭軒，若有大樹近軒，疾病連綿。
◉人家種種中庭，一月散財萬千。
◉中庭種樹，主分張。
◉門庭雙棗，喜嘉祥。
◉庭心樹木，主關困。
◉長植庭心，主禍殃。
◉房室：**但凡人臥室宇，當令潔淨，淨則受靈氣，不淨則受故氣，故氣之亂人室宇者，所爲不成，所作不立。一身亦爾當洗沐澡潔，不爾無異！**
◉人臥床，當令高，高則地氣不及、鬼氣不于。鬼氣之侵人，當依地而遊上耳。高謂一尺以上也。昔有一人病在地，臥於病中，乃見鬼神於壁穿下，以手爲管吹之，即是鬼吹之事也。
◉房屋堂頭莫安櫃，房門兩壁莫開窗。
◉房門不得正對天井，主此房人口頻災。
◉灶房門亦不可面對臥房門，主口舌病患。

◉掛帳不用開日，犯者蚊蠅不能淨，須用水閉日為佳，若用土閉日泥飾屋宇，蚊不入，累效。

門戶：

◉但凡門以栗木為闕者，夜可以遠盜。

**◉凡門面兩畔壁，須大小一般，左大換妻，右大孤寡。**

◉門面上枋空蛀窟痕，主動瘟瘡痍之疾。

◉門棟柱不著地，無家長，棟柱空蛀，家長聾盲。門塞棟柱，家憂懼，退財破田，血蓄耗損。

◉大門十柱，小門六柱，皆著地吉。

◉門高於壁，主多哭泣。

◉糞室對門，癰癤常存。

◉倉門向門，門退動瘟。

◉搗石當門，居屋出離書。

◉門前直屋，家無餘穀。

◉門口水坑，家破伶仃。

◉大樹當門，羅跂天瘟。

◉牆頭當門，當被人論。

◉**眾路直衝，家無老翁。**

◉門被水射，家散人啞。

◉**神灶對門，常病時瘟。**

◉門中水出，財散冤屈。

◉門著井水，家招神鬼。

◉正門前不宜種柳，主出酒癲。

◉所居向異方開門，及隙穴、開窗之類，立有災害，無免者，又日夜忌於官舍正所。

◉私家正堂南向，坐多招異事。

◉**當門勿安臥榻，不利。**

◉庚寅日不可作門，門大夫死。

◉人家門左右不可安插堂，主三年一次哭。

◉凡宅門下水出，財物不聚。

◉東北開門，多招怪異之重重。
◉宅戶三門莫相對。
◉門前青草多愁怨。
◉門外垂柳非吉祥。
◉**水路衝門，悖逆子孫。**

## 井灶：

◉人勿跂井，今古大忌。
◉俗以清白日淘井，爲新泉，以鉛十餘斤置之井中，水清而甘。
◉開井近江近海，須擇江風日開，則吹江水入泉脈，必甘。若海風順日，則吹海水入泉脈，必鹹。如江水在之西南方，是日有西南風，則鑿之。
◉如不穿井，井泉不香。
◉勿塞故井，令人耳聾目盲。
◉凡堂前不可穿井，男子越井，婦人上灶，皆招口舌分外之禍。勿越井越灶。
◉井在灶邊，虛耗年年。

◉井灶相看法，主男女之內亂。

◉井灶不可令相見，女子祭灶事不祥。

◉井北灶南，家悖逆。

◉井畔栽花，玩物業荒。

◉廳內房前休鑿井，主人堂後莫開泉。

◉刀斧不宜安灶上，令人家不安。

◉凡於廳後安灶，兩火煌煌有災殃。

◉踐害灶上，令人患瘡。

◉灶堂無禮家必破，灶前歌笑大驚惶。

◉糞土勿令壅灶，凶。

◉灶中午夜絕燒煙。午夜乃后帝灶君交會之夜，宜避之，即安。

◉婦人勿鼓坐灶，大忌。

◉作灶法：長七尺九寸，上象北斗，下應九州。廣四尺，象四時。高三尺，象三才。口闊一尺二寸，象十二時。安兩釜，象日月。突大八寸，象八風。須備新磚洗淨，以淨土合香水泥，不可用壁泥相雜，大忌之。以豬肝和泥，令人孝順。凡作灶泥，先除地面上土五寸，即取下面淨土，以井花水並香和泥，大吉。

◉**凡灶面向西南吉，向東北凶。**

◉灶神晦日歸天白人罪過，灶主食，夢者得食。

◉**子孫滿堂，灶在明堂。徵音明堂在午，宮音在子，羽音明堂在戌，商音、角音明堂在申地。**

◉丙丁作灶引火光。

◉釜鳴不得驚呼，或男子作婦人拜，婦人作男子拜，即可止之。釜鳴甑虛，氣沖則鳴，非怪，但揭去蓋，亦可矣！

◉凡人家頭鍋過夜，須備洗淨，滿注水，切不可令乾，如空則使人心焦。又云：「鍋釜夜深莫停水。」意以停火爲是。

## 天井：

◉大凡四向堂屋前著遇道中亭，有二天井，象日月，爲屋有眼目，主人發火災。若只作一天井，亦發，只是多出患眼，乃損少丁少婦。

◉天井者花欄，主淫佚。又云：「天井著欄干，主病心、病瘴、眼著花，防小口患。」

◉凡人家天井方者為上，不可直長，主喪禍。
◉廳前天井停水不出，主患病，父子相拗，有下痔、腸風之疾，及漏腸、傷孕之厄。
◉天井栽木大凶。
◉天井內種花，主婦人淫亂，切不可種。
◉天井不可積污水，主患疫痢；不可堆亂石，主患眼。
◉窗若門壁，有窗主橫事。
◉天窗宜就左邊開，乃青龍開眼吉。

溝瀆：

◉凡溝渠通後，屋宇潔淨，無穢氣，不主瘟疫病。
◉水路衝門，悖逆兒孫。
◉水寄宅過，東流無禍。
◉水若倒流宅，主女為家長。
◉水從門出，主耗散之貧窮。
◉門前屋後溝渠水，不可分八字，主絕嗣散財。

## 論造屋間架數吉凶（間架者，隔間也。）

◉凡陰陽二宅，造屋一隋蝸獨，二間自如，三間吉，四間凶，五間吉，六隋褸破凶，七間大吉，八間凶，九間吉。

◉四間凶，東三間西一廳，無子，主絕。

◉堂屋五間廳三間，或堂屋三間廳五間，法主三年殺五人，五年殺七人，七年禍發，破敗逃亡。謂五間屬土，三間屬木，木剋土故也。

◉堂屋四間廳三間，堂屋三間廳四間，三年殺四人，五年殺七人。謂三間屬木，四間屬金，金來剋木故也。

◉堂屋三間，廳屋七間，主凶，亦如是。

（附按：間架數符河圖五行，一六水，二七火，三八木，四九金，五十土論議之。）

◉凡通造堂屋五間，別無屋宇，必主傷折。

◉凡宅橫造三重及五間，別無屋宇，名為三陰，主敗。

◉凡前造廳屋，未造餘屋，直入裏作者，必害三人。

◉凡於廳屋安灶，兩火星入，故有災殃。

◉凡屋有所無堂，孤寡難當。

◉凡造屋一間，經數年，主夫妻不和，合出孤寡。

◉凡造宅三重，並無廳廂，名三絕，若兩姓同居自如，後亦主凶。

**◉經曰：「前屋爲廳屋，中屋爲堂屋，後屋爲遮屋。」何必有妨，三重橫屋，兩畔無廂屋生，自應主凶，惟人本命、天宮年起造破命格，災大凶。子人辰年，丑人戌年，寅人未年，卯人丑年，辰人午年，巳人子年，午人申年，未年寅年，申人酉年，酉人卯年，戌人亥年，亥人巳年。**

## 雜件疑忌：

◉黃帝問玄女曰：「世人所用日辰造作屋宇，何興廢如許不一，宜傳示人。」玄女對曰：「凡造宅值天開地通六合主之，三神是吉，萬事大吉。若値玄武、勾陳、朱雀、白虎四神値之日並凶，不宜起造。」

◉唐李淳風奏用此二十二日，合大明曆，乃天開地通，太陽所照之辰，百事大吉。甲子、甲辰、甲申、乙巳，乙未、丙辰、丙午、丁丑、丁亥、己卯、己未、己酉、庚申、庚戌、辛未、辛酉、辛亥、壬寅、壬辰、壬午、壬申、癸酉。

◉或謂起造全吉日廿七：甲子、甲寅、甲申、甲戌、乙丑、乙未、乙亥、丙子、丙寅、丙辰、丙午、丙戌、丁丑、丁未、丁酉、己巳、己未、庚子、庚寅、庚午、辛未、壬寅、壬辰、癸丑、癸卯、癸未、癸酉。

## 二、陽宅六煞（見《八宅明鏡》）

**◉前高後低，謂之過頭屋（出孤寡）。**

**◉前後平屋中起高樓（二姓招郎）。**

**◉四邊多有屋，中間天井出入又無牆（謂扛屍煞）。**

**◉左右屋低中間高（謂衝天煞）。**

**◉廳屋三間中一間，裝屏門兩傍對一步（謂停喪煞）。**

**◉屋前如有樑木搭板，暗中簷架者（謂穿心煞）。**

**◉屋後如箭暗沖者（謂暗箭煞）。**

◉前正屋後邊，不論東西南北中，或一間二間亂起（謂埋兒煞）。

**◉門屋後有直屋（謂直射煞）。**

◉前後兩進兩傍廂房，中堂如口字，四簷屋角相對（謂埋兒煞）。

◉不論前後簷下水滴在階簷上者（謂主血症）。

◉**屋後白虎邊，另有一間橫屋（謂自縊煞）**。

◉**屋後青龍上有一間橫屋（謂投河煞）**。

◉**前後兩進有一邊側廂者（謂亡字煞）**。

◉不論前後天井，兩傍如有山牆對照（謂金字煞），在西方更甚。

◉門前四面圍牆，中開一門，東西兩家俱從一門出入，路如火字形，不宜。

◉**一家連開三門如品字（多口舌）**。

◉面前如有雞口朝對，不宜。

◉面前左右有小塘水滿時，或東放西、西放東（謂之連淚眼）不宜。

◉**亂石當門（謂磊落煞）**。

◉住屋前後有寺廟不宜。

◉面前有路，川字形不宜。

◉**床橫有柱（名懸針煞），主損小口**。

◉不論前後門首或楹柱，或牆垛，或屋尖當門者（謂孤獨煞）。

◉如屋大樑上又加八字木者（出迯）。

◉如一層前後翻軒，皆可作正面（主夫妻兄弟不和）。
◉房門上轉軸透出（主生產不易）。
◉**兩門對面，謂相罵門（主家不和，居住生肖相沖者忌，其餘不忌）。**
◉前簷滴後簷，兩層屋相連，不宜。
◉臥房前不宜堆假山土山（謂墮胎煞）。
◉祿存方向不宜有樹破，籐滿纏者（謂之縊頸樹）。
◉山尖中開門（名穿煞），大忌。

## 三、凡例（雜輯）

◉**凡人家起屋，莫要先築牆，爲之困字，主人家不興發，亦起不成住場。**
◉**凡人家起屋，屋後莫起小屋，爲之停喪屋，損人口，難爲住。**
◉凡人家起丁字屋，主無家主，絕人丁。
◉**凡人家起屋，前低後高，主發財祿、興旺。**
◉凡人家起屋，莫開池塘，主家財退，絕人丁，無子女，爲之漏胎洩氣。
◉凡人家起屋，門前不可開新塘，主絕、無子，名爲之血盆照鏡。（若門稍遠，可開半月塘。）

◉凡人家屋前門不許如箭來射，主出子孫忤逆不孝。

◉凡人家門前不要見石塊，高二三四尺者皆是也，紅白壽星，所主立見。

◉凡人家正屋後，不許起倉屋，爲之龍蟠宅，主家財不興。

◉凡人家門前，不要紅赤黑石，必主痳瘋、患眼，爲之火星，又主火厄。

◉凡門不要朝空亡，貴人小退，財不發。

◉凡人家門前有探頭山，四時防盜，若近屋，出軍賊之人。

**◉凡人家住屋，折去半邊，及中間折去者，爲之破家煞，主人不旺，貧窮。**

**◉凡人家住宅，不要屋角侵射，及當門射來，主聾啞之人。**

◉凡人家起屋，莫飛走回圭，主忤逆，弟兄不和之人。

◉凡人家屋椽，或有峻嶺道路，或前衝或射，主出盜賊之人。

**◉凡人家開門路及車門，不要直射，爲之穿心煞，主家長橫死之患。**

◉凡人家屋後莫開車門，要被盜，退財。如在側邊不妨，北方開門亦然。

◉凡人家屋後，不要絕尖尾地，主絕人丁。門前屋後方圓爲吉。

◉凡人家門前，不要朝妻（飛水返背者是也），出淫亂之婦。

◉凡人家門前，見水聲悲吟，主退財。
◉凡人家門前屋後，見流淚水，主眼病。
◉凡人家門前，朝平頭山，是土星，吉，出僧道屬，興旺。
◉**凡人家開車門，不要在子午坤艮四方，爲鬼路，主疾病，損人口。**
◉凡人家門前屋後，溝渠水不可分八字水，主絕嗣、散財。
◉凡人家天井，不可積污水，主患疫痢，不可堆亂石，主患眼。
◉凡人家，不可在當門開井，主官訟。
◉凡人家廁屋，不可衝大門，截入門庭，主生災禍。
◉凡人家食乳小兒穢衣，不可高曬，並過夜，主生疾病。

## 四、凡人家例（見農民曆）：

**一、凡人家：面前龍虎兩腳飛，退田父子各東西**
**更主出人生忤逆，兄弟相打兩分離**
**一、凡人家：門前坑井樹相推，大姨去了小姨來**
**入門又見木中木，寡母淫哭無夫在**

一、凡人家：面前若見生土堆，墮胎悲眼也難開
寡婦少亡不出屋，盲聾喑啞又生災

一、凡人家：門前水路捲向前，家中淫亂不堪言
孤寡傷亡傷敗家，家中動火又瘟纏

一、凡人家：門前若有見尖砂，流氓做賊夜行家
出人忤逆敗家聲，兄弟分居餓死爺

一、凡人家：門前水分八字圖，賣書田園離家鄉
淫亂其家不用媒，家主長少房離祖

一、凡人家：白虎若見二山隨，定教媳婦被人迷
二姓之人來合話，忤逆人家媳罵姑

一、凡人家：青龍若見二山隨，其家養女被人迷
招郎義子其家有，家聲四起人人罵

一、凡人家：明堂（門前）似胡蘆形，寡婦姦奴事必眞
定主招瘟聾啞應，時師說鬼祭家神

一、凡人家：左右龍虎共條路，男女弔死此中詳

兄弟相爭去法場，太歲向到便爲殃

一、凡人家：若有方塘當面前，代代癆瘵不堪言

一塘便所一人喪，何故不與外人傳

一、凡人家：似足形塘在明堂，三四寡婦鬧喧天

時師不識其中病，此殺便爲喪禍源

一、凡人家：面前若有銀帶水，高官必定容易取

出人代代讀書聲，清顯出貴耀門閭

一、凡人家：大頭樹木近門前，家招寡母哭聲悲

二姓同居招女婿，血財損盡又招災

一、凡人家：門前若有兩株樹，斷定二姓同居住

小康之家置兩妻，孤翁寡婦淚沾衣

一、凡人家：衝天落地兩頭低，三年兩度損兒郎

又主扛尸並外死，太歲當門無改移

一、凡人家：逆水廉貞爲谷將，順水廉貞是退神

又名喚作詞訟筆，出人狡猾不堪論

一、凡人家：若見人家四屋夾，中門天井埋兒煞
當招難產及招寡，眼疾紛紛氣疾發

一、凡人家：中高前低後又低，主有孤寡在內屋
又主財錢多耗散，名爲四水不同歸

一、凡人家：有右無左名白虎，必置小子衣食愁
小屋孤寡必定損，便是原因在裏頭

一、凡人家：有左無右名青龍，必置長子衣食愁
若見順水主長敗，出夫不回空倚樓

一、凡人家：頭尾中間有小屋，名爲扛尸主啼哭
又名埋兒殺現身，主有寡婦二三人

一、凡人家：門前有踏似火字，兩邊有池少年死
就斷其家連淚哭，歲煞加臨多禍至

一、凡人家：前有池兮後有池，兒孫代代主少亡
後池急用泥填起，免得其家禍患至

一、凡人家：門前三塘及二塘，必啼孤子寡母娘

斷出其家眞禍福，小兒落水哭汪汪

一、凡人家：屋門亂雜錯綜向，必定兄弟不和睦
屋後人家有兩向，便斷人家忤逆足

一、凡人家：厝屋滴水若相連，定主患眼實難當
又剋妻房損長子，猶兼氣疾纏綿綿

一、凡人家：背後小屋直射中，定斷其家主暗凶
更招橫禍從天降，不然主損掌家翁

一、凡人家：厝屋品字外池塘，讀書竹屋起家莊
人財大旺進田地，貴子聲名達帝鄉

一、凡人家：蒼蒼翠竹遶身傍，堪笑其家好畫堂
大出官僚小出富，兒孫個個姓名香

一、凡人家：前面水路及返飛，定主退妄又離妻
跏跛兒孫隨母嫁，順水淫亂主夫離

一、凡人家：屋門前土堆重重，人住房內主墮胎
更兼眼疾年年有，火災加臨更莫開

一、凡人家：厝屋門前兩口塘，爲人哭泣此明堂
　　更主人家常疾病，遭瘟動大事相連
一、凡人家：門前若見有小屋，官事來得至急速
　　便斷何年凶禍生，歲煞加臨災更毒
一、凡人家：厝屋小在大樹下，孤寡人丁斷不差
　　招郎丐子家中有，瘟病怪物定紘加

# 陽宅的形勢

1.陽宅需要地基打得方正，入眼「舒服」才算是吉。假若太高太闊或太低太小，甚至於東長西短，或者東方多一塊，西方多一塊，這都是不好的，一定不利財與丁（丁指小孩）。

2.屋形也要端肅，看來才能氣象豪大，如果有護龍也要整肅，圍牆要周密才算是高貴的住宅。

3.四方的牆壁要亮，天井要明也要清潔才是富貴宅。

4.假若南北都是大廳，東西換向的形勢好像在競爭，那是忤逆住宅。要是屋小而高，四邊沒有護著，那是孤寒宅。如果東倒而西傾斜，風吹而雨潑，那是病痛宅（住在該宅的人常有病痛）。屋內黑暗（光線不好），太闊或太窄，那是妖怪宅。屋宇不整，四方的牆壁又破碎，椽頭露齒，那是零丁房。

5.地基太高，房屋的前面深而後面又下陷（也低），四方的水無法聚集，那是貧窮宅。

6. 屋高而有地洞（指隧道），則人財兩退。屋矮而地闊，則一代發福。一般來說，住宅與官府（政府的辦公大樓）不同，政府的辦公大樓都喜歡闊大而壯觀，然而我們的住宅則必須緊聚才能得福。

7. 臥房與外面的客廳不同，一般的廳前是可以闊大的，但假若臥房的前面大的話那氣就散了。一般來說，房屋是以「天井」為財祿，以前的屋椽為案山。要使「天井」的闊狹適中才能聚財。

8. 屋前（房屋之前仍有屋的則為前屋）不高也不矮，這是賓主相稱而可得福。假若前屋太高則會受欺負，太低則不對稱，因此前椽如果近的就應該矮，而稍遠的要略為高一點，住宅的吉凶，全在這裏。

9. 大廳以「天井」為小明堂，而前廳之外，大門之內為中明堂，而前門的廣場為大明堂。「大明堂」為第三重案，「中明堂」為第二重案，「小明堂」為第一重案。小明堂要團聚，中明堂要略為闊一點，也要方正。大明堂要闊大，但不要太廣大。

10. 屋少而人多則吉，宅多而人少則凶。

11. 兩邊是新房而夾著一舊房，則舊房不太順利。兩邊是舊的，而中間是新的，那麼新宅就可光榮的顯耀宗親。

12.住宅的間架如果是雙數的話則窮。屋柱彎曲則子孫不和睦。如果木材被蟲柱成空則容易瞎眼或耳聾。

13.柱若懸在空中則家主命短，樑或棟傾斜則是非反覆無常。如果用棟來接樑足則三年一哭（指一人命歸黃泉）。

14.住宅的地基要平均，如果乾宅的地基缺了離方的地基則中房的女兒會瞎眼，坎宅的地基若缺了巽方的地基則對長房的少年不利，艮宅若缺了坤方的地基則長房一定有人會夭折，離宅如果缺了乾方的地基則長房無子，坤宅缺了艮方的地基則中房會夭折少年人，兌宅缺了地基則絕後代。

# 陽宅的門路

宅（房屋）的位伏（就是坐山）叫做「福德宮」，而每個人都有自己的福德宮。「東四命」的人要住東四宅，而「西四命」的人要住西四宅，這樣才能得福元。假若西四命的住東四宅，而東四命的人住西四宅，那就無法得福元了。所謂東四命就是自己的生命（生年）是「坎離震巽」的，而東四宅就是宅的坐山爲「坎離震巽」等四卦山的。而西四命就是自己的生年是「坤乾艮兌」的，西四宅就是宅的坐山爲「乾坤艮兌」等四掛山的。

如果東四宅或西四宅難改的話，可以從大門方向來改，要是大門也難改，則應該選擇房屋吉利的方位來做臥房，要是臥房也不能改，就移動床位，使床位安置在吉利的方位，這樣也可以求福。

講到陽宅的大門，應該安置在本命的四個吉利方位，不要安置在本命的四個凶惡的方位。「本命」就是自己生年的卦，例如乙酉年出生的男性是坎卦，那麼乙酉年出生的男人的本命就是「坎」，他就是「坎命人」，坎命人要住坎宅，而他的四個吉利方位爲

「坎震離巽」等四個卦山的方位，剩下的「乾坤艮兌」四個卦山就是他的四個凶惡的方位。如果大門能安置在本命的四個吉利的方位，又能合青龍坐山的吉利方位而迎吉利的來水，那麼要發福是很容易的。

# 第 5 章

# 避宅出火

向古先人祀神祈福、紀念祖先，建設香堂以爲祭祀，相因成習，或因建築修營，或就旺改革，故移家口暫居停外，倒堂淨盡拆去舊宅，致使福神、祖先無寄，故不得已就吉方小屋權居避之，與符使祖先香火同歸一處，俟修造完成日，移香火入宅，是謂避宅出火吉日與移居吉日，可以通用。

**避宅者，謂不居其家而潛匿東西，今泛稱不居家爲避宅也。**

**出火者，移香火出居家也。**

避宅出火者，專謂請祖先、福神香火暫居空界事，古人向極愼重，後世兵亂，每避亂而從權，相因而成今日「寄籃」、「浮爐」之習尚。

大抵有移徙，必先祭告神佛、祖先，而後遷移轉住新居，其亦當然出火，唯以習俗之不同，或將福神一齊遷移，或棄福德於土地堂祠廟宇。（**按：俗以福德正神只守一宅一地，不因移徙而管轄新居，故棄於可享香火處，至新居重新裝飾供奉嶄新之當地福神。**）

古人云：「**出火易，歸火難。**」大抵擇吉出火容易，欲謀歸火則不可不愼，且要考究年月得利方道，恒難擇用，《採經》云：

**出火皆避龍命星，**

**或因年月建修營，**
**或因就旺並改革，**
**或移家口暫居停，**
**今人習此常作義，**
**大小修營亦用之，**
**土木犯輕人犯重，**
**此理時師那得知。**

因此而知先人敬畏天地、神祇、祖先，凡論避宅出火，乃是因循剋擇意識而產生之趨吉避凶習俗，乃是迴避沖剋山家龍向及本主生年命星，移出祖先福神香火，以爲從權修造，並爲大小修營之用。

大抵移徙未有留祖先福神香火於舊居者，而就旺鼎新改革者，破屋倒堂淨盡，必須「避宅出火」，或有修作，其修宅適爲坐宅龍山飛宮之方者，亦必爲「避宅出火」，庶免觸犯凶煞之謂，如原宅坐巽而急欲修作飛宮巽方，即先「避宅出火」而修營之。

唯一般不急切修營者，或年月不利者，大多緩待修方得年月利而後修營，庶免歸火困難而不可輕易出火。

唯今日沿承古代剋擇觀念，凡修營不動中宮或不修飛宮、坐宮者，一般即有修作亦不出火，即或遇有大小修營，則逕避宅出火至百二十步外，或隔街河不見舊宅之新居暫住，使舊宅無吉凶之宜忌而可任意修營造作，故今人對於祖先福神香火之供奉觀念，不復如古人之敬愼也。

## 一、論明堂出火避宅法

或倒堂淨盡，拆去舊宅，於吉方造小屋宇暫厝，謂之權宜，蓋因淨盡拆去，別無存著，故不得已移家口就吉方而避之，乃將神符使捲下祖先、福神、香火，同歸一處祀奉，俟修造完成，擇日移符使同祖先、福神、香火入宅，最忌命龍星入土。

術書、時書、今俗只謂避宅出火不論方道，可以任意豎造修營，故疏忽出火避宅之法既爲修造權用之法，其亦必當如《協紀辨方書》所謂權造之法，因避宅出火而使不利變有利也！

《通書》云：**「凡修造必身命年月方向皆利，則修作吉，如或不利而又不得不作者，則當遷居，自所遷之處，視所作之方爲吉，可也。如年命利作兌，不利作震，則當遷居而東，既居於東，則自其居視所作之方，昔爲震者，今爲兌矣！自此作之，則無不**

可。」蓋方位因人而定方隅，修造因宅而定方隅，此爲權造變通之機要，書師今俗不知此理有而所疏忽，故寧可信此有者，必依此以爲趨吉獲福也！

【避宅出火示意圖】

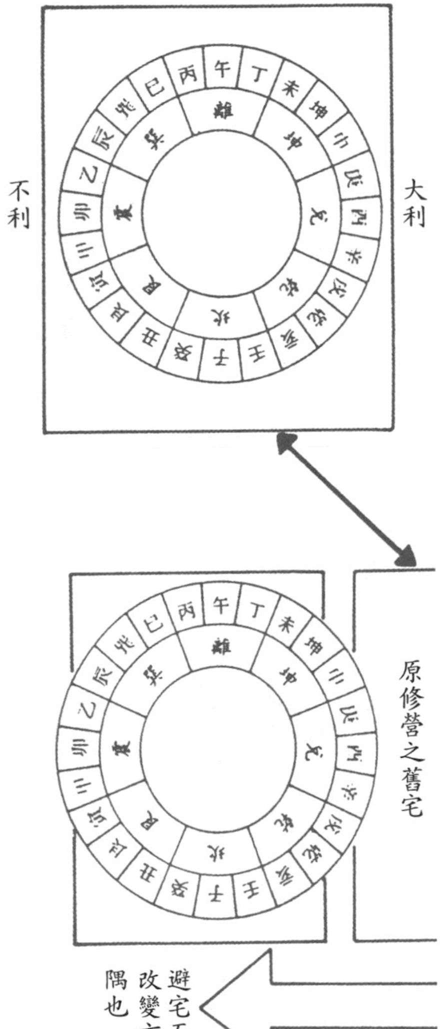

大利

不利

原修營之舊宅

避宅而改變方隅也

## 二、入火歸火忌命龍入土

凡擇吉出火者，蓋欲利於歸火也。

大抵有修作，皆欲短暫日時而復歸火居住，昔《通書》忌命龍入土，故修作而預期歸火，可以避凶獲福也。

《通書》以生年納音為命龍，如甲子、乙丑、甲午、乙未生人，俱依納音金生人，辰戌丑未年則命龍入土論之，亦忌用月日時，今附錄局例，聊備參考。

**納音金生人，辰戌丑未年入土。**

**納音木生人，寅申巳亥年入土。**

**納音水火土人，子午卯酉年入土。**

## 三、論出火避宅不問方道法

若修造作，主人眷避宅出火，其出避或不能改變方隅吉凶，則在原址百二十步外之空閒屋內出避，或隔溪河街道出避，皆可不問方道而為修造作。

蓋人神出避，原址暫失廿四山向之意義，故不必論方道也。

地理風水之觀念，因自我之所在而有前後左右之方隅意義，人神暫住出避之所，出避之所未有斧斤震動修作，故可暫視原址非我相關，故不以為吉凶，但以其尤有宅舍基址門户，猶有修方向之意義仍在，所以古代選擇利用之觀念不無似是而非之感，甚至予人矛盾而難以執從之惑，因臆仍當本權造之前說為要也。

## 四、論不出火避宅法

凡遇權造，依循移宮方隅爲之。

或障於現實不能出火避宅，則依循制煞要法爲之。

《選擇宗鏡》曰：**「坐三煞向太歲，此不能制者，不可犯也。三煞在方、在向，及陰府在山，此可制而不易制者，不可輕也。其餘紛紛神煞，中煞制之，小煞不必制，有吉星同到，自能壓伏。除太歲在山在方，宜合不宜衝；炙退在山在方，宜補不宜剋。此外則四法而已：干犯干制，如陰府天金神，皆以干制干也；支犯支制，如地官符之類，擇其死月死日修之可也；三合犯三合制，如三煞、打頭火、天官符以三合局剋之可也；納音犯納音制，如年剋、地金神，以納音制之可也。今通書制三煞等法皆用納音，不知納音力輕，仍當兼地支三合取用爲是。」**

《千金訣》曰：「**煞在山頭更若何，貴人祿馬喜相過，三奇諸德能降煞，吉制凶神發福多。**」此言山頭之中煞、小煞不用剋制，而止以諸吉照之者也，蓋剋則剋倒坐山矣，山值休囚月亦不吉。

《千金訣》又曰：「**吉星有氣小成大，惡曜休因不降災。**」則剋制修方法，也勿作一例看，剋制者，剋制得法爲主，吉星爲用，若小煞則不必制，遇吉星自伏。

因之剋擇之要義，凡不犯太歲、三煞之年月緊煞者，不修作飛宮坐宮方者，大抵可以擇吉修作而不必避宅出火也。

或修作飛宮坐宮方者，俟其年月得利，亦可以不論出宅避火也。

## 五、六壬逐月出火例

明清通書分列繁冗，兼三不能顧四，迨今之《通書便覽》叢書，雖年年恍惚重複，卻已幾備古說，幾臻剋擇之宜忌，故術者亦不贅年年一書，可爲參考，又利便覽。

◉六壬逐月出火例

例曰：**「寅申子午年辰上起天罡，丑未年寅上起，卯酉年未上起，辰戌丑未年申上起，巳亥年丑上起。就起天罡順尋勝光、傳送、神后、功曹之四方出避，吉。」**

# 六壬出避吉月日方便覽表

| 年支＼吉方 | 天罡 | 太乙 | 勝光 | 小吉 | 傳送 | 從魁 | 河魁 | 登明 | 神后 | 大吉 | 功曹 | 太衝 |
|---|---|---|---|---|---|---|---|---|---|---|---|---|
| 子 | 辰 | 巳 | 午 | 未 | 申 | 酉 | 戌 | 亥 | 子 | 丑 | 寅 | 卯 |
| 丑 | 寅 | 卯 | 辰 | 巳 | 午 | 未 | 申 | 酉 | 戌 | 亥 | 子 | 丑 |
| 寅 | 辰 | 巳 | 午 | 未 | 申 | 酉 | 戌 | 亥 | 子 | 丑 | 寅 | 卯 |
| 卯 | 未 | 申 | 酉 | 戌 | 亥 | 子 | 丑 | 寅 | 卯 | 辰 | 巳 | 午 |
| 辰 | 申 | 酉 | 戌 | 亥 | 子 | 丑 | 寅 | 卯 | 辰 | 巳 | 午 | 未 |
| 巳 | 丑 | 寅 | 卯 | 辰 | 巳 | 午 | 未 | 申 | 酉 | 戌 | 亥 | 子 |
| 午 | 辰 | 巳 | 午 | 未 | 申 | 酉 | 戌 | 亥 | 子 | 丑 | 寅 | 卯 |
| 未 | 寅 | 卯 | 辰 | 巳 | 午 | 未 | 申 | 酉 | 戌 | 亥 | 子 | 丑 |
| 申 | 辰 | 巳 | 午 | 未 | 申 | 酉 | 戌 | 亥 | 子 | 丑 | 寅 | 卯 |
| 酉 | 未 | 申 | 酉 | 戌 | 亥 | 子 | 丑 | 寅 | 卯 | 辰 | 巳 | 午 |
| 戌 | 申 | 酉 | 戌 | 亥 | 子 | 丑 | 寅 | 卯 | 辰 | 巳 | 午 | 未 |
| 亥 | 丑 | 寅 | 卯 | 辰 | 巳 | 午 | 未 | 申 | 酉 | 戌 | 亥 | 子 |

按：此法幾近於三元四利神煞法，其取太陽、太陰、龍德、福德爲最吉四大利星，豈不相當於勝光、傳送、神后、功曹?!唯術家各有取用不同，當推考其脈絡而可以聯貫融會矣！

原註：避宅出火吉方，宜月德、天德、月空三奇方出避，吉。

## 逐月出火吉日

——如不合六壬出火，又當別擇，不可拘定。

| 逐月 | 出火避宅撰吉日 | | | | | | | | | 備註 |
|---|---|---|---|---|---|---|---|---|---|---|
| 正月 | 乙亥 | 乙卯 | 癸卯 | | | | | | | 孟春 |
| 二月 | 辛未 | 乙亥 | 甲申 | 丁未 | 己未 | 癸未 | 乙未 | 癸丑 | 乙丑 | 仲春 |
| 三月 | 乙卯 | 癸酉 | 丁酉 | | | | | | | 季春 |
| 四月 | 甲子 | 丙子 | 乙卯 | 庚午 | 庚子 | 癸卯 | 丙午 | | | 孟夏 |
| 五月 | 甲戌 | 乙亥 | 辛未 | 乙未 | 癸丑 | 乙丑 | 壬辰 | 己未 | | 仲夏 |
| 六月 | 乙亥 | 戊寅 | 甲申 | 庚申 | | | 丙寅 | 甲寅 | | 季夏 |

| 月份 | | | | | | | | | | |
|---|---|---|---|---|---|---|---|---|---|---|
| 七月 | 乙未 | 乙未 | 丙子 | 壬子 | | | 庚子 | 丁未 | 丙辰 | 孟秋 |
| 八月 | 甲戌 | 癸丑 | 乙丑 | 壬辰 | 丙辰 | | | | | 仲秋 |
| 九月 | 庚午 | 壬午 | 丙午 | | | | | | | 季秋 |
| 十月 | 甲子 | 辛未 | 丙子 | 乙未 | 壬子 | 庚午 | 庚子 | 丁未 | | 孟冬 |
| 十一月 | 辛未 | 乙亥 | 甲申 | 庚申 | 癸未 | 壬辰 | 丙辰 | | | 仲冬 |
| 十二月 | 戊寅 | 甲申 | 庚申 | 丙寅 | 甲寅 | | | | | 季冬 |

按：出火皆避命龍星，最忌命龍入土（見前），或謂生年干支納音五行屬爲命龍，或謂行年太歲爲命龍，命龍入土是謂太歲推黃殺，犯歲破也，其飛宮入二五八爲坤中艮宮方，犯之者星吉亦不可解。

## 六、避宅出火吉日

凡習剋擇，最初不免拘泥神煞，不能靈活運用，大抵可依《通書便覽》、《時憲書》類註記宜「移徙」、「修造動土」、「破屋壞垣」之日取用。

其或有列於前述「逐月出火吉日」者，凡遇下列日辰而註所宜「出火」者為第一擇用，其餘註所宜「移徙」、「修造」、「動土」、「破屋」……等日則為權用也——

**甲子　甲戌　甲申　甲午**
**乙卯　乙亥　乙酉　乙未**
**丙子**
**丁丑　丁卯**
**戊寅　戊子**
**己卯　己丑　己酉　己巳**
**庚申**
**辛未**
**壬子　壬午**
**癸丑**

## 七、避宅出火權宜法

凡移徙出火，雖搬徙轉住新居，而不得年月利方向，祖先大多暫處空界而不即為安奉，或因修營出避而暫居新住，亦不爲安奉。

唯吾人敬祀神祇、祖先，源遠流長，未有一日輕忽，雖使暫厝空界，仍然不忘祭祀供奉，故習俗以爲權宜而不特於此期間即爲歸火、入火，以爲誠敬心安！

其暫厝神祇、祖先、福神於空界之法，大抵有二：

㈠「神籃」盛置法

於出火時，祭告神祇、祖先、福神後，使置於「神籃」之中，大抵神祇、祖先分別盛置，並設香爐於其中，以利香火。

將神籃安置於桌案，並依時供奉祭祀。

但亦有以爲神祇、祖先暫厝空界而暫時不爲供奉祭祀，閒置於空屋牆邊，避免騷擾驚動，勿令靠近廚灶、廁所，直待擇吉歸火之後，始才重新供奉祭祀也。

㈡「浮爐」權宜法

神籃已不多見，或謂神籃只可盛置祖先，不可盛置神祇，使神祇暫厝空界必以「浮爐」爲之，或謂二者暫厝空界，俱以「浮爐」供奉祭祀之。

所謂浮爐者，使神祇及香爐、祖先及香爐放置於圓盤之上，然後供奉於案桌上，或供奉於將來安香位置上，依時祭祀之。

據說浮爐所用圓盤以瓷質爲最吉，木竹質次之，金屬質及塑膠質又次之，如果沒有足夠的大圓盤同時分別安置神祇與香爐、祖先與香爐者，則只取能夠安置香爐大小之圓盤即可，浮爐之名因此而得也。

# 第6章 拆屋倒堂宜忌

**拆屋倒堂應擇《通書便覽》記註「拆卸」、「動土」、「破屋」、「壞垣」等日爲之，其所宜者，日辰合十二建除之除日、破日爲之，忌正四廢、赤口、天賊日爲之。**

《鰲頭通書》載曰：「**出宅避火後，拆屋倒堂並不問方道煞神。**」尋見拆屋倒堂所忌非緊要神煞，故不必考慮方位吉凶，何況已經避宅出火，可以權造，只要注意未避宅出火之拆屋忌方即可。

## 一、拆堂吉日

宜擇用除破日之日辰如左：

**甲子　甲戌　甲申　甲午　甲辰**

**乙丑　乙未　乙巳**

**丙辰**

**丁巳　丁丑　丁亥**

**戊辰　戊寅**

**己巳　己卯　己丑　己亥　己酉**

**庚辰　庚申**

辛巳　辛丑　辛亥　辛酉　辛未
壬辰　壬申
癸巳　癸卯　癸丑　癸酉　癸未
凡遇正四廢、赤口、天賊日亦忌。

## 二、拆屋忌方

凡修造坐宮，修作方道，起手拆屋，忌年家天官符，月家州縣官符、小兒殺、打頭火，陰陽怕殺，身皇定命，炙退、三殺，並忌從此方起手，順從本命利月，月下三奇日方起手則吉。

## 三、拆屋權法

凡不逢年月緊要神煞，可自年月利方起手拆屋，而復於年月利方收手。倒當同此權宜也。

# 第7章

# 起造伐木

（古昔尚此，今法不尚，但不妨以購置建材，建材到場論之，如鼎新起造者，只要年月得利，不論方道可也。）

入山伐木法，凡伐木日辰及起工日，切不可犯穿山煞，匠人入山伐木、起工，且用看好木頭根數，具立平坦處砍伐，不可老草，此用人力，以所易爲也。

或木植到場，不可堆放黃殺方，又不可犯皇帝、八座、九天、大座，餘日皆吉。

凡入山伐木，權以選定購建材論之，取十二建除之定，成、開日爲吉，即擇用月建三合之日也。聊備伐木吉日如左：

甲寅　甲戌　甲申　甲午

乙卯　乙亥　乙酉　乙未

丙申　丙午

丁未

戊寅　戊子　戊申

己酉　己未　己巳　己卯

庚申　庚午

辛西　辛未

**壬申　壬午　壬寅**

凡伐木吉日擇用上開廿五日取用，又宜明星、黃道、天德、月德。忌刀砧殺、斧頭殺、龍虎受死天賊日、刀砧危日、山隔（不入山伐木者，不忌山隔）、九土鬼、正四廢、魁罡日、赤口、山瘟、朱雀。

# 第 8 章
# 起工架馬

**昔之營造動工，大多以木匠為主，故凡匠人興工，首須架放木馬**（按：傳統刨木馬架，今刨平木材多易以機器為之。）**於吉方，以利工作，然後將步柱安放，馬上起土動工，俱用翻換向內作動也。**

步柱者，基址範圍以利工作之示意樁柱，以為示意起土、豎柱、定磉之用也。有晚學木匠，凡起工則先棟柱用正，則不按魯班之法，率先起手而後步柱也，唯一般工匠起工，皆依祖式，先架馬步柱而起手，則先後方，且有先前方者，就低而後高，自下而至上，並忌先築圍牆安放大門之妨礙工作進行。

凡造宅用淺深、闊狹、高低、相等尺寸合格，方可為之也，唯今之興工起造，必先申請登記建築許可，預為建築設計，並依圖施工，更為建築之施工安全，大多先築施工「護牆」，以防施工意外傷害路行人，故因建築習俗方法差異，本章聊備參考也。

## 一、架馬法總論

◉論新立宅架馬法：

新立宅舍，作主人眷，既已出火避宅，如起工即就坐上架馬，至如豎造吉日亦可通用。

◉**論淨盡拆除舊宅倒堂豎造架馬法**：

凡盡拆除舊宅，倒堂豎造，作主人眷既已出火避宅，如起工架馬，與新立宅舍架馬法同。

◉**論坐宮修方架馬法**：

凡作主不出火避宅，但就所修之方擇吉方上起工架馬，吉。或別擇吉架馬亦利。

◉**論移宮修方架馬法**：

凡移宮修方，作主人眷不出火避宅，則就所修之方擇取吉方上起工架馬。如出火避宅，起工架馬卻不問方道。

◉**論架馬活法**：

凡修作在住近空屋內，或在一百步之外起工架馬，卻不問方道神煞。

◉**起工總論方道（論架馬凶方）**：

論架馬凶方，忌年木馬煞、三煞、獨火、官符、月家州縣官符，月流財身皇定命推坐宮備方，不出火避宅忌之，又忌推黃煞，白虎煞日方，月劍鋒煞方。

## 二、論修造起符便法（見《匠家鏡》）

起符吉日，其日起造，隨事臨時，自起符後，一任用工修造，百無所忌。

凡修造家主行年得運，自宜用名姓昭告符使，若家主行年不得運，自必以弟子行年得運者行符。

自作造主用名姓昭告符使，大抵師人行符起殺，但用作主一人名姓昭告山頭龍神，則定磉扇架豎柱日避本命日及對主日，俟修造完備移香火隨符入宅，然後卸符安鎮宅舍。

尋見今日營建（造）仍然頗多沿承古俗，如起符昭告神祇、「地基主」、「好兄弟」之行爲，雖在求施工之順利，亦恍如今日之建築登記許可意識，但其殘存動工、動土之觀念，亦自無可厚非，故建材雖未俱備，先擇吉動土而不再分別建作用事擇吉也。

尋考古代建作，動土起工之後，爲使工程進度有所區分，又分別擇用「動土平基」、「搭寮堆木」、「起工架馬」、「定磉扇架」、「畫樑柱」、「開柱眼」、「栽柱腳」……之諸等擇用，猶如今之「築地下室」、「建地中樑」、「鷹架」、「板模」、「樓板鋼筋」、「梯、柱鋼筋」、「樓板泥漿」……之各種工程進度，其工程進度有若干間歇時間，以爲準備次一工程進度之建材，或以待混凝土之乾涸，或避免增加建築負荷而工程突然倒塌，故有些擇吉用事雖然瑣碎繁雜，但知其爲區分工程進度及建築結構的安全理由，即或有些迷信，亦無可厚非。

又見今日營造商每視「樓頂灌泥」爲「上樑」，於樓頂灌泥完工之收工時，亦如「上樑」之「謝土」、「設宴宴工」，以示工程之完成也。

## 三、起工破木宜忌

**宜黃道、天德、天成、月德、月空及合神、開日爲吉。忌刀砧殺、木馬殺、斧頭殺、天賊、四廢、四離、四絕、大小空亡、凶敗滅沒日，犯之則凶。**

宜選用日如左：

**甲戌　甲申**

**乙亥　乙酉　乙未　乙卯**

**丙午**

**戊申　戊寅　戊子**

**己酉　己未　己巳　己卯　己亥**

**庚寅　庚申**

**辛酉　辛未**

壬寅　壬子　壬午

癸卯

## 四、逐月起工吉日

不犯建破、破罡、勾絞、破敗、獨火、天賊、受死、木馬殺、斧頭殺、刀砧殺、魯班殺、月建轉殺、正四廢、陰陽錯日、天窮、四離、四絕、月破、天地荒蕪、赤口、九土鬼。

不與建破平收同日，吉星多亦爲次吉，可用。

### 逐月起工吉日擇用便覽表

| 逐月 | 選定逐月起工吉日便覽 | | | | | | | | | | |
|---|---|---|---|---|---|---|---|---|---|---|---|
| 正月 | 乙未 | 丙午 | 丁丑 | 丁酉 | 辛未 | 壬午 | 癸酉 | 癸丑 | | | |
| 二月 | 甲寅 | 丙寅 | 丁丑 | 戊寅 | 己巳 | 庚寅 | 壬寅 | 癸丑 | | | |
| 三月 | 甲申 | 乙巳 | 己巳 | 癸巳 | | | | | | | |

| 四月 | 五月 | 六月 | 七月 | 八月 | 九月 | 十月 | 十一月 | 十二月 |
|---|---|---|---|---|---|---|---|---|
| 丙子 | 甲寅 | 甲申 | 丙子 | 甲申 | 乙亥 | 乙未 | 甲戌 | 甲寅 |
| 丙午 | 己亥 | 乙亥 | 丙辰 | 乙亥 | 丁亥 | 丁未 | 庚寅 | 甲申 |
| 丙戌 | 己亥 | 丁酉 | 丁卯 | 丙辰 | 辛卯 | 庚午 | 壬寅 | 乙卯 |
| 丁丑 | 庚午 | 庚申 | 戊子 | 戊寅 | 辛亥 | 辛未 |  | 丙寅 |
| 庚子 | 辛亥 | 辛酉 | 戊辰 | 戊辰 | 癸卯 | 壬午 |  | 丁卯 |
| 壬午 |  | 癸酉 | 己卯 | 戊申 | 壬午 |  |  | 戊寅 |
|  |  |  | 庚子 | 己亥 |  |  | 甲寅 | 己卯 |
|  |  |  | 壬辰 | 庚寅 |  |  | 乙丑 | 己巳 |
|  |  |  |  | 庚申 |  |  | 丁丑 | 辛卯 |
|  |  |  |  | 壬辰 |  |  | 戊寅 | 壬寅 |
|  |  |  |  |  |  |  | 癸丑 | 癸卯 |

# 第9章
# 豎造（營造）動工擇吉

## 一、竪造擇吉講究

凡論修造，先看作主行年得利用運例，擇用吉年月日，如作主行年不利而急欲修造者，則以家人眷行年得利者爲權宜選擇利用之。

次看山家墓運（即墓龍變運），正陰府太歲不剋山頭，浮天空亡、天官符、砧舍等一並忌開山立向，巡山羅睺止忌立向。

次論月家飛宮州縣官符，忌開山立向。

又論山家墓運正陰府太歲，月日時忌剋山。

凡山家官符，巡山大耗、穿山羅睺，山家朱雀，並忌開山，但吉星到能制，俱用通天竅、走馬六壬天罡、天符金星、星馬貴人爲主。

剋擇利宜年月庚求壬，紫白，祿馬貴人，諸家鸞駕帝星，若有一吉神到向蓋山，向以佐其吉，然後擇吉日時竪造大吉。

## 二、論倒堂竪造

凡倒堂之先須擇吉避宅出火，已論於前。

凡在前原有堂宅，淨盡拆之，謂之倒堂豎造。倒堂剋擇年月與新立宅舍一同，俱擇用豎造吉年月，或於避宅出火後，不論年月方道而逕爲拆屋倒堂也。

倒堂豎造，就原址住近擇吉方避宅出火，已如前述，有權宜及不論方道等說，俟工夫完備，別擇吉利年月日入宅歸火。

入宅歸火最忌命龍入土，一說命龍忌入九坎（九焦）。

## 三、豎造宜先內後外

凡倒當豎造，或鼎新起造，宜先造內堂，後造廳屋。

凡人家修造內堂完備，已歸火入宅，向後續造廳廊，只用備方向擇年月所有山家墓運年明堂，太歲並不須忌，唯擇天空亡、巡山羅睺及月家飛宮方道黑殺，尤其忌之。

凡修造已避宅出火則不忌中宮神煞，只忌開山立向凶神，豎造之月，其月有州縣官符飛入中宮，其月豎造不妨，只忌當日歸火犯之，立見官事，如有己上凶神，又須別擇吉日入宅歸火可也。

## 四、論工力未辦權宜

凡小可人家豎造宅舍，工力未辦，而豎造日子稍隔，宜分別擇用吉日。或工力未辦，無妨起一門以應日干，以後不另按工夫擇吉，但按工夫逐日豎柱，亦自無妨也。

## 五、工地祭祀

今之修作，或短暫日時之小工程，大多不尚擇吉，勉爲從簡或逕爲作造而已，但遇經年累月之豎造大工程者，除依俗擇吉動土、動工而外，並於每月初二、十六祭祀土地、地基主及好兄弟者，以祈工程順利。

凡工地祭祀，分備牲果二份（以鮮果、餅乾者代之多），一份以祀土地，如一般之平常祭祀，一份以祀地基主及好兄弟，以祈勿祟阻工程進行。

凡工地祭祀，先土地而後祀地基主、好兄弟，雖後祀地基主，卻宜於上香後即焚金箔以送，謂祀久而工程亦拖延較久，每有其驗，姑以記備之。

## 六、動土方論

陳希夷《玉鑰》訣云：**「土星方犯之，令人害風癆水蠱。土府所在之方，動土取土**

**犯之，令人浮腫水氣。土瘟日並方犯之，主兩腳浮腫。天賊日起手犯之，立招賊盜。」**

故取土動土，坐宮修造，不出火避宅者，皆宜審慎剋擇，須忌年月家凶神緊殺方道，犯之則凶。

凡取土填基定磉，宜生氣方、生土方，地倉方取之則吉，忌於土室星煞、土皇遊方取土，犯之則凶。

此說雖見載《通書》，唯其取驗如何，則未可知，甚至不無僞托陳希夷先生之嫌也，故風水地理及剋擇術書之中，頗多詭詭，必審辨之。

## 七、動土吉日

動土平基者，謂動土按步柱開基土，填平基址等事，宜歲德合、天德合、天德、月空、天恩、月恩、黃道、土吉、生氣、滿德、星吉、慶星之日辰，宜十二建除之定、執、平、開日。忌戊午黃帝死日也。

動土吉日宜擇用左列日辰：

**甲子　甲申　甲寅**

**乙丑　乙未　乙卯**

丙午

丁未　丁卯　丁酉

戊辰

己卯　己亥

庚申　庚午

辛酉　辛未　辛巳

壬子

癸丑

## 逐月動土平基吉日便覽表

| 逐月／日辰 | 宜用執、定、平、開日 | | | | | | | | | |
|---|---|---|---|---|---|---|---|---|---|---|
| 正月 | 甲子 | 壬午 | 庚子 | 己丑 | 辛卯 | 丙午 | 丁卯 | 丙子 | 壬子 | |
| 二月 | 乙丑 | 壬寅 | 庚寅 | 甲寅 | 辛未 | 丁未 | 癸未 | 甲申 | 丙寅 | |

| 三月 | 四月 | 五月 | 六月 | 七月 | 八月 | 九月 | 十月 | 十一月 | 十二月 |
|---|---|---|---|---|---|---|---|---|---|
| 癸巳 | 甲子 | 乙丑 | 乙亥 | 甲子 | 乙丑 | 丁卯 | 甲子 | 丁未 | 甲子 |
| 丁卯 | 戊子 | 辛未 | 辛卯 | 庚子 | 乙亥 | 辛卯 | 癸酉 | 辛未 | 壬寅 |
| 甲子 | 庚子 | 乙亥 | 乙卯 | 庚午 | 甲戌 | 庚午 | 辛酉 | 甲申 | 庚寅 |
| 庚午 | 甲戌 | 辛亥 | 甲申 | 辛未 | 壬寅 | 丙午 | 庚午 | 丙申 | 甲寅 |
| 癸酉 | 乙丑 | 庚寅 | 甲寅 | 丁未 | 庚寅 | 癸卯 | 甲戌 | 庚申 | 甲申 |
| 丙子 | 庚午 | 甲寅 | 庚申 | 壬子 | 丙辰 |  | 壬午 | 壬辰 | 丙申 |
| 壬子 | 丙子 | 丁未 | 辛亥 | 壬辰 | 庚戌 |  |  | 乙亥 | 庚申 |
| 丁酉 |  | 己未 | 丙寅 | 丙子 | 壬辰 |  |  | 辛亥 | 丙寅 |
|  |  | 丙辰 | 丁卯 |  |  |  |  |  |  |
|  |  | 丙寅 |  |  |  |  |  |  |  |

## 八、逐月動土平基吉凶方

### (一)逐月動土平基吉方便覽

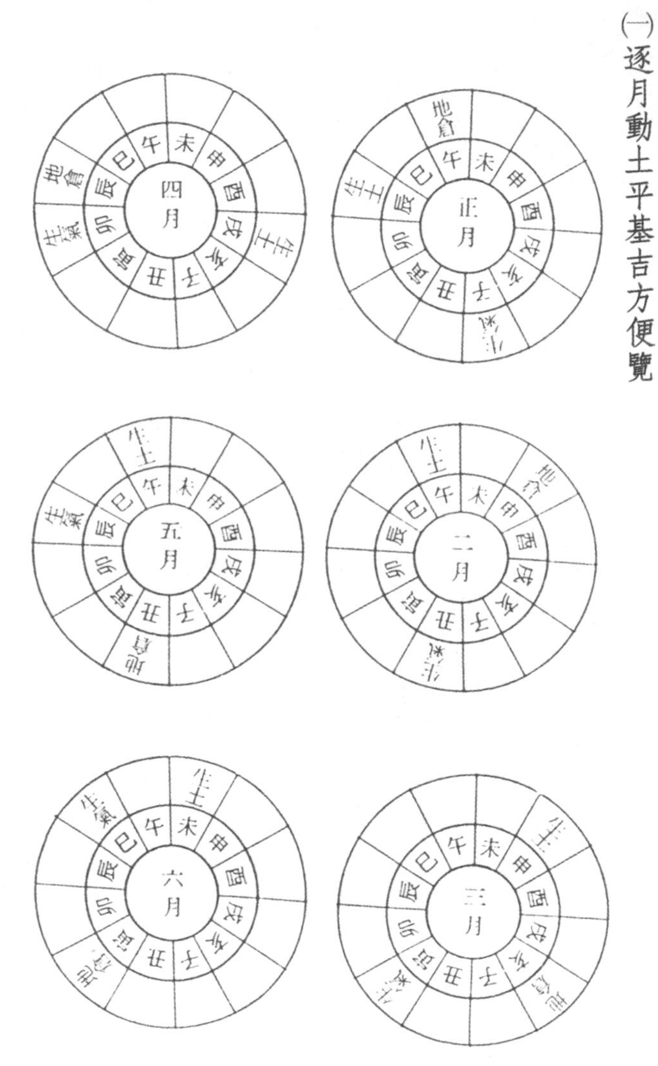

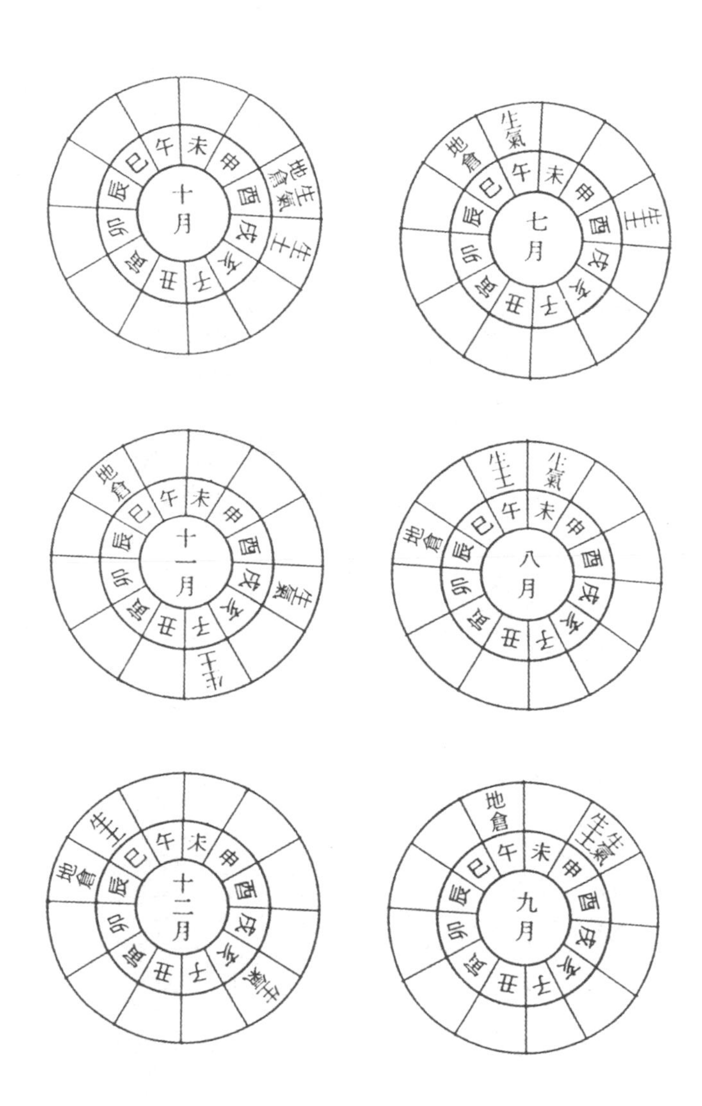
十月
午 未 申 酉 戌 亥 子 丑 寅 卯 辰 巳
地倉
生氣
生土
七月
午 未 申 酉 戌 亥 子 丑 寅 卯 辰 巳
生氣
地倉
生土
十一月
午 未 申 酉 戌 亥 子 丑 寅 卯 辰 巳
地倉
生氣
生土
八月
午 未 申 酉 戌 亥 子 丑 寅 卯 辰 巳
生土
生氣
地倉
十二月
午 未 申 酉 戌 亥 子 丑 寅 卯 辰 巳
生土
地倉
生氣
九月
午 未 申 酉 戌 亥 子 丑 寅 卯 辰 巳
地倉
生氣
生土

㈡逐月動土平基凶方便覽：

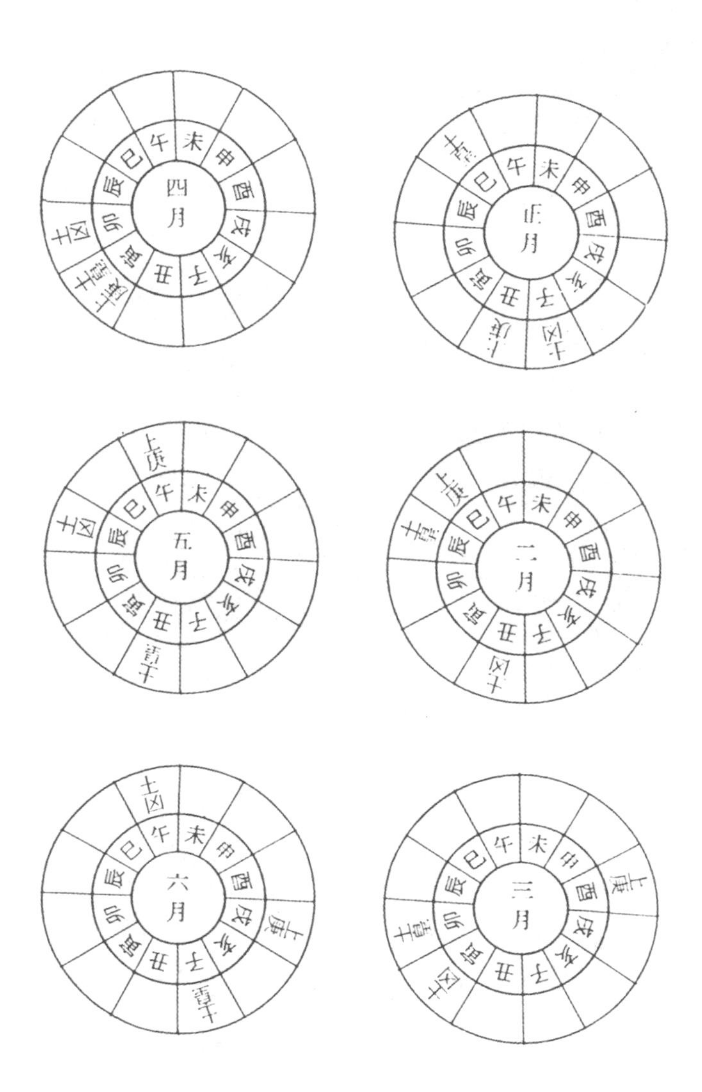

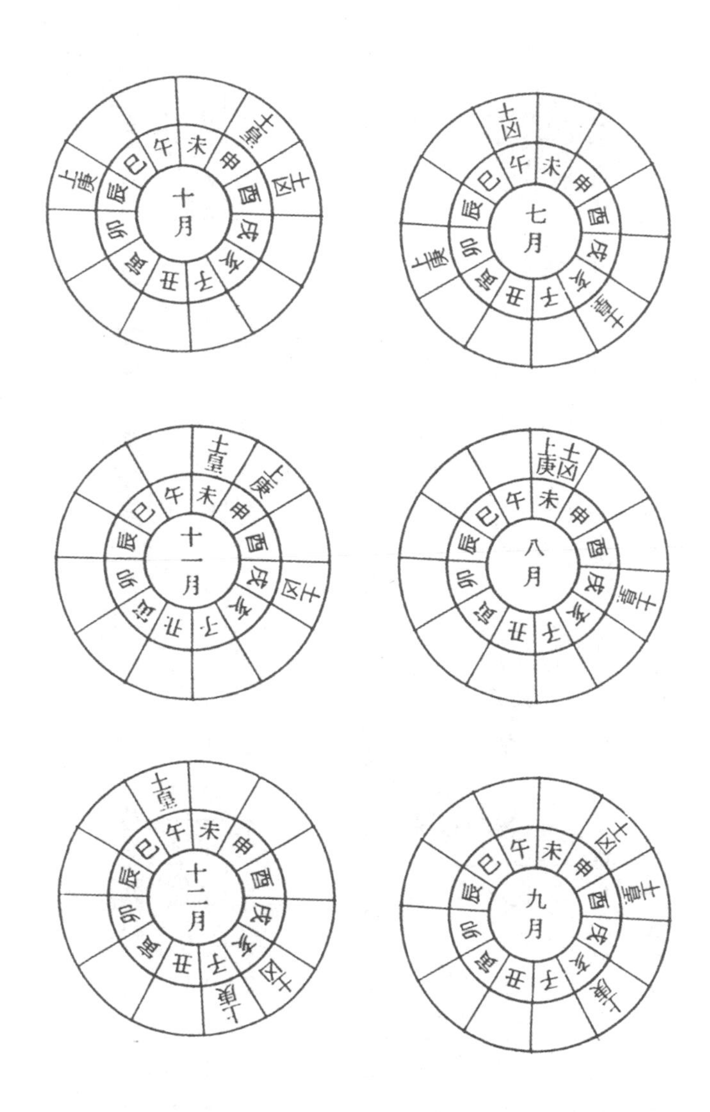
七月
午 未 申 酉 戌 亥 子 丑 寅 卯 辰 巳
土凶
土皇
上庚
八月
午 未 申 酉 戌 亥 子 丑 寅 卯 辰 巳
上庚
土凶
土皇
九月
午 未 申 酉 戌 亥 子 丑 寅 卯 辰 巳
土凶
土皇
上庚
十月
午 未 申 酉 戌 亥 子 丑 寅 卯 辰 巳
土皇
土凶
上庚
十一月
午 未 申 酉 戌 亥 子 丑 寅 卯 辰 巳
土皇
上庚
土凶
十二月
午 未 申 酉 戌 亥 子 丑 寅 卯 辰 巳
土皇
土凶
上庚

## ㈢逐月動土平基吉凶方便覽

### 逐月動土平基吉方便覽表

| 吉方 | 正月 | 二月 | 三月 | 四月 | 五月 | 六月 | 七月 | 八月 | 九月 | 十月 | 十一月 | 十二月 |
|---|---|---|---|---|---|---|---|---|---|---|---|---|
| 生氣方 | 子 | 丑 | 寅 | 卯 | 辰 | 巳 | 午 | 未 | 申 | 酉 | 戌 | 亥 |
| 生土方 | 辰 | 午 | 申 | 戌 | 午 | 未 | 酉 | 午 | 申 | 戌 | 子 | 巳 |
| 地倉方 | 午 | 申 | 亥 | 辰 | 丑 | 寅 | 巳 | 辰 | 午 | 酉 | 巳 | 辰 |

### 逐月動土平基凶方便覽表

| 凶方 | 正月 | 二月 | 三月 | 四月 | 五月 | 六月 | 七月 | 八月 | 九月 | 十月 | 十一月 | 十二月 |
|---|---|---|---|---|---|---|---|---|---|---|---|---|
| 土凶方 | 子 | 丑 | 寅 | 卯 | 辰 | 巳 | 午 | 未 | 申 | 酉 | 戌 | 亥 |
| 土皇殺 | 巽 | 巽 | 坤 | 坤 | 乾 | 乾 | 子 | 卯 | 午 | 午 | 艮 | 艮 |
| 土皇凶 | 乾 | 乾 | 艮 | 艮 | 巽 | 巽 | 午 | 寅 | 子 | 子 | 坤 | 坤 |
| 上庚方 | 丑 | 巳 | 酉 | 寅 | 午 | 戌 | 卯 | 未 | 亥 | 辰 | 申 | 子 |

昔古術士巧立神煞名目，必精熟剋擇神煞而後能爲擇用，譬如此動土平基吉凶，方逐月之生氣方與土凶方相同方位，如正月俱子，二月俱卯，或宜動土取土平基，或忌動土取土平基，卻依年月凶神煞著論，只做參考可也。

## 九、逐月動土平基日凶忌便覽表

| 日凶 | 天賊 | 受死 | 天瘟 | 天罡 | 河魁 | 土忌 | 土符 | 地破 | 月破 | 玄武黑道 | 動土取土 | 地囊 |
|---|---|---|---|---|---|---|---|---|---|---|---|---|
| 正月 | 辰 | 戌 | 未 | 巳 | 亥 | 寅 | 寅 | 亥 | 申 | 酉 | 巳 | 庚子 庚午 |
| 二月 | 酉 | 辰 | 戌 | 子 | 午 | 己 | 卯 | 子 | 酉 | 亥 | 辰 | 癸丑 癸未 |
| 三月 | 寅 | 亥 | 辰 | 未 | 丑 | 申 | 辰 | 丑 | 戌 | 丑 | 卯 | 甲子 甲寅 |
| 四月 | 未 | 巳 | 寅 | 寅 | 申 | 亥 | 巳 | 寅 | 亥 | 卯 | 寅 | 己丑 己卯 |
| 五月 | 子 | 子 | 午 | 酉 | 卯 | 卯 | 午 | 卯 | 子 | 巳 | 丑 | 戊辰 戊午 |
| 六月 | 巳 | 午 | 子 | 辰 | 戌 | 午 | 未 | 辰 | 丑 | 未 | 子 | 癸巳 癸未 |
| 七月 | 戌 | 丑 | 酉 | 亥 | 巳 | 酉 | 申 | 巳 | 寅 | 酉 | 亥 | 丙寅 丙申 |
| 八月 | 卯 | 未 | 申 | 午 | 子 | 子 | 酉 | 午 | 卯 | 亥 | 戌 | 丁卯 丁巳 |
| 九月 | 申 | 寅 | 巳 | 丑 | 未 | 辰 | 戌 | 未 | 辰 | 丑 | 酉 | 戊辰 戊子 |
| 十月 | 丑 | 申 | 亥 | 申 | 寅 | 未 | 亥 | 申 | 巳 | 卯 | 申 | 庚子 庚辰 |
| 十一月 | 午 | 卯 | 丑 | 卯 | 酉 | 戌 | 子 | 酉 | 午 | 巳 | 未 | 辛未 辛丑 |
| 十二月 | 亥 | 酉 | 卯 | 戌 | 辰 | 丑 | 丑 | 戌 | 未 | 未 | 午 | 乙未 乙酉 |

| 土瘟 | 正四廢日 | 天地轉殺 | 天地正轉 | 月建轉煞 | 土忌日 |
|---|---|---|---|---|---|
| 辰 | 庚申 辛酉 | 乙卯 辛卯 | 癸卯 | 卯 | 初六 |
| 巳 | 庚申 辛酉 | 乙卯 辛卯 | 癸卯 | 卯 | 廿三 |
| 午 | 庚申 辛酉 | 乙卯 辛卯 | 癸卯 | 卯 | 十二 |
| 未 | 壬子 癸亥 | 丙午 戊午 | 丙午 | 午 | 初八 |
| 申 | 壬子 癸亥 | 丙午 戊午 | 丙午 | 午 | 十八 |
| 酉 | 壬子 癸亥 | 丙午 戊午 | 丙午 | 午 | 廿四 |
| 戌 | 甲寅 乙卯 | 己酉 癸酉 | 丁酉 | 酉 | 初九 |
| 亥 | 甲寅 乙卯 | 己酉 癸酉 | 丁酉 | 酉 | 廿七 |
| 子 | 甲寅 乙卯 | 己酉 癸酉 | 丁酉 | 酉 | 初十 |
| 丑 | 丙午 丁巳 | 壬子 丁亥 | 庚子 | 子 | 十四 |
| 寅 | 丙午 丁巳 | 壬子 丁亥 | 庚子 | 子 | 二十 |
| 卯 | 丙午 丁巳 | 壬子 丁亥 | 庚子 | 子 | 十六 |

除右開逐月動土平基日凶忌不宜擇用外，左列諸凶煞亦宜忌之。

九土鬼　每月乙酉、癸巳、甲午、辛丑、壬寅、己酉、庚戌、丁巳、戊午日。

土公箭　每月初七、十七、廿七日忌動土。

土痕忌　大月初二、初五、初七、十五、十八日忌動土
　　　　小月初一、初三、初六、廿二、廿六、廿七日忌動土。

土公占　大月初三、初五、初八日忌動土。
　　　　小月初一、初十、廿八日忌動土。

土公忌方　春忌東方及灶。
　　　　　夏忌南方及門。
　　　　　秋忌西方及井。
　　　　　冬忌北方及中庭。
　　　　凡動土勿犯之，犯之者凶。

《匠家鏡》註曰：**「築牆伏斷，閉日吉，補築牆。宅龍六、七月占牆，伏龍六、七月占西牆、二壁，如六、七月因雨傾倒，就當日起工便築，即爲無犯，若待晴後，停留三、五日過，則須擇日，不可輕動。泥飾牆垣、平治道塗，裝砌階基，則宜擇用平日爲吉。」**

## 十、起造周堂

例曰：**「大月起坎王向艮順行，**
　　　**小月起離敗向巽逆行。」**

原註：吉格府宅，不必拘泥起造周堂吉凶。

| ○巽富 | ●離敗 | ●坤絶 |
|---|---|---|
| ●震君 | | ◐兌臣 |
| ○艮國 | ○坎王 | ●乾破 |

## 逐日起造周堂吉凶便覽表

| 周堂＼月別 | 大月 | 小月 |
|---|---|---|
| ○坎王 | 17 1<br>25 9 | 21 5<br>29 13 |
| ○艮國 | 18 2<br>26 10 | 20 4<br>28 12 |
| ○震君 | 19 3<br>27 11 | 19 3<br>27 11 |
| ○巽富 | 20 4<br>28 12 | 18 2<br>26 10 |
| ●離敗 | 21 5<br>29 13 | 17 1<br>25 9 |
| ●坤絶 | 22 6<br>30 14 | 24 8<br>16 |
| ◐兌臣 | 23 7<br>15 | 23 7<br>15 |
| ●乾破 | 24 8<br>16 | 22 6<br>14 |

○吉　●凶　◐吉凶參半

## 十一、逐月豎造宅舍凶日

| 凶日 | 正月 | 二月 | 三月 | 四月 | 五月 | 六月 | 七月 | 八月 | 九月 | 十月 | 十一月 | 十二月 |
|---|---|---|---|---|---|---|---|---|---|---|---|---|
| 朱雀黑道 | 卯 | 巳 | 未 | 酉 | 亥 | 丑 | 卯 | 巳 | 未 | 酉 | 亥 | 丑 |
| 天牢黑道 | 申 | 戌 | 子 | 寅 | 辰 | 午 | 申 | 戌 | 子 | 寅 | 辰 | 午 |
| 獨火月火 | 巳 | 辰 | 卯 | 寅 | 丑 | 子 | 亥 | 戌 | 酉 | 申 | 未 | 午 |
| 天火狼籍 | 子 | 午 | 卯 | 酉 | 子 | 午 | 卯 | 酉 | 子 | 午 | 卯 | 酉 |
| 次地火限 | 巳 | 午 | 未 | 申 | 酉 | 戌 | 亥 | 子 | 丑 | 寅 | 卯 | 辰 |
| 冰消瓦解 | 巳 | 子 | 丑 | 申 | 卯 | 戌 | 亥 | 午 | 未 | 寅 | 酉 | 辰 |
| 天賊 | 辰 | 酉 | 寅 | 未 | 子 | 巳 | 戌 | 卯 | 申 | 丑 | 午 | 亥 |
| 地賊 | 子 | 子 | 亥 | 戌 | 酉 | 午 | 午 | 午 | 巳 | 辰 | 卯 | 子 |
| 天瘟 | 未 | 戌 | 辰 | 寅 | 午 | 子 | 酉 | 申 | 巳 | 亥 | 丑 | 卯 |
| 荒蕪 | 巳 | 酉 | 丑 | 申 | 子 | 辰 | 亥 | 卯 | 未 | 寅 | 午 | 戌 |
| 土瘟 | 辰 | 巳 | 午 | 未 | 申 | 酉 | 戌 | 亥 | 子 | 丑 | 寅 | 卯 |
| 天窮 | 子 | 寅 | 午 | 酉 | 子 | 寅 | 午 | 酉 | 子 | 寅 | 午 | 酉 |
| 月火大耗 | 申 | 酉 | 戌 | 亥 | 子 | 丑 | 寅 | 卯 | 辰 | 巳 | 午 | 未 |

| 天罡勾絞 | 河魁勾絞 | 血刃 | 受死 | 五墓 | 陽錯 | 陰錯 | 月建轉殺 | 魯班刀砧 | 正四廢 | 滅沒日 | 九土鬼 | 伏斷 |
|---|---|---|---|---|---|---|---|---|---|---|---|---|
| 巳 | 亥 | 亥 | 戌 | 乙未 | 甲戌 | 甲寅 | 卯 | 子 | 庚申 辛酉 | 弦 | 辛丑 | 子虛 |
| 子 | 午 | 申 | 辰 | 己未 | 辛酉 | 乙卯 | 卯 | 子 | 庚申 辛酉 | 虛 | 壬寅 | 丑斗 |
| 未 | 丑 | 巳 | 亥 | 戊辰 | 庚申 | 甲辰 | 卯 | 子 | 庚申 辛酉 | 晦 | 癸巳 | 寅室 |
| 寅 | 申 | 寅 | 巳 | 丙戌 | 丁未 | 丁巳 | 午 | 卯 | 壬子 癸亥 | 婁 | 丁巳 | 卯女 |
| 酉 | 卯 | 卯 | 子 | 丙戌 | 丙午 | 丙午 | 午 | 卯 | 壬子 癸亥 | 朔 | 甲午 | 辰箕 |
| 辰 | 戌 | 午 | 午 | 丙辰 | 丁巳 | 丁未 | 午 | 卯 | 壬子 癸亥 | 角 | 戊午 | 巳房 |
| 亥 | 巳 | 未 | 丑 | 辛丑 | 甲辰 | 庚申 | 酉 | 午 | 甲寅 乙卯 | 望 | 己酉 | 午角 |
| 午 | 子 | 酉 | 未 | 辛丑 | 乙卯 | 辛酉 | 酉 | 午 | 甲寅 乙卯 | 亢 | 乙酉 | 未張 |
| 丑 | 未 | 戌 | 寅 | 戊辰 | 甲寅 | 庚戌 | 酉 | 午 | 甲寅 乙卯 | 虛 | 庚戌 | 申鬼 |
| 申 | 寅 | 丑 | 申 | 壬辰 | 癸丑 | 癸亥 | 子 | 酉 | 丙午 丁巳 | 鬼 |  | 酉觜 |
| 卯 | 酉 | 子 | 卯 | 壬辰 | 壬子 | 壬子 | 子 | 酉 | 丙午 丁巳 | 盈 |  | 戌胃 |
| 戌 | 辰 | 辰 | 酉 | 戊辰 | 癸亥 | 癸丑 | 子 | 酉 | 丙午 丁巳 | 牛 |  | 亥壁 |

## 十二、逐月火星凶日

| 月別＼日辰 | 逐月火星凶日 | | | | | | |
|---|---|---|---|---|---|---|---|
| 寅申巳亥月 | 乙丑 | 甲戌 | 癸未 | 壬辰 | 辛丑 | 庚戌 | 己未 |
| 子午卯酉月 | 甲子 | 癸酉 | 壬午 | 辛卯 | 庚子 | 己酉 | 戊午 |
| 辰戌丑未月 | 壬申 | 辛巳 | 庚寅 | 己亥 | 戊申 | 丁巳 | |

## 十三、冰消瓦解子午正煞凶定局

| 逐＼年 | | | | | | | | | | | | |
|---|---|---|---|---|---|---|---|---|---|---|---|---|
| 子年 | 正 | 二 | 三 | 四 | 五 | 六 | 七 | 八 | 九 | 十 | 十一 | 十二 |
| 丑年 | 十二 | 正 | 二 | 三 | 四 | 五 | 六 | 七 | 八 | 九 | 十 | 十一 |
| 寅年 | 十一 | 十二 | 正 | 二 | 三 | 四 | 五 | 六 | 七 | 八 | 九 | 十 |
| 卯年 | 十 | 十一 | 十二 | 正 | 二 | 三 | 四 | 五 | 六 | 七 | 八 | 九 |
| 辰年 | 九 | 十 | 十一 | 十二 | 正 | 二 | 三 | 四 | 五 | 六 | 七 | 八 |
| 巳年 | 八 | 九 | 十 | 十一 | 十二 | 正 | 二 | 三 | 四 | 五 | 六 | 七 |
| 午年 | 七 | 八 | 九 | 十 | 十一 | 十二 | 正 | 二 | 三 | 四 | 五 | 六 |

| 未年 | 申年 | 酉年 | 戌年 | 亥年 |
|---|---|---|---|---|
| 六 | 五 | 四 | 三 | 二 |
| 七 | 六 | 五 | 四 | 三 |
| 八 | 七 | 六 | 五 | 四 |
| 九 | 八 | 七 | 六 | 五 |
| 十 | 九 | 八 | 七 | 六 |
| 十一 | 十 | 九 | 八 | 七 |
| 十二 | 十一 | 十 | 九 | 八 |
| 正 | 十二 | 十一 | 十 | 九 |
| 二 | 正 | 十二 | 十一 | 十 |
| 三 | 二 | 正 | 十二 | 十一 |
| 四 | 三 | 二 | 正 | 十二 |
| 五 | 四 | 三 | 二 | 正 |

## 十四、冰消瓦解日忌逢子午日又局

### (一)逐月冰消位午日凶例

| | 冰消 | | |
|---|---|---|---|
| 正月 | 初一 | 十三 | 廿五 |
| 二月 | 十二 | 廿四 | |
| 三月 | 十一 | 廿三 | |
| 四月 | 初十 | 廿二 | |
| 五月 | 初九 | 廿一 | |
| 六月 | 初八 | 二十 | |
| 七月 | 初七 | 十九 | |
| 八月 | 初六 | 十八 | 三十 |
| 九月 | 初五 | 十七 | 廿九 |
| 十月 | 初四 | 十六 | 廿八 |
| 十一月 | 初三 | 十五 | 廿七 |
| 十二月 | 初二 | 十四 | 廿六 |

㈡逐月瓦解位子日凶例

| | 正月 | 二月 | 三月 | 四月 | 五月 | 六月 | 七月 | 八月 | 九月 | 十月 | 十一月 | 十二月 |
|---|---|---|---|---|---|---|---|---|---|---|---|---|
| 瓦解 | 初七 | 初六 | 初五 | 初四 | 初三 | 初二 | 初一 | 十二 | 十一 | 初十 | 初九 | 初八 |
| | 十九 | 十八 | 十七 | 十六 | 十五 | 十四 | 十三 | 廿四 | 廿三 | 廿二 | 廿一 | 二十 |
| | | 三十 | 廿九 | 廿八 | 廿七 | 廿六 | 廿五 | | | | | |

## 十五、蓋屋泥飾

謂修蓋屋宇（含補漏）、泥飾宅舍（今之油漆、室內裝潢一併同看）等事，宜取建、平日，忌八風凶日及天百穿日。

㈠八風凶日

**甲戌　甲申　甲辰　甲寅**

**丁未　丁丑**

**己酉**

**辛未**

㈡天百穿日

每月初一、初三、初五、十一、十三、十六、十七、十九、廿七、廿九、三十。

㈢泥壁吉日

宜左列建、平日辰：

甲子　甲戌　甲午　甲辰

乙酉　乙未　乙巳

丙午　丙辰

丁丑　丁亥　丁巳

己丑　己巳

庚申　庚辰　庚寅

辛亥　辛巳　辛卯

癸巳

## (四)逐月蓋屋吉日

| 月份 | 蓋屋泥飾宜用建平日 |
| --- | --- |
| 正月 | 丁酉 癸酉 |
| 二月 | 甲申 己未 己亥 庚酉 辛未 辛亥 |
| 三月 | 甲子 甲申 丙子 丁酉 己巳 庚子 壬子 癸酉 |
| 四月 | 甲子 乙卯 丙子 丁丑 丁卯 戊子 己卯 辛卯 癸卯 |
| 五月 | 甲寅 丙辰 己巳 己未 戊寅 庚寅 庚申 辛未 壬寅 壬辰 |
| 六月 | 甲寅 甲戌 乙亥 丙申 丁酉 庚申 辛酉 辛亥 癸酉 |
| 七月 | 甲子 丙子 戊子 丙辰 戊辰 庚子 壬子 |
| 八月 | 庚寅 辛亥 己亥 乙丑 癸丑 |
| 九月 | 己卯 癸卯 辛卯 |
| 十月 | 甲子 辛未 戊子 乙未 庚子 壬子 乙亥 |
| 十一月 | 庚申 丙辰 戊申 庚申 壬寅 |
| 十二月 | 己巳 庚申 甲申 丙寅 戊寅 丙申 壬寅 乙巳 |

### (五)逐月蓋屋泥飾宜忌

凡蓋屋泥飾宜取用右列吉日，且以不犯朱雀、黑道、天火、獨火、天瘟、天賊、地賊、月破、受死、蚩尤、月建轉殺、四廢、八風、土鬼、火星、牛日爲宜。

凡蓋屋泥飾避忌天火、八風、獨火、牛日、赤帝死日、丁巳月獨火、天瘟、天賊、冰消瓦解、月建轉殺、正四廢、天百穿、月破、蚩尤、朱雀、黑道、破日爲要。

**今日蓋屋泥飾、油漆、裝潢等工事，大多已不尚擇吉，大多隨與任意爲之，唯做大裝潢或有修作者，亦宜審愼之。**

## 十六、上樑宜忌

凡上樑者，爲豎造之重要工程，必上樑後始能蓋屋泥飾，唯古今異俗，有以頂樓灌泥漿爲上樑而宴工者，亦有工程落成而爲宴工者，大抵以表示工程即將進入完成也。

凡上樑宜取用黃道、天月二德，諸星吉，成、開日，並以不犯朱雀、黑道、天牢、獨火、天火、次地火、冰消瓦解、天賊、天瘟、地賊、正四廢、天窮、建破日、天罡、河魁、受死、五墓、陰陽錯日、月建轉殺、九土鬼等日爲要。

### (一)上樑吉日

宜取用黃道、天月二德、祿馬貴人、八節三奇、月紫白及十二建除之成、開日爲宜。

其日辰如下：

甲戌　甲申　甲午　甲子
乙巳　乙卯　乙丑
丙戌　丙申　丙子
丁未　丁巳　丁卯
戊戌　戊辰　戊寅　戊子
己亥　己酉　己未　己巳
庚午　庚辰　庚寅　庚子
辛丑　辛亥　辛酉　辛未
壬申　壬午　壬寅
癸卯　癸丑　癸亥

㈡逐月竪柱上樑吉日

| 月份 | 宜年月得利之成開日 | 摘要 |
|---|---|---|
| 正月 | 己酉 乙酉 癸酉 丁酉 壬午 甲午 丙午 | |
| 二月 | 辛未 己未 乙亥 己亥 乙未 癸未 丁未 辛亥 甲申 | 己丁癸日宜甲戌寅命吉 |
| | 丙寅 甲寅 丁亥 丁丑 己丑 戊寅 | |
| 三月 | 己巳 甲申 壬子 丙子 戊子 癸巳 甲午 丙午 丙申 | 或逢天傷，有貴可化 |
| | 乙巳 | |
| 四月 | 己卯 癸卯 乙卯 丁卯 庚午 丁丑 己丑 癸丑 甲子 | |
| | 甲午 丙午 辛卯 庚子 | |
| 五月 | 丙寅 庚寅 甲寅 辛未 甲戌 癸未 乙未 己未 庚戌 | |
| | 戊寅 丁未 | |
| 六月 | 乙亥 甲申 庚申 丙申 辛亥 辛未 丁亥 丁未 戊寅 | |
| | 庚戌 庚午 | |
| 七月 | 壬子 戊子 乙未 辛未 丁未 丁卯 戊辰 庚子 丙辰 | |
| | 丙子 庚辰 | |
| 八月 | 乙亥 己巳 乙丑 丁丑 癸丑 庚寅 庚辰 壬辰 丙辰 | |
| | 戊寅 己亥 | |
| 九月 | 庚午 壬午 丙午 甲戌 甲午 | 外庚戌 |
| 十月 | 壬子 辛未 乙未 丁未 甲子 庚子 庚午 壬午 辛酉 | |
| | 甲午 癸酉 丁酉 乙酉 | |
| 十一月 | 甲申 戊申 丙申 壬申 丙辰 庚申 丙戌 | 壬日宜癸乙巳生命吉 |
| 十二月 | 甲申 庚申 丙申 丙寅 甲寅 壬寅 乙巳 己巳 | |

綜觀本章豎造動工，平基、上樑、蓋屋泥飾諸等用事，不向開山、立向、修方之吉凶，宜忌講究，唯以古人詭立神煞名目，諸多不能考究，且以通書繡梓缺乏術數理念，每多訛誤而更難考據，且以古今異俗，除動土起工與上樑二事仍有考證取驗價值而外，其餘諸事大多不必拘泥用事擇吉可也。

# 第 10 章
# 入宅歸火

凡有兄弟均分家財，分居各爨（分煙各炊），但有家祠公廳者，不特爲分火之贅舉，唯依時奉祀而已，如分家財分居者，大多自設香堂，分火謄書祖先各個奉祀者，則宜擇吉分火而爲入宅安香。

凡分火者，擇如避宅出火取用，於吉日時祭告福神、祖先，取下「神主」以爲書謄祖先生忌辰於木片或紅紙上，歸置「神主」，並將謄就神主並置案桌，再上香祭告如儀，約一炷香後儀成，分火之神主則出火於當日另爲入宅安香，或如避宅出火暫處空界而另爲擇吉入宅歸火。

凡新居落成，或遷移轉住，則爲安奉福神香火，入宅安香者。

或居倒堂豎造，鼎新落成，迎歸避居出火之祖先福神，名之「入宅歸火」，今日之入宅安香俱同此引申論議也。

唯考今日居遷頻繁，或有離家獨立，暫未設堂安香，或有謀事在外未設祠堂祭祀者，即有遷徙搬移，不必拘泥「避宅出火」、「入宅歸火」，但視日辰空暇方便，大可率意任興擅日遷徙，不問年月吉凶方道可也。

《象吉通書》曰：**「凡論入宅歸火，世俗但以日下神煞爲避，不知新立宅舍未入香火，則是未有主宰，既入香火，人眷則有司命之神，不可不謹擇日歸火，當合山運、生**

**命，則吉。若竪造上梁吉日時節，即請香火入宮中，俟工畢後，擇日人眷入宅，更無疑忌。」**

## 一、竪造造命

凡竪造之造命，以行牆腳（步柱）爲是，上樑次之，定磉又次之。

蓋動土如人之受胎，行牆腳如人之初生，上樑如人之加冠蓋，故宜取行牆腳以爲竪造之造命也。

何也？蓋，動土未有向止，不得起運；定磉頗有向，亦重之；唯行牆腳方立定坐向，尤重於動土定磉，才乃布運也；上樑則向止先定，造命無驗矣！故竪造造命必以行牆腳爲主，方準。

其吉符或在動土，或在行牆腳，是不拘也。

今人（明清時代）或云興工，誠未知興工修木，興動土工，興工行牆，興工竪柱上梁，皆是興工，或云起水，或云起土，多以上樑造命，殊不知造命輕重，蓋竪造自下而上，時俗不曰行牆，專以上樑造命，失之遠矣！

**凡竪造之造命者，在推宅運建旺，預測宅運而爲預測修作也，唯今日造主恆非本主，**

不向推考宅運，大抵取入宅安香以爲宅運造命，此亦古今異俗所使然，不可不知而妄議是非，何況古傳造命之法紛歧未定，更缺取驗考證，如是寧信剋擇之有，則當依今俗之以入宅安香爲宅運造命可也。

## 二、入宅選擇建旺概説

凡宅舍有山方向，故《陽宅大全》以爲二十四氣乃入宅建旺之擇日依據，此說甚符陰陽五行之方位節氣之理論，故以爲概說。

乾宅　**取霜降、立冬、小雪。**

坎宅　**取大雪、冬至、小寒。**

艮宅　**取大寒、立春、雨水。**

震宅　**取驚蟄、春分、清明。**

巽宅　**取穀雨、立夏、小滿。**

離宅　**取芒種、夏至、小暑。**

坤宅　**取大暑、立秋、處暑。**

兌宅　**取白露、秋分、寒露。**

凡二十四氣，一氣各一十五日，一宅三氣各四十五日，皆本宅生氣，月令修造，依此乘旺避衰。

就中論之，霜降戌旺，立冬乾旺，小雪亥旺，大雪壬旺，冬至坎旺，小寒癸旺，大寒丑旺，立春艮旺，雨水寅旺，驚蟄甲旺，春分卯旺，清明乙旺，穀雨辰旺，立夏巽旺，小滿巳旺，芒種丙旺，夏至午旺，小暑丁旺，大暑未旺，立秋坤旺，處暑申旺，又各有所主也。

凡入宅選擇建旺，如乾山巽向之乾宅，選擇立冬後小雪前爲最吉，雪降後次之，小雪後大寒前又次之，俱以爲吉論，或於辰戌丑未坤艮建旺，或於申庚酉辛建旺之節氣擇吉入宅亦吉，故剋擇之精義旨在相主、補龍、扶山而已，不必拘泥，庶可避免拘牽而小差大誤也！

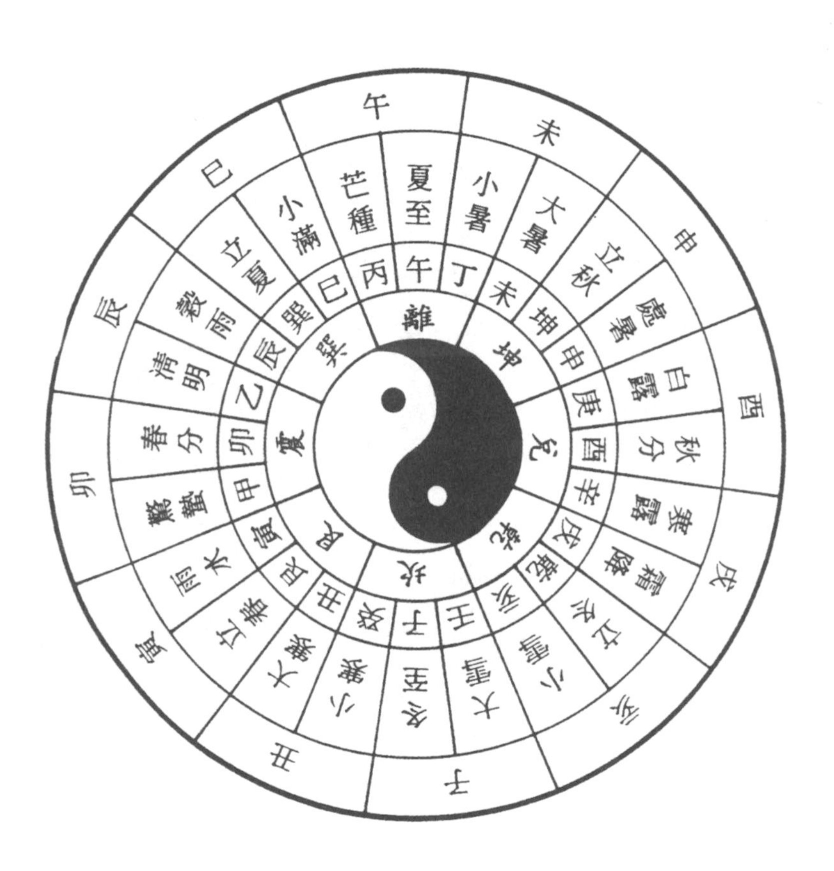


入宅建旺圖

八宅入宅秉節氣
依此乘旺來避衰
明得陰陽五行理
方方位位俱吉宅
福人福地好安居
何用愚師亂說蓋
年月若無日月求
理得居安樂開懷

## 三、入宅歸火碎金賦

——見《通書便覽》

新屋入宅豎造同，
舊屋分居及移徙，
木主奉處正宜位，
臥室勿稽利不利，
虎雀到中麟鳳制，
天火星賊楊公忌，
月破大退及歸忌，
離窠離絕眞滅沒，
最要竅馬大利方，
爲堂爲室辨其通，
三殺須防柱裡中，
惟安乾坤床在中，

**天瘟受死必相攻，**
**四廢絕煙瘟入殃，**
**橫天朱雀往亡空，**
**瓦陷瓦碎勿相蒙。**

## 四、入宅歸火諸論

⊙論入宅歸火、移徙吉日，亦可通用。

⊙**凡入新宅，選定吉日、吉時，先入宅，後搬傢伙，則吉，宜進財，不宜出財。若先搬傢伙於先入，後入宅，不應吉日。**

⊙凡遷徙，或入新宅，今俗多先搬傢伙布置，後爲擇吉入宅安香，此古今異俗，不必拘泥也。

⊙如次日吉時入宅，隔夜要先備香爐於中庭，當日吉時燒香點燭，宅長奉爐，宅母長男抱器皿、五穀，長女持綵帛、蠶種，以次男女各執財帛珍寶，婢妾各要執物，不可空手入至中庭，入宅後，宅主焚香致誠獻禮，禱祈福祉。

⊙論入宅歸火者，移祖先、福神、香火入宅，其法先看修作主，年合其年利田年月利田運白，或得通天竅走馬六壬，合得利田吉年月，不拘諸家運，又須山向合得通天竅走馬六壬年內吉神方，有應驗。

◉又看浮天六害、羅睺，止忌占向合位，州縣官符不占山向吉。次看月家飛州縣官符不占山頭向中宮，都宜入宅歸火。

◉又取其天德、月德、天月德合方，並諸吉方入。

◉論歸火與豎造同日，惟擇吉時，家主先移祖先、福神、香火隨符使入宅，俗謂「隨茅（入宅）歸火」，入宅先進香火，俟工畢後，再擇吉日，和家眷從吉方而入宅，則吉妙。

◉論隨茅歸火，其月官符在中宮，忌入宅歸火。

◉如豎造之日不先移香火入宅，必待山向年月得利，方可入宅歸火。若豎造其日雖吉，卻犯歸忌、九醜，切忌順符入宅（即隨茅火），又須別擇吉日。

◉如豎造之日，飛宮州縣官符在中宮，止忌入宅歸火，至於六月豎造不妨。或謂其日止忌入宅歸火，擇用豎造不妨。《象吉通書》又謂，忌孟月滿日，季月開日，十一月滿日，犯之凶。）

◉論大煞、白虎、雷霆入中宮日，其日不宜入宅。如用其日入宅，宜權塞中宮廳堂一日，勿令人出入，只從橫門來往，候其半夜子時後，遂開正門入出無妨。

◉論鬼神空宅日，春申、夏寅、秋巳、冬亥，不宜香火入宅，得吉神則不忌。

◉忌家主本命日沖日、浮天空亡、冰消瓦解、子午頭殺、披麻殺、楊公忌、受死、歸忌、天賊、正四廢、天瘟、九醜、荒蕪、滅沒、大煞、白虎入中宮、紅觜朱雀入中宮日、建破平收日、魁罡勾絞、月厭、離窠轉殺、天火、獨火、天地凶敗、雷霆白虎入中宮，四忌、五窮、陰陽錯日，九土鬼，伏斷火星日。

◉論新立宅舍雜造日，凡作廚灶、廁廨、豬圈，雞栖、牛欄、馬房、週迴雜屋，雖擇吉日，若宅舍遭火盡，七日之內擇日起工豎造，若山向不利，先造橫屋權住，俟山向通利，然後擇日豎造正屋。

◉論人命值利田建年月起作倉庫，進田地，值背田、空田年月，退田失財，若新起倉屋，仍論修造雜忌，年月緊殺宜避，新宅未歸火則不忌。

## 五、五行壬壬神墓例

凡入宅歸火（安香）專重六壬運，至忌命龍入土，擇用宅神、宅命爲吉，忌用大小二墓，犯之則凶。

## 五行壬運神墓便覽表　以生年納音論

| 五行＼神墓 | 宅神 | 宅命 | 大墓 | 小墓 |
|---|---|---|---|---|
| 水命人 | 子 | 申 | 辰 | 戌 |
| 火命人 | 午 | 寅 | 戌 | 辰 |
| 木命人 | 卯 | 亥 | 未 | 丑 |
| 金命人 | 酉 | 巳 | 丑 | 未 |
| 土命人 | 午 | 寅 | 戌 | 辰 |

## 六、入宅周堂

詩例曰：「大月初一起月清，順行六道送行程。
小月初一玉堂起，天良逆數吉凶明。」

| | | | | |
|---|---|---|---|---|
| ○玉堂 | ●五離 | ○三才 | ●三刑 | ○月清 |
| ○天良 | | | | ○六道 |
| ●玄武 | | | | ○台階 |
| ●地耗 | | | | ●三徒 |
| ○月福 | ●天嚴 | ○天福 | ●家亡 | ○昌盛 |

| 月／日 | 大月 | 大月 | 小月 | 小月 |
|---|---|---|---|---|
| 清月○ | 1 | 17 | 13 | 29 |
| 道六○ | 2 | 18 | 12 | 28 |
| 階台○ | 3 | 19 | 11 | 27 |
| 徙三◉ | 4 | 20 | 10 | 26 |
| 盛昌○ | 5 | 21 | 9 | 25 |
| 亡家◉ | 6 | 22 | 8 | 24 |
| 福天○ | 7 | 23 | 7 | 23 |
| 嚴天◉ | 8 | 24 | 6 | 22 |
| 福月○ | 9 | 25 | 5 | 21 |
| 耗地◉ | 10 | 26 | 4 | 20 |
| 武玄◉ | 11 | 27 | 3 | 19 |
| 良天○ | 12 | 28 | 2 | 18 |
| 堂玉○ | 13 | 29 | 1 | 17 |
| 離五◉ | 14 | 30 | 16 | |
| 才三○ | 15 | 31 | 15 | |
| 刑三◉ | 16 | | 14 | |

## 七、逐月入宅歸火吉日：

### 逐月入宅歸火吉日便覽表

| 月／日 | | | | | | | | | |
|---|---|---|---|---|---|---|---|---|---|
| | 同移徙同日，宜天月德成間日等。 | | | | | | | | |
| 正月 | 癸酉 | 丁酉 | | | 外 | 乙酉 | 己酉 | | |
| 二月 | 乙丑 | 辛未 | 丁亥 | | 外 | 癸未 | 丁未 | 己未 | |
| 三月 | | | | | 外 | 癸酉 | 丁酉 | 乙巳 | 己巳 |
| 四月 | 甲子 | 庚子 | 庚午 | 乙卯 | 外 | 辛卯 | 癸未 | | |
| 五月 | 辛未 | | | | 外 | 己未 | | | |

| 六月 | 丙申 | 甲寅 | | | | | | | |
|---|---|---|---|---|---|---|---|---|---|
| 七月 | 辛未 | 甲子 | 丙子 | | | | | | |
| 八月 | 乙丑 | 壬辰 | | | 外 | 乙亥 | 庚辰 | | |
| 九月 | 庚午 | 丙午 | 癸卯 | 辛卯 | | | | | |
| 十月 | 甲子 | 庚午 | | | 外 | 甲午 | 乙未 | 庚子 | 丁未 |
| 十一月 | 壬申 | 丙申 | | | | | | | |
| 十二月 | 丙申 | 甲寅 | | | 外 | 甲午 | 乙未 | 庚子 | 丁未 |

## 八、逐月入宅歸火凶日便覽表

| 凶日月 | 正月 | 二月 | 三月 | 四月 | 五月 | 六月 | 七月 | 八月 | 九月 | 十月 | 十一月 | 十二月 |
|---|---|---|---|---|---|---|---|---|---|---|---|---|
| 朱雀黑道 | 卯 | 己 | 未 | 酉 | 亥 | 丑 | 卯 | 己 | 未 | 酉 | 亥 | 丑 |
| 天牢黑道 | 申 | 戌 | 子 | 寅 | 辰 | 午 | 申 | 戌 | 子 | 寅 | 辰 | 午 |
| 歸忌 | 丑 | 寅 | 子 | 丑 | 寅 | 子 | 丑 | 寅 | 子 | 丑 | 寅 | 子 |
| 月厭 | 戌 | 酉 | 申 | 未 | 午 | 巳 | 辰 | 卯 | 寅 | 丑 | 子 | 亥 |
| 天賊 | 辰 | 酉 | 寅 | 未 | 子 | 巳 | 戌 | 卯 | 申 | 丑 | 午 | 亥 |
| 地賊 | 丑 | 子 | 亥 | 戌 | 酉 | 申 | 未 | 午 | 巳 | 辰 | 卯 | 寅 |

| 空宅 吉多不忌 | 收日 | 平日 | 破日 | 建日 | 死氣官符 | 披麻殺 | 荒蕪 | 往亡 | 冰消瓦解 | 獨火月火 | 天火狼籍 | 河魁勾絞 | 天罡勾絞 | 受死 | 天瘟 |
|---|---|---|---|---|---|---|---|---|---|---|---|---|---|---|---|
| 申 | 亥 | 巳 | 申 | 寅 | 午 | 子 | 巳 | 寅 | 巳 | 巳 | 子 | 亥 | 己 | 戌 | 未 |
| 申 | 子 | 午 | 酉 | 卯 | 未 | 酉 | 酉 | 巳 | 子 | 辰 | 卯 | 午 | 子 | 辰 | 戌 |
| 申 | 丑 | 未 | 戌 | 辰 | 申 | 午 | 丑 | 申 | 丑 | 卯 | 午 | 酉 | 未 | 亥 | 辰 |
| 寅 | 寅 | 申 | 亥 | 巳 | 酉 | 卯 | 申 | 亥 | 申 | 寅 | 酉 | 申 | 寅 | 己 | 寅 |
| 寅 | 卯 | 酉 | 子 | 午 | 戌 | 子 | 子 | 卯 | 卯 | 丑 | 子 | 卯 | 酉 | 子 | 午 |
| 寅 | 辰 | 戌 | 丑 | 未 | 亥 | 酉 | 辰 | 午 | 戌 | 子 | 卯 | 戌 | 辰 | 午 | 子 |
| 巳 | 巳 | 亥 | 寅 | 申 | 子 | 午 | 亥 | 酉 | 亥 | 亥 | 午 | 巳 | 亥 | 丑 | 酉 |
| 巳 | 午 | 子 | 卯 | 酉 | 丑 | 卯 | 卯 | 子 | 午 | 戌 | 酉 | 子 | 午 | 未 | 申 |
| 巳 | 未 | 丑 | 辰 | 戌 | 寅 | 子 | 未 | 辰 | 未 | 酉 | 子 | 未 | 丑 | 寅 | 巳 |
| 亥 | 申 | 寅 | 巳 | 亥 | 卯 | 酉 | 寅 | 未 | 寅 | 申 | 卯 | 寅 | 申 | 申 | 亥 |
| 亥 | 酉 | 卯 | 午 | 子 | 辰 | 午 | 午 | 戌 | 酉 | 未 | 午 | 酉 | 卯 | 卯 | 丑 |
| 亥 | 戌 | 辰 | 未 | 丑 | 巳 | 卯 | 戌 | 丑 | 辰 | 午 | 酉 | 辰 | 戌 | 酉 | 卯 |

| 陰錯 | 陽錯 | 正四廢 | | 四忌五窮 | | 楊公忌 |
|---|---|---|---|---|---|---|
| 庚戌 | 甲寅 | 庚申 | 辛酉 | 甲子 | 乙亥 | 十三 |
| 辛酉 | 乙卯 | 庚申 | 辛酉 | 甲子 | 乙亥 | 十一 |
| 庚申 | 甲辰 | 庚申 | 辛酉 | 甲子 | 乙亥 | 初九 |
| 丁未 | 丁巳 | 壬子 | 癸亥 | 丙午 | 丁亥 | 初七 |
| 丙午 | 丙午 | 壬子 | 癸亥 | 丙午 | 丁亥 | 初五 |
| 丁巳 | 丁未 | 壬子 | 癸亥 | 丙午 | 丁亥 | 初三 |
| 甲辰 | 庚申 | 甲寅 | 乙卯 | 庚子 | 辛亥 | 初一 |
| 乙卯 | 辛酉 | 甲寅 | 乙卯 | 庚子 | 辛亥 | 廿七 |
| 甲寅 | 庚戌 | 甲寅 | 乙卯 | 庚子 | 辛亥 | 廿五 |
| 癸丑 | 癸亥 | 丙午 | 丁巳 | 壬子 | 癸亥 | 廿三 |
| 壬子 | 壬子 | 丙午 | 丁巳 | 壬子 | 癸亥 | 廿一 |
| 癸亥 | 癸亥 | 丙午 | 丁巳 | 壬子 | 癸亥 | 十九 |

| 神煞 | 九土鬼 | 九醜 | 離窠 | |
|---|---|---|---|---|
| | 辛酉 | 己卯 | 丁卯 | 辛丑 |
| | 癸巳 | 壬午 | 戊辰 | 戊申 |
| | 甲午 | 乙酉 | 己巳 | 戊午 |
| | 辛丑 | 戊子 | 壬申 | 癸亥 |
| | 壬寅 | 辛卯 | 辛巳 | |
| | 己酉 | 己酉 | 壬午 | |
| | 庚戌 | 壬子 | 戊子 | |
| | 丁巳 | 戊午 | 己丑 | |
| | 戊午 | 辛酉 | 戊戌 | |

## 九、入宅歸火又忌凶日例

◉入宅歸火又忌天地空亡、火星凶日、雷霆白虎入中空日、伏斷日、大殺白虎入中宮日、紅觜朱雀入中宮日，一併錄於左——

## (一)火星凶日

逐月火日凶日本應與前述相同，唯考通書相對不同，故存錄以爲對照推敲正訛。

| 月別／日辰 | 逐月火星凶日 | | | | | |
|---|---|---|---|---|---|---|
| 寅申巳亥月 | 甲戌 | 乙丑 | 庚戌 | 己亥 | 壬辰 | 癸未 |
| 子午卯酉月 | 甲子 | 癸酉 | 壬午 | 辛卯 | 庚子 | 己酉 |
| 辰戌丑未月 | 壬申 | 辛巳 | 庚寅 | 己亥 | 戊申 | 丁巳 |

## (二)雷霆白虎入中宮日

| | | | | | | | |
|---|---|---|---|---|---|---|---|
| 甲己月 | 丁卯 | 丙子 | 乙酉 | 甲午 | 癸卯 | 壬子 | 辛酉 |
| 乙庚月 | 戊辰 | 丁丑 | 丙戌 | 乙未 | 甲辰 | 癸丑 | 壬戌 |
| 丙辛月 | 辛未 | 庚辰 | 己丑 | 戊戌 | 丁未 | 丙辰 | |
| 丁壬月 | 乙丑 | 甲戌 | 癸未 | 壬辰 | 辛丑 | 庚戌 | 己未 |
| 戊癸月 | 辛未 | 庚辰 | 己丑 | 戊戌 | 丁未 | 丙辰 | |

### (三)大殺白虎入中宮日

丁巳　丙戌　乙未　甲辰　癸丑　壬戌

### (四)紅觜朱雀入中宮日

乙亥　甲申　癸巳　壬寅　辛亥　庚申

### (五)伏斷日

子虛　丑斗　寅室　卯女　辰箕　巳房

午角　未張　申鬼　酉觜　戌胃　亥壁

### (六)天地空亡凶日定局

《通書》曰：「浮天空亡，其例出於變卦納甲，乃絕命破軍之位。上官入宅修造忌天空亡，埋葬種植忌地空亡。」詩例曰：「**八空堂上敎道窮，午值天空子地空，寅申巳亥疊二載，子午卯酉定年時。**」假如子年直加子，初一、初九天空亡，初五、十二地空亡，舉此須當觸類通。

| 宅＼年 | 子年 | 丑寅 | 卯年 | 辰巳 | 午年 | 未申 | 酉年 | 戌亥 | 天空亡 | 地空亡 |
|---|---|---|---|---|---|---|---|---|---|---|
| 離 | 五 | 四十二 | 三十一 | 二十 | 正九 | 八 | 七 | 六 | 初一 初九 十七 廿五 | 初五 廿七 廿一 廿九 |
| 坤 | 六 | 五 | 四十二 | 三十一 | 二十 | 正九 | 八 | 七 | 初八 初六 廿四 | 初四 十二 二十 廿八 |
| 兌 | 七 | 六 | 五 | 四十二 | 三十一 | 二十 | 正九 | 八 | 初七 十五 廿三 | 初三 十一 十九 廿七 |
| 乾 | 八 | 七 | 六 | 五 | 四十二 | 三十一 | 二十 | 正九 | 初六 十四 廿二 三十 | 初二 初十 十八 廿六 |
| 坎 | 正九 | 八 | 七 | 六 | 五 | 四十二 | 三十一 | 二十 | 初五 十三 廿一 廿九 | 初一 初九 十七 廿五 |
| 艮 | 二十 | 正九 | 八 | 七 | 六 | 五 | 四十二 | 三十一 | 初四 十二 二十 廿八 | 初八 十六 廿四 |
| 震 | 三十一 | 二十 | 正九 | 八 | 七 | 六 | 五 | 四十二 | 初三 十一 十九 廿七 | 初七 十五 廿三 |
| 巽 | 四十二 | 三十一 | 二十 | 正九 | 八 | 七 | 六 | 五 | 初二 初十 十八 廿六 | 初六 十四 廿二 三十 |

# 第 11 章
# 安香

**安香者，俗稱「安神位」，擇吉安置福神、祖先以爲祭祀也，即「歸火」之謂也，同入宅歸火吉用宜忌同論，**本併於「移徙」同論，宜天德、月德、天德合、月德合、天赦、天願、月恩、四相、時德、民日、驛馬、天馬、成日、開日；忌月破、平日、收日、閉日、劫煞、災煞、月煞、月刑、月厭、大時、天吏、四廢、五墓、歸忌往亡，因以習俗入宅歸火最重安香，故專闢本章以爲敘述之。

入宅歸火《碎金賦》曰：「**新屋入宅豎造同、舊屋分居及移徙，木主奉處正宜位，臥室勿稽利不利。**」蓋以古代建築格局，香堂恆與屋宅同一坐向，故山向得利與否俱與居宅同一體用，未有香堂與居宅坐向之困擾也。

唯以時遷俗異，建築格局遞演蛻變，香堂未必儘與居宅相同坐向，甚至有侷促從簡者，但仍甚受習俗及《匠家鏡》之影響，安神位每要求謀合「文光尺」吉利，孰不知「文光尺」者，實昔「門光星尺」之誤訛，彼專論開門進氣之吉宜也，唯今之俗稱「文光尺」者，泛指「魯班尺」而言，亦若有其理，故循俗以記述之——

## 一、吉時頭入宅、吉時中安香

術者擇吉，多取相連兩時辰俱吉爲之，以利入宅後能有充裕時間安釘神廚、壁架，或爲擺正布置神桌定位。

唯亦有先合魯班尺吉字量定高度安釘神架者，或謂入宅安香前未有福神、祖先司住，不論宜忌，屆吉時入宅，淨符淨灑神架，敲釘以為象徵吉時安位之意。

**二、先安神佛，後安祖先，以示虔敬，並謂神為陽，祖為陰，不可「陰陽顛倒」。**

**三、神佛宜高、祖先宜低。高度不足者，每以紅漆木座墊之，或權宜用紅布（紙）包裹「壽金」為之。**

**四、神佛座位寬大，祖先偏促，謂不可僭越。**

五、神佛宜前，祖先宜後，如為圖匾，不飾神佛金身者，以爐案象之，神佛爐案當前於祖先爐案。

六、神架桌案宜清淨樸素，忌放雜物。

七、香位不得有壓煞、沖煞之事物。

八、敬禮如儀，奉安福神祖先。

九、灑佈銅錢於香位底下地面，禮成酌分家人，其餘三日不為掃除，以示財利源源，財祿無匱之吉。

十、或燒炭爐，或繼香煙，使一日不綴，以討興旺盛發之吉利，今於案前燒炭爐一日之俗不見，多以三日不綴香煙為之。

十一、此日宜進納錢財，不宜支付錢財，以象進益。

十二、供奉紅圓，並分食家人，以象團圓、圓滿、常圓。凡有賀喜戚友並分食之，以取和睦圓融。

十三、其餘供奉鮮果等物，大抵取象吉利而已，如鳳梨之象「旺來」，蘿蔔之象「彩頭」，橘子之象「甘來」，紅柿之象「紅市」、「利市」，甘蔗之象「漸入佳境」、「含佳」……之類；或有帶整株甘蔗，以紅紙或紅線纏根，於入宅時置於屋簷下以爲辟邪制煞之類。

除此之外，如未以案桌、神櫥爲供奉者，另外又特別注意香位不可發生壓煞、沖煞之情形：

一、香位如有壓煞者，宜以三合板之類飾平，並漆紅或以紅布（紙）貼飾，以取「鴻運當頭」。今有不見壓煞而亦採此法以博祥吉者，甚至香位背臂亦全部飾紅，以取「恆在福中」之義。

二、香位所向宜開廣無雜礙，儘量避免雜物沖煞，或有不能避免者，則以紅紙黑書「姜太公在此」、「對我生財」之類貼於沖煞神位之器物上，以取爲化凶爲福之權宜。

三、昔古有「長明燈」之設，今多以日光燈照明兼代，唯日光燈如箭，忌沖射神位，宜橫而不宜直，犯之，曰「日光燈箭」。

## 第一節 香火

《八宅明鏡》曰：**「土地福神，祖先祠堂，皆香火也，安本命之吉方則得福，凶方必有咎。」**

古云：**「移煙改火者，謂無鍋煙香火，有禍無福也，若誤移其方，則變其吉之來路反凶矣！凡出穢之所，用壓本命之凶方，鎮住凶神，反發大福，甚驗！」「其方皆與灶屋煙囪相對，用以壓之，吉矣！」**

又云：**「然當詳審方位，不可混錯，或謂改於吉外之吉方，則同來路之凶矣！即是基丈址，亦宜清楚的確矣！」**

尋觀古俗以香堂居宅同坐向，故有入宅歸火困難之說，甚至擔心豎造修作後難得入宅歸火吉日，而擇與豎造同日，家主先移祖先，福神、香火隨符使入宅，俗謂「隨茅歸火」，蓋「茅」者，香草也，香麻也，茅香花也，其葉苗可煮湯浴，辟邪氣，令人香也，後俗則取芙蓉、艾草等有辟邪意義之草本代之，甚至轉變以甘蔗代替之，大抵沿承古代封「茅社」之義，謂「封茅」而視新居如古之「歸國立社」而已。

唯今日人口膨脹，都市地價寸土寸金，欲得選擇清靜廳堂以爲香堂者，或有事實之困難，因此大多選擇起居室、客廳之閒便方隅，以設香堂安神位而已，其香堂神位不拘坐向，但得年月得利，合得本主建旺生氣利方，即可擇吉入宅歸火，故已不復見「隨茅歸火」之習矣！

## 第二節　安香火周堂

凡移徙居處，其逐月吉日與入宅歸火同論，另有俗傳「安香火周堂」一例，或皆昔術士巧立名目之妄說，民俗不辨其所依據而沿承之，今姑聊備以存待考！

| ○安 | ○利 | ○天 |
|---|---|---|
| ●災 |  | ●害 |
| ○師 | ○富 | ●煞 |

例曰：**「大月初一從安向利順輪，小月初一從天向利逆行。值天利安師富吉，若與神在日合大吉，奉香火福神等事俱吉。」**

## 第三節　神廚格式及安置

## 安香火周堂便覽表

| | 大月 | | 小月 | |
|---|---|---|---|---|
| ○安 | 1 9 | 17 25 | 3 11 | 19 27 |
| ○利 | 2 10 | 18 26 | 2 10 | 18 26 |
| ○天 | 3 11 | 19 27 | 1 9 | 17 25 |
| ●害 | 4 12 | 20 28 | 8 16 | 24 |
| ●煞 | 5 13 | 21 29 | 7 15 | 23 |
| ○富 | 6 14 | 22 30 | 6 14 | 22 |
| ○師 | 7 15 | 23 | 5 13 | 21 29 |
| ●災 | 8 16 | 24 | 4 12 | 20 28 |

神廚格式因應遷徙之方便而產生，且已數歷變化，不一定符合古代制式，且更有簡化而成「壁案」者，大抵向佛具神器行購備現成即爲合格，不必拘泥！

今聊錄《匠家鏡》神廚格式以爲參考之——

下層三尺三寸高，四尺腳，每一片三寸三分大，一寸四分厚，下鎖腳，方一寸四分大，一寸三分厚，要留出笋。

上盤仔二尺二寸深，三尺三寸闊，其框二寸五分大，一寸三分厚，中下兩串頭合角與框一般，大吉。

角止佐半合角好開柱腳，相二個五寸高、四分厚，中下上廚只做九寸深、一尺窗齒闌干止好下五根，步步高，上層柱四尺二寸高，帶領在內，柱子方圓一寸四分，大其下六根、中兩根，係交進的裡，半做一尺二寸深，外空一尺，內中或做二層，或做三層，步步退墨，上層下散柱二個，分三孔耳，孔只做六寸五分，闊餘留中上拱樑二寸大，拱梁上方梁一尺八大，下層下嚾眉勒水前柱磉一寸四分高，二寸二分大，雕播荷葉，前楣帶領八寸九分大，忌切大了不威勢，上或下火焰屛，可分爲三截，中五寸，兩邊三寸九分高，餘或主家，用大用小，可依此尺寸退墨無錯。

## 論香堂安置

**凡香堂以設於正廳爲佳，則其坐向與居宅坐向相同，宜忌同論，如爲透天宅樓房者，宜以頂樓廳房設香堂，但以祭祀之方便，大多權擇一樓之廳堂或清靜閒備之堂屋爲之。**

凡供桌神廚桌案俱合一定格式尺寸，且一併供奉神佛、福神、祖先，因循世俗尺寸吉凶觀念，神祇宜合「魯班尺」財義官本四字爲吉，祖先宜合「丁蘭尺」財興官義旺丁六字爲吉，故當取兩尺俱吉之字爲之。

凡有神廚案桌一定者，大多利於祭祀上香，如以「壁案」祭祀福神、祖先者，除非地方侷促狹隘者權宜而外，大利仍以當胸以下之高度爲宜，蓋祭祀事大半皆爲婦人奉事，或有身孕則不喜企踵踮足，以防傷及胎兒。

## 第四節　安神位吉凶出於開門宜忌

古之入宅歸火未備尺寸吉凶，但因循開門宜忌吉凶，若亦相通，故安神位吉凶，仍然附會於「門光星尺」、「魯班尺」等吉凶，今分別簡述如下：

### 一、造門門光星吉日定局

**凡造門，安大、小門戶並宜過門光星，修門、作門、開門基並宜過門光星。大月從下數上，小月從上數下，白圈者吉，黑圈者凶，人字損亡，了字損畜。**

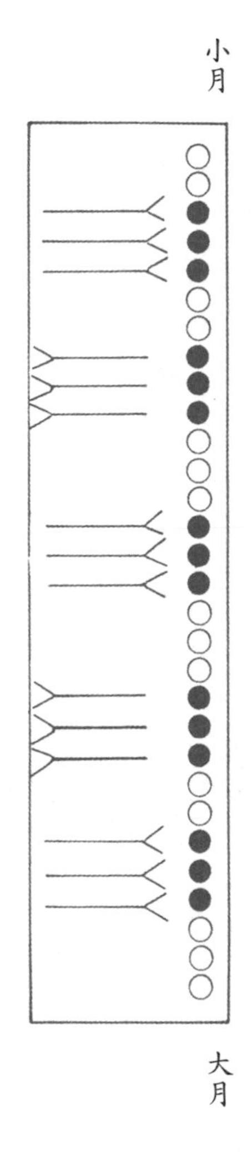

| 月/日 | 大月 | 小月 | 月/日 | 大月 | 小月 |
|---|---|---|---|---|---|
| ○ | 初一 | | 了 | 十六 | 十五 |
| ○ | 初二 | 廿九 | 了 | 十七 | 十四 |
| ○ | 初三 | 廿八 | ○ | 十八 | 十三 |
| 了 | 初四 | 廿七 | ○ | 十九 | 十二 |
| 了 | 初五 | 廿六 | ○ | 二十 | 十一 |
| 了 | 初六 | 廿五 | 人 | 廿一 | 初十 |
| ○ | 初七 | 廿四 | 人 | 廿二 | 初九 |
| ○ | 初八 | 廿三 | 人 | 廿三 | 初八 |
| 人 | 初九 | 廿二 | ○ | 廿四 | 初七 |
| 人 | 初十 | 廿一 | ○ | 廿五 | 初六 |
| 人 | 十一 | 二十 | 了 | 廿六 | 初五 |
| ○ | 十二 | 十九 | 了 | 廿七 | 初四 |
| ○ | 十三 | 十八 | 了 | 廿八 | 初三 |
| ○ | 十四 | 十七 | ○ | 廿九 | 初二 |
| 了 | 十五 | 十六 | ○ | 三十 | 初一 |

## 二、魯班周尺式及吉凶

### ㈠造門尺法論魯班周尺式

——摘錄《魯班寸自經》

# 門公尺法・魯班尺・丁蘭尺法

門公尺創造人，公輸班、春秋魯國人，為我國建築鼻祖，我國建築式樣、造型、結構等規格概由班公所定，吉時造屋，要選擇地理、方位，要擇吉日破土、上樑，門戶高度是否合乎風水，趨吉避凶，影響至鉅，門公尺為造門法寶也，尺長一・四四台尺，區分八段，每段長一寸八分，定格為財、病、離、義、官、刦、害、本，每格再分四節，以定門戶高低吉凶。又廣用以測神棹高低吉凶，凡門戶、神棹之高度符合於財、義、官、本四格高度即屬吉，如在病、離、刦、害四格高度者屬凶，忌採用，利害關係至明。

門公尺可向販賣神佛器具之店號洽購，使用前應請專家指導以免發生錯誤而有所妨礙。

# 丁蘭尺法

天地有陰陽之分，人間亦然，陽宅以門公尺測之，陰以丁蘭尺測之，各有分別，丁蘭尺區分爲十段，每段一寸二分，定格爲丁、害、旺、苦、義、官、死、興、失、財等，每格再分爲四節。

用途：

建造墳墓或祖先靈位，其高低悉依丁蘭尺測之，直接、間接影響吉凶甚鉅，應選擇丁、旺、義、官、興、財等六格爲吉，害、苦、死、失等四格則凶，應愼重之。

使用時猶應請專家指導，以選擇吉字，以免造成錯誤。

魯班云：**「凡人造宅開門，須用配合陰陽，然使寸尺量度合財本及三白爲太吉，其白外但得九紫四綠爲小吉，只要合魯班尺與曲尺上下相同爲妙。」**

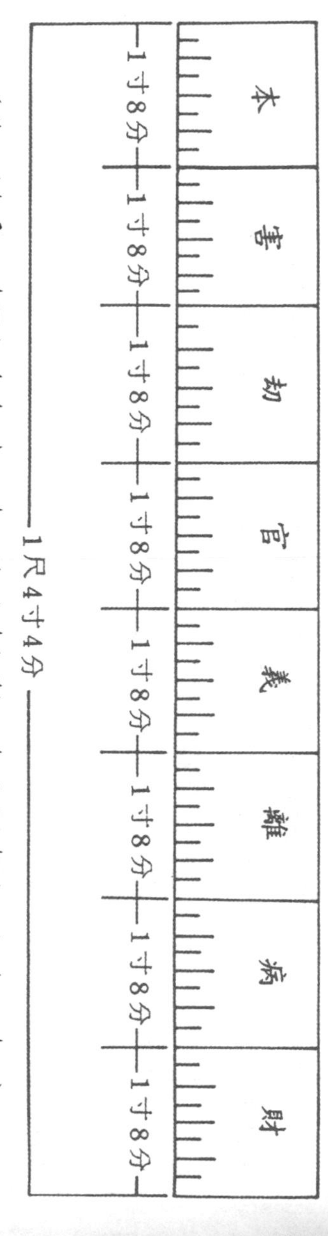


（按：據説周尺相當於今之台尺，但乏人考證，俗以台尺製用魯班周尺。）

《匠家鏡》按：「**魯班尺乃有曲尺一尺四寸四分，其尺間有八寸，一寸推曲尺一寸八分，內有財、病、離、義、官、劫、害、本也**。凡人造門用依尺法也。假如單扇門小者，開二尺，一寸一白，魯班尺在義上，單扇門開二尺八寸，在八白，般尺合吉上，雙扇門者用四尺三寸一分合四綠，一白則爲本門在財上，如財門者，用四尺三寸八分合義門，吉，大雙扇門用廣尺五六寸六分，合兩白，又在財上，今時匠人則開門闊四尺二寸，乃爲二黑，般尺又在病上，及五尺六寸者，則本，上二分如六分正在財中爲佳也，皆用依法，百無一失，則爲良匠也。」

## ㈡周尺八字吉凶註

財者財帛榮昌，病者災病難免，離者主人分張，義者產孝子，官者主生貴子，劫者主禍妨蕪，害者主被盜侵，本者主家興崇。

財字　財字臨門仔細詳，外門招得外財良，若在中門自有積，財須用大門當中，庫房若合財於上，銀帛千箱與萬箱，木匠若能明此理，家中福祿自榮昌。

病字　病字臨門招疫病，外門神鬼入中庭，若在中庭逢此字，災須輕可免危聲，更被外門相照對，一年兩度送尸靈，於中若要無凶禍，廁上無疑是好親。

離字　離字臨門事不祥，仔細排來在甚方，若在外門並中戶，子南父北自分張，房門必主生離別，夫婦恩情兩庭忙，朝夕家中常作鬧，悽惶無地禍誰當。

義字　義字臨門孝順生，一字中字最爲眞，若在都門招三婦，廊門淫婦戀花聲，於中合字雖爲吉，也有興災害及人，若是十分無災害，只有廚門最可親。

官字　官字臨門自要詳，莫教安在大門場，須防公事親州府，富貴中庭房自昌，若要房門生貴子，其家必定出官郎，富豪人家自有相，庶人之屋實難量。

劫字　劫字臨門不足誇，家家日日事如麻，更有害門相照看，凶來疊疊害無差，兒孫行劫身遭苦，作事因循卻害家，四惡四凶星不吉，偷人物件害其他。

害字　**害字安門用細尋，外人多被外人臨，若在內門多興禍，家財必被賊來侵，**
**兒孫行門於害字，作事因循破其家，良匠若能明此理，管教宅主永興隆。**

本字　**本字開門大吉昌，尺頭尺尾正相當，量來尺尾須當吉，此到頭上財上量，**
**福祿乃爲門上致，子孫必出好兒郎，時師依此仙賢造，千倉萬箱有餘糧。**

凡造門合得財、義、官、本四吉字者吉，合病、離、劫、害四凶字者爲四凶四惡，凶，宜取用吉字，有詩讚曰：「**吉字臨門最是良，中宮內外一齊強，子孫夫婦皆榮貴，年年月月在蠶桑，如有財門相照者，家道興隆大吉昌，使有凶神在旁位，也無災害亦風光。**」

## (三) 魯班曲尺式

匠家修門、作門、開門不以前述魯班周尺單獨使用，必與魯班曲尺配合、運用以定吉凶也。

《匠家鏡》曲尺詩曰：「**一白惟如六白良，**
**若然八白亦爲昌，**
**但將般尺來相湊，**
**吉少凶多必主殃。**」

《寸白集》曰：「魯班周尺以此明機，曲尺有一尺，八分，凡人家造門依此尺論。魯班曲尺法，一寸一白，二寸二黑，三寸三碧，四寸四綠，五寸五黃，六寸六白，七寸七赤，八寸八白，九寸九紫，十寸一白，又安八卦，每卦管一寸二分半。」

《寸白集》云：「右曲尺有十寸，每寸有十分，凡遇起造及開門高低，皆在此上做，須湊合周尺合吉字，若造門，假如單扇用二尺一寸四分，壓白，在義上尾，如雙扇門四尺三寸合白，在本上尾，在吉上合用也。」

凡開門闊度以「地母寸白」法論尺寸論，如艮宅開單扇門二尺一寸，以財頭本尾度之，壓周尺義字上尾，是合吉，並自財字起八白、病字九紫……本字六白，復財字七赤、病字八白、離字九紫、義字一白，故知此門爲吉也。凡合周尺財義官本字而復合曲尺紫白者爲吉用，合周尺吉字而不合曲尺紫白，或不合周尺吉字而不合曲尺周白者，皆不可用也。

一說魯班曲尺即俗謂之「丁蘭尺」，蓋「丁蘭尺」適分一尺十寸，一寸一字，一字適管一寸二分半也。曲尺相當於俗調「丁蘭尺」：

| 丁 | | | | 害 | | | | 旺 | | | | 苦 | | | | 義 | | | | 官 | | | | 失 | | | | 興 | | | | 失 | | | | 財 | | | |
|---|---|---|---|---|---|---|---|---|---|---|---|---|---|---|---|---|---|---|---|---|---|---|---|---|---|---|---|---|---|---|---|---|---|---|---|---|---|---|---|
| 合科 | 財旺 | 及第 | 福至 | 災至 | 死絕 | 離鄉 | 口舌 | 納福 | 進寶 | 喜事 | 天德 | 劫財 | 無嗣 | 官義 | 失落 | 天庫 | 利益 | 財寶 | 大吉 | 順科 | 橫財 | 進益 | 富貴 | 失財 | 退子 | 死別 | 離鄉 | 興旺 | 添丁 | 貴子 | 登科 | 退財 | 公事 | 牢獄 | 孤寡 | 財德 | 寶庫 | 六合 | 進祿 |

| | | | | | | | | | |
|---|---|---|---|---|---|---|---|---|---|
| | 兌 | 離 | 震 | 艮 | 巽 | 乾 | 坤 | 坎 | |
| 白一 | 紫九 | 白八 | 赤七 | 白六 | 黃五 | 綠四 | 碧三 | 黑二 | 白一 |
| | | 艮 | 巽 | 坤 | 坎 | 兌 | 震 | 離 | 乾 |

## (四) 曲尺八卦起寸白例

《八卦起寸白》例曰：「乾起四綠，坤起三碧，艮起六白，巽起五黃，震起七赤，離起八白，坎起二黑，兌起九紫。」

《天父寸白計云》高曰：「乾四震七赤，巽五坎二黑，兌爲九紫宮，離八坤三碧，天父寸如卦，法以合白吉。」

《地母寸白白詩》闊曰：「乾一離二黑，震宮起三碧，

兌四坎五黃，坤六巽七赤，

地母從此數，至艮是八白。」

九星序詩云：「貪狼屬木一白水，巨門二黑皆屬土，

祿存屬土三碧木，水曲屬水四綠木，

廉貞屬火五黃土，武曲六白皆屬金，

左輔屬金八白土，右弼屬水九紫火，

或謂輔弼無專屬，獨有破軍不堪用。」

《九星管局二四地母卦》總例曰：

**艮丙起貪狼** 一局屬木　**離壬寅午戌起文曲** 五局屬水

**巽辛起巨門** 二局屬土　**震庚亥卯未起廉貞** 六局屬水

**乾甲起祿存** 四局屬土　**兌丁巳酉丑起武曲** 七局屬金

**坤乙起輔弼** 三局屬水　**坎癸申子辰起破軍** 八局屬金

《象吉通書》載有楊曾九星造門經曰：

巽宮官貴離火殃，退財坤上切須防，

中宮米穀震昌盛，金銀居兌細詳推，
進財在艮棋財坎，惟有典庫屬乾方，
五音主處起甲子，本命起歲順非常。

楊曾二仙造門九星運：

（依造主五音姓屬起九星運）

**木之長生**

**火之長生**

| | | |
|---|---|---|
| **巽** 官鬼 | **中** 米穀 | **乾** 典庫 |
| **震** 昌盛 | | **兌** 金銀 |
| **坤** 退財 | | **艮** 進財 |
| **坎** 橫財 | | **離** 火殃 |

**商音巽上起**
**角音乾上起**
**徵音艮上起**
**宮音坤上起**

假如有角音姓屬生人，姓音屬木，木在亥長生屬乾，就從乾宮起甲子，飛到生年起一十，零年相繼數去，如癸巳生，三十七歲豎造，就從乾上起癸巳，至艮三十，離三十一，坎三十二，坤三十三，震三十四，巽三十五，中三十六，乾三十七歲，此年豎造開門，乃是典庫門，大吉，如四十四歲到巽，乃是官鬼門，大凶，此年不利造門。餘倣此。

## ㈤安神位尺寸宜審慎

綜觀古人審愼開門，緣以古代廳當建築格式合制必與居宅開門同一坐向，故亦臆昔之愼重入宅歸火，更因彼時皆以案桌供奉香火，未特講究高低尺寸吉凶而專重開門狹闊、高低吉凶而已。

今人不明開門進氣之義理，專究神位高低尺寸吉凶，雖然勉得魯班周尺合曲尺之糟粕，但以未考究居宅坐向及造主姓音，到底已失古法義理，或有入宅歸火而獲福者，終屬巧合而已。

古法合宜與否，鮮有考究之人，而時師術士詭異沿用，法例破碎支離，未得其全，是以擇吉或撞期亦已相當而已，大凡智者必先審度而後有以依循也。

## ㈥辨正絶煙火殺論

夫絕煙火，乃五行二合局敗日也，以天干所居，配地支爲之，其亥卯未三合會木局，而木生在亥，敗在子，天干甲居木，故甲子是也；寅午戌月會合火局，火生在寅，敗在卯，天干丁居火，故丁卯是也；申子辰三合水局，水生在水，敗在酉，天干癸居水，則癸酉日是也；巳酉丑三合金，金生巳，敗午，天干屬金，故庚午日是也。

正、五、九月惟丁卯日是，

二、六、十月惟甲子日是，

三、七、十一月惟癸酉日是，

四、八、十二月惟庚午日是。

增按：外有「絕煙火殺」詩例，較不受重視，俱謂入宅歸火亦應忌犯之。故列於下，以爲參考之。

絶煙火殺

正七分居辰戌防，

二八豬蛇不可當，

三九切忌游子午，

四十又怕犯牛羊，
五、十一月寅申忌，
六、十二月卯酉殃，
若人不信絕煙殺，
犯著之時定凶亡。

# 第 12 章
# 安床

入宅歸火《碎金賦》雖有「臥室勿稽利不利」之銘言，但於用事擇吉又注重安床一事。

《協紀辨方書》載曰：「**安床，宜危日，忌月破，平日、收日、閉日、劫煞、災煞、月刑、月厭、大時、天吏、四廢、五墓、申日。**」

凡安床者，古並於婚擇吉，除新婚成家注重安床設帳而外，其他如增進人口之新造床帳等事，不再別爲擇吉，即或遷徙移居，亦只及於入宅歸火而已，尚無另有安床之說，但因循訛詭，許多庶人半生辛勤積蓄，好不容易自己購建新宅，欣喜之餘，痛思彼昔新婚未曾安床設帳，並爲安床追思紀念感情而已，後人不知此，終於成爲安床、移床宜忌。

詩例云：「**仙人留下一張床，**
**心昂箕婁奎尾參，**
**安床若犯此星宿，**
**十個孩兒九個亡。**」

由此可見古代所謂安床者，只重新婚之安床，唯今俗則沿古法之云：「新床易安，舊難移」之意識，凡有下列三事，以爲「安床」同論之：

㈠新婚之安置新床。
㈡運事不順，久婚未孕，移安舊床，或重安新床。
㈢移徙轉注，安置睡床，亦有不重者。

## 第一節　安床設帳吉日

**安床設帳吉日，宜天德、月德、天德合、月德合、三合、六合、天喜、益後、續世、青龍、金匱、黃道、生氣、要安、活曜、吉慶、三白、閉、成、定、建日。**

（附按：此古法之異於《協紀辨方》也。）

忌心昂奎婁箕尾參危宿值日，凶，不用。（附按：廿八星宿值日可以逕查「通書便覽》之第四層記註，如民國七十五年四月廿九日，合歲次丙寅年三月廿一日，第四層註「尾」日，第五層註宜「合帳」「安床（審用）」，即謂本日尾宿值日，最好不爲安床也。）

故安床設帳之吉日大抵擇用左列日辰：

**甲子、甲戌、甲辰、甲寅。**

**乙丑、乙酉、乙未、乙巳、乙卯。**

**丙寅、丙子、丙戌、丙午、丙辰。**

**丁卯、丁丑、丁亥、丁酉、丁巳。**

**戊子、戊午。**

**己亥、己未、己巳。**

**庚子、庚午、庚辰。**

**辛酉、辛未、辛巳。**

**壬寅。**

**癸巳、癸卯日。**

又忌建破平收，天罡河魁勾絞申日、滅沒天地賊、荒蕪、赤口、受死、五離、死煞、天床廢、正四廢、赤口、朱雀、空亡、離窠、火星、伏斷、天瘟、孤辰、寡宿、天狗、天刑。

又忌安病胎方，遊神所在之方。

日遊神所在之方不宜安床，並忌安產室。

# 第二節　逐月安床設帳吉日

| 月／日 | | | | | | | | | | | | | | |
|---|---|---|---|---|---|---|---|---|---|---|---|---|---|---|
| 正月 | 癸酉 | 丁酉 | 乙卯 | | | | | | 外 | 己卯 | 辛卯 | 乙丑 | 癸丑 | | |
| 二月 | 丙寅 | 甲寅 | 乙未 | 丁未 | 辛未 | 庚寅 | | | | | | | | | |
| 三月 | 甲子 | 庚子 | 乙卯 | 己巳 | | | | | | | | | | | |
| 四月 | 甲子 | 庚子 | 庚午 | 乙卯 | 丙子 | 丁丑 | 丙寅 | | 外 | 辛卯 | | | | | |
| 五月 | 丙寅 | 辛未 | 乙未 | 甲寅 | 庚寅 | 丙寅 | 甲辰 | 庚辰 | 外 | 壬辰 | | | | | |
| 六月 | 丙寅 | 甲寅 | 乙卯 | | | | | | 外 | 丁亥 | | | | | |
| 七月 | 甲子 | 辛未 | 庚子 | 壬子 | 丙辰 | 乙未 | | | | | | | | | |
| 八月 | 乙丑 | 乙亥 | 丁丑 | 丁亥 | 丁巳 | 甲辰 | 庚辰 | 丙辰 | | | | | | | |
| 九月 | 庚午 | 乙亥 | | | | | | | 外 | 癸酉 | 辛亥 | 丙午 | 丙子 | 丁亥 | 癸卯 |
| 十月 | 甲子 | 丙子 | 辛未 | 乙未 | 庚子 | 丙戌 | | | | | | | | | |
| 十一月 | 丁亥 | 乙亥 | 丙寅 | 甲寅 | 辛未 | 乙未 | 癸巳 | | | | | | | | |
| 十二月 | | | | | | | | | 外 | 乙丑 | 丙寅 | 甲寅 | 辛未 | 乙未 | 癸巳 |

## 第三節　安床概論

陽宅諸事，唯床最易，宜合命之吉方，宜合分房之吉方，則生子發財，易如反掌。

俗以床怕門房相沖，可以一屏風抵之乃佳。

安床總以房門爲主，坐煞向生，自然發財生子，背凶迎吉，自然化難生恩。

安床不宜擔樑，後擔金屬陰，主夢魅壓鎮，擔前金屬陽，主有嗄氣疾（哮喘）。

床向宜明不宜暗，暗則主器，如房不便開門見陽光，可將床安向前面近陽光可也。

安床宜在生氣方，不可稍偏，如巽門坎宅，蓋屋四棟，又四棟獨高，是木得生氣方，上吉。安床須在當中一間方乘生氣，偏東便是絕命，偏西便是禍害，皆不利，若兩傍有廂房，不必拘此。《營造宅經》曰：「安處在乎南向而坐，東首而寢。」

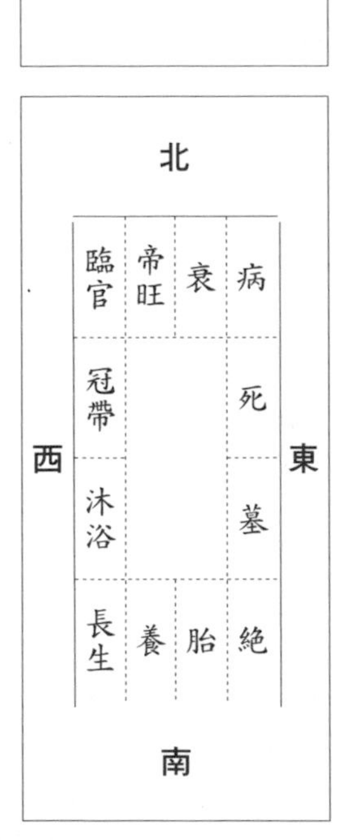

《八宅明鏡》曰：「床怕房門相沖，以一屏風抵之乃安矣，宜安命之生（氣）天（醫）延（年）三吉方。」

㈠門宅七星便覽表

| 門＼宅 | 乾 | 坎 | 艮 | 震 | 巽 | 離 | 坤 | 兌 |
|---|---|---|---|---|---|---|---|---|
| 乾 | 伏位 | 六煞 | 天醫 | 五鬼 | 禍害 | 絶命 | 延年 | 生氣 |
| 坎 | 六煞 | 伏位 | 五鬼 | 天醫 | 生氣 | 延年 | 絶命 | 禍害 |
| 艮 | 天醫 | 五鬼 | 伏位 | 六煞 | 絶命 | 禍害 | 生氣 | 延年 |
| 震 | 五鬼 | 天醫 | 六煞 | 伏位 | 延年 | 生氣 | 禍害 | 絶命 |
| 巽 | 禍害 | 生氣 | 絶命 | 延年 | 伏位 | 天醫 | 五鬼 | 六煞 |
| 離 | 絶命 | 延年 | 禍害 | 生氣 | 天醫 | 伏位 | 六煞 | 五鬼 |
| 坤 | 延年 | 絶命 | 生氣 | 禍害 | 五鬼 | 六煞 | 伏位 | 天醫 |
| 兌 | 生氣 | 禍害 | 延年 | 絶命 | 六煞 | 五鬼 | 天醫 | 伏位 |

## (二)八宅命吉凶方位配置

**乾命　六白金星**

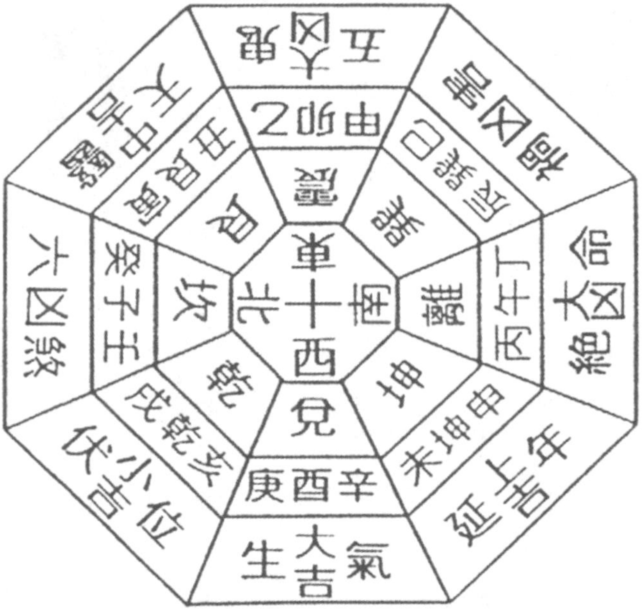

五鬼大凶　甲卯乙　震
禍害凶　辰巽巳　巽
絕命大凶　丙午丁　離
延年上吉　未坤申　坤
生氣大吉　庚酉辛　兌
伏位小吉　戌乾亥　乾
六煞凶　壬子癸　坎
天醫中吉　丑艮寅　艮
東　南　西　北

【門路】：宜兌生氣大吉，坤延年上吉，艮天醫中吉，乾伏小吉。門路開在右列四吉方，即可招財納福，家安人慶。如門路在震五鬼巽禍害離絕命即大凶，坎六煞次凶。門路在右列四凶方，易招來家人不安、是非、破財。

【神位】：宜安於兌、坤、艮、乾等四吉方。

【房間】：宜安各命之吉方。

【廚房】：不可安於四吉方，如安於四吉方，則吉祥盡去，招來災禍、病害、破財。灶口宜向生氣方或其他吉方。

【廁所】：廁所乃藏穢納污之所，理應於四凶方，趕走凶神惡煞爲吉。

## 坎命　一白水星

【門路】：宜安於巽生氣大吉，離延年上吉，震天醫中吉，坎伏位次吉等四吉方即可招財納福，家安人慶。如設在艮五鬼，坤絕命，乾六煞，兌禍害者可能導致事業不順，家口不安，是非破財之慮。

【神位】：宜安於四吉方。

【房間】：依照各人星命配置於吉方。

【廚房】：設於右開四凶方，以煙或油煙燻走凶煞，灶口即宜向生氣方或其他吉向。

【廁所】：應設於四凶方，以污穢袪除煞氣，以保吉祥。

## 艮命　八白土星

【門路】：宜坤生氣大吉，兌延年上吉，乾天醫中吉，艮伏小吉。如門路開四吉方可招財納福，家安人慶。設在坎五鬼大凶，巽絕命大凶，震六煞，離禍害均凶，如門路開在此四凶方，即家人不安，是非破財。

【神位】：宜安於坤、兌、乾、艮等四吉方。

【房間】：宜各命星分別配置於四吉方。

【廚房】：應設於四凶方，以煙或油煙燻走凶煞，灶口即宜向生氣方或視實際情形向其他吉向。

【廁所】：仍設於四凶方，祛除凶神惡煞。

## 震命　三碧木星

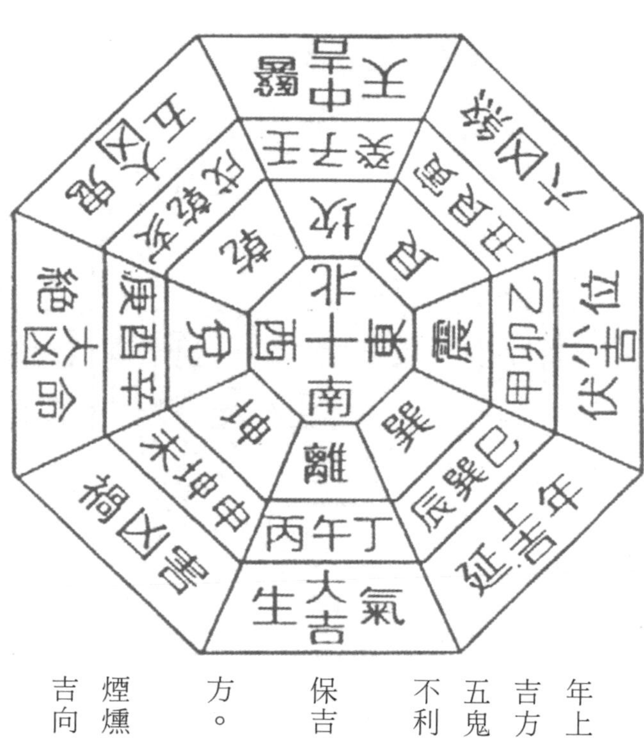


【門路】：宜向離生氣大吉，巽延年上吉，坎天醫中吉，震伏位小吉等四吉方可招財納福，增加吉祥，如安在乾五鬼，兌絕命，艮六煞，坤禍害者均爲不利，易招來失敗，是非多端。

【神位】：宜安於上開四吉方位以保吉慶。

【房間】：依照各人星命配置於吉方。

【廚房】：應設於四凶方位，以油煙燻走惡煞，灶口宜向離生氣方或其他吉向。

【廁所】：置於四凶方位以臭污之氣，趕走凶煞，以求吉祥。

## 巽命　四綠木星

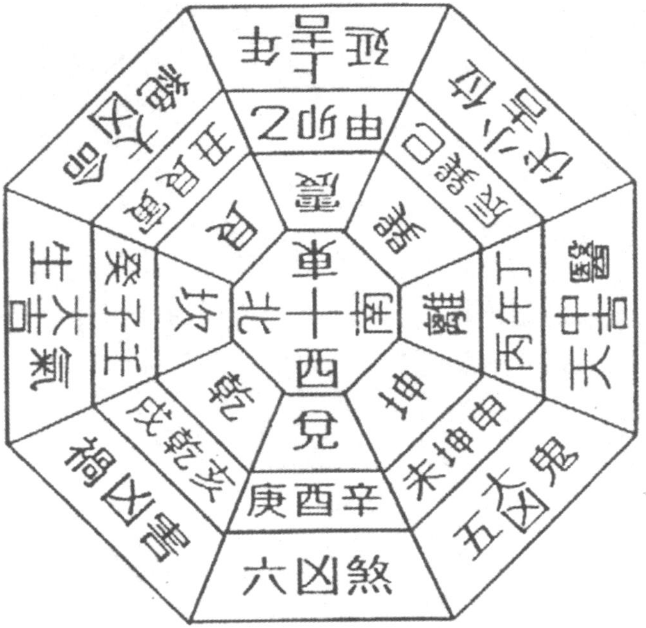

【門路】：宜安於坎生氣大吉，震延年上吉，離天醫中吉，巽伏位小吉。如安於以上四吉方者，即可招財納福，家安人慶。倘安於坤五鬼，艮絕命，兌六煞，乾禍害者，招來是非破財，事業不成。

【神位】：宜於上開四吉方。

【房間】：依照各人星命配置於吉方。

【廚房】：設於右開四凶方，以煙或油煙燻走凶煞可保安祥。

【廁所】：同樣應配置於四凶方位，以污穢祛除煞氣。

## 離命 九紫火星

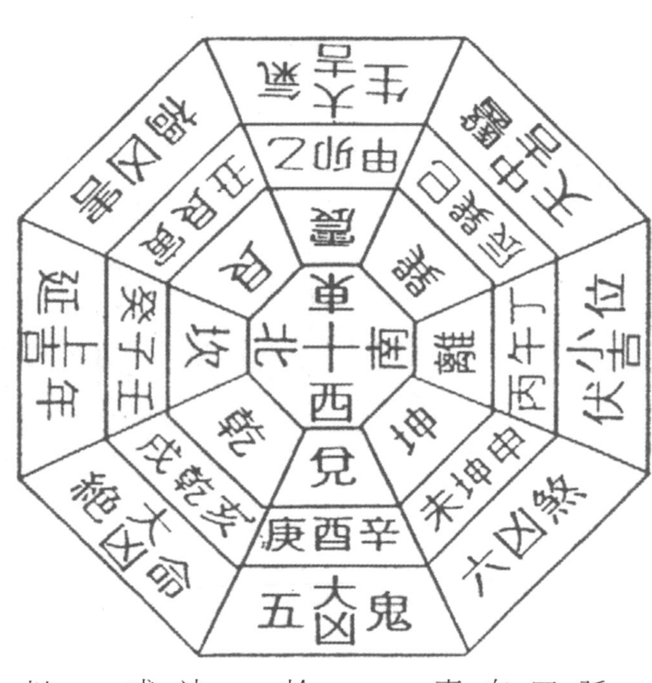


【門路】：宜開於震生氣大吉，坎延年上吉，巽天醫中吉，離伏位次吉等四吉方，可招財納福，家安人慶。如開在兌五鬼，乾絕命，坤六煞，艮禍害者，事業不就，是非破財，家口不安等不祥。

【神位】：當然要安於四吉方位。

【房間】：依次序及各人星命分配於吉方位。

【廚房】：應設置於四凶方位，以油煙燻走凶神煞氣，灶口即宜向震生氣或其他吉方向。

【廁所】：亦應配置於四凶方法，以污穢之氣，袪除煞氣、凶神之氣。

## 坤命　二黑土星（五黃土星寄坤）

【門路】：門路宜艮生氣大吉，乾延年上吉，兌天醫中吉，坤伏小吉。以上四吉方可招財納福，家安人慶。如安在巽五鬼，坎絕命即大凶。離六煞，震禍害次凶，以上均爲不詳，有是非破財，家門不幸等事發生。

【神位】：宜安於艮、乾、兌、坤等四吉方。

【房間】：依各人命星分配於吉方。

【廚房】：應設於四凶方，以油煙等燻走凶煞，保持吉祥。灶口宜向生氣方或其他吉向。

【廁所】：同樣設於凶方，以臭污之氣，祛除凶神惡煞即吉。

## 兌命　七赤金星

【門路】：門路宜安於乾生氣大吉，艮延年上吉，坤天醫中吉，兌伏小吉。以上四吉方，可招財納福，家安人慶，如安在離五鬼，震絕命，巽六煞，坎禍害者招來是非破財，家口不安等不祥。

【神位】：宜安於四吉方，以保吉慶。

【房間】：依照各人星命分配於吉方。

【廚房】：應設於四凶方，以煙或油煙燻走凶煞，灶口即宜向生氣方或其他吉向。

【廁所】：廁所亦應設於凶方，以臭污趕走凶氣為吉。

以上係八宅，命吉凶之法則，當然其他還要配合山、水、週圍環境等條件，方能斷定其吉凶，亦為陽宅選地要訣。

## ㈢飛星吉凶淺釋

伏位　**指大門與宅位同卦，宜開門吉方，大吉。**

六煞　**在天是文曲星，在五行中屬水，不宜開門，要失陷低小。**

天醫　**又作天乙，在天爲巨門星、陽土，次吉，需要得位高強，開門利。**

五鬼　**在天是廉貞星，屬火，大凶，不宜開門，要失陷低小。**

禍害　**在天是祿存星，陰土，大凶，不宜開門，要失陷低小。**

絕命　**在天是破軍星，陰金，大凶，不宜開門，要失陷低小。**

延年　**在天是武曲星，陽金，三吉，宜得位高強，開門利。**

生氣　**在天是貪狼星，陽木，一吉，宜得位高強，開門利。**

輔弼　**左輔右弼，此二星隨本命而化，俱屬陰木，大凶。**

凡生氣在水、木、火爲得位，不宜金、土。

凡天醫在火、土爲得位，不宜木、水。

凡延年在金、土、水爲得位，不宜木、火。

生氣　**貪狼木星，吉，發長子。**

天醫　**巨門土星，吉，發二房。**

延年　**武曲金星，吉，發小房。**

絕命　**破軍金星，凶，敗長男。**
五鬼　**廉貞火星，凶，敗長房。**
禍害　**祿存土星，凶，敗二房。**
六煞　**文曲水星，凶，敗小房。**

㈣福元論《出「八宅明鏡》）

宅之坐山爲福德宮，人各有所宜，東四命居東四宅，西四命居西四宅，是爲福德元。如宜西而居東，宜東而居西，方位雖或有吉，不受福也。

其法以「野馬跳澗訣」，依照九宮訣，男逆女順數，至何宮，即於此宮依八宮訣順起遊年八卦，數至卦位，俱合吉星，爲此宅相生之人，居之獲福也。

**如東西之宅難改，當於大門改之。**
**如大門難改，當權其房之吉以位之。**
**如房不可易，當移其床以就其吉。**
**則雖無力貧家，亦可邀福矣！**

大門當安於本命之四吉方，不可安於本命之四凶方，又須合青龍坐山之吉方以開門，又宜迎來水之吉以立門，三者俱全，則得福而奕葉流光矣。

屋有坐有向，命有東有西。若專論山向而不論命者大凶，論命而不論山向者小凶，合命又合坐向者則永福。如乾山巽向，乃西四宅也，大門宜在坤兌艮方，以配乾之西四坐向。而床香火後門店舖倉火之類，亦宜安西四吉之位，以合坐山。若灶座坑廁碓磨，則宜安西四宅之四凶方，以壓其凶。而灶之火門，又宜向四吉方。煙道宜出四凶方，以熏凶神。但此宅惟乾坤兌艮西四宅命居之吉，若坎離震巽東四宅命居之則凶矣。

按宅墓外勢臨水臨街，更有九局焉。局之眞正者。其力量自足以勝坐山也。

又附：八宅之三吉方、開門來路宜致福應而反召禍者，生命不合也，故看宅必兼論生命方。如木房木星水命居之謂之化，金命居之謂之制，破軍臨巽剋妻，若水命、火命便不妨。

增補：《陽宅大全》：「凡宅有吉而人居之，不吉而人居之，忽吉者，皆由生命能制化、不能制化使然耳。生命以納音取之，如破軍金宅，水命、火命居之，主難爲妻子，猶不至敗絶，若木命居之則凶矣！他倣此。」

九星制伏訣曰：「生旡降五鬼，天醫欺絶命，延年壓六煞，制伏安排定。」

## (五)三元九宮命宅推定

宅分東西，生命入卦而亦可知東四命或西四命。

歌曰：「**一四七宮男起布，二五八宮女順推，**
**男五寄二女寄八，甲子周輪本命尋，**
**上元甲子一宮連，中元起巽下兌間，**
**上五中二下八女，男逆女順起根源。」**

## 九宮命宅三元排掌圖

|  |  |
|---|---|
| **乾六** | 下元乙丑生男、上元乙丑生女 |
| **兌七** | 下元甲子生男 |
| **艮八** | 下元甲子生女 |
| **離九** | 上元乙丑生男、下元乙丑生女 |
| **中五** | 上元甲子生女 |
| **巽四** | 中元甲子生男 |
| **震三** | 中元乙丑生男、中元乙丑生女 |
| **坤二** | 中元甲子生女 |
| **坎一** | 上元甲子生男 |

假如上元甲子生男，起坎一宮，坎命，爲東四命。
乙丑生男，坎一起甲子逆行，是離命，亦東四命。
丙寅生男，坎一起甲子逆行，是艮命，爲西四命。
丁卯生男，坎一起甲子逆行，是兌命，亦西四命。
如中元甲子生男，起巽四宮，是巽命，爲東四命。
乙丑生男，巽四起甲子逆行，是震命，亦東四命。
丙寅生男，巽四起甲子逆行，是坤命，爲西四命。
丁卯生男，巽四起甲子逆行，是坎命，爲東四命。
如下元甲子生男，起兌七宮，是兌命，爲西四命。
乙丑生男，兌七起甲子逆行，是乾命，亦西四命。
丙寅生男，兌七起甲子逆行，是中五，凡男命入中寄坤二，爲坤命，爲西四命。餘生男倣此類推。
假如上元甲子生女，起中五，凡女命入中寄艮八，爲艮命，爲西四命。
乙丑生女，中五起甲子順行，是乾命，爲西四命。
丙寅生女，中五起甲子順行，是兌命，爲西四命。

如中元甲子生女，起坤二宮，是坤命，為西四命。
乙丑生女，坤二起甲子順行，是震命，為東四命。
丙寅生女，坤二起甲子順行，是巽命，亦東四命。
如下元甲子生女，起艮八宮，是艮命，為西四命。
乙丑生女，艮八起甲子順行，是離命，為東四命。
丙寅生女，艮八起甲子順行，是坎命，亦東四命。餘生女倣此類推。

上述東西命乃照《時憲書》所載三元九宮，亦與王肯當筆麈所記以入，因五男寄坤，女寄艮較易發生錯誤，故特附舉例於後以明：

| | | | | | | | |
|---|---|---|---|---|---|---|---|
| 上元男命入中寄坤宮 | 己巳 | 戊寅 | 丁亥 | 丙申 | 乙巳 | 甲寅 | 癸亥 |
| 中元男命入中寄坤宮 | 壬申 | 辛巳 | 庚寅 | 己亥 | 戊申 | 丁巳 | |
| 下元男命入中寄坤宮 | 丙寅 | 乙亥 | 甲申 | 癸巳 | 壬寅 | 辛亥 | 庚申 |
| 上元女命入中寄艮宮 | 甲子 | 癸酉 | 壬午 | 辛卯 | 庚子 | 己未 | 戊午 |
| 中元女命入中寄艮宮 | 丁卯 | 丙子 | 乙酉 | 甲午 | 癸卯 | 壬戌 | 辛酉 |
| 下元女命入中寄艮宮 | 庚午 | 己卯 | 戊子 | 丁酉 | 丙午 | 乙卯 | |

# 三元甲子男女宮位便覽表

|  | 上中下 | 上中下 |
| --- | --- | --- |
| 甲子 | 一四七 | 五二八 |
| 乙丑 | 九三六 | 六三九 |
| 丙寅 | 八二五 | 七四一 |
| 丁卯 | 七一四 | 八五二 |
| 戊辰 | 六九三 | 九六三 |
| 己巳 | 五八三 | 一七四 |
| 庚午 | 四七一 | 二八五 |
| 辛未 | 三六九 | 三九六 |
| 壬申 | 二五八 | 四一七 |
| 癸酉 | 一四七 | 五二八 |
| 甲戌 | 九三六 | 六三九 |
| 乙亥 | 八二五 | 七四一 |
| 丙子 | 七一四 | 八五二 |
| 丁丑 | 六九三 | 九六三 |
| 戊寅 | 五八四 | 一七四 |
| 己卯 | 四七一 | 二八五 |
| 庚辰 | 三六九 | 三九六 |
| 辛巳 | 二五八 | 四一七 |
| 壬午 | 一四七 | 五二八 |
| 癸未 | 九三六 | 六三九 |
| 甲申 | 八二五 | 七四一 |
| 乙酉 | 七一四 | 八五二 |
| 丙戌 | 六九三 | 九六三 |
| 丁亥 | 五八二 | 一七四 |
| 戊子 | 四七一 | 二八五 |
| 己丑 | 三六九 | 三九六 |
| 庚寅 | 二五八 | 四一七 |
| 辛卯 | 一四七 | 二五八 |
| 壬辰 | 九三六 | 六三九 |
| 癸巳 | 八二五 | 七四一 |
| 甲午 | 七一四 | 八五二 |
| 乙未 | 六九三 | 九六三 |
| 丙申 | 五八二 | 一七四 |
| 丁酉 | 四七一 | 二五八 |
| 戊戌 | 三六九 | 三九六 |
| 己亥 | 二五八 | 四一七 |
| 庚子 | 一四七 | 五二八 |
| 辛丑 | 九三六 | 六三九 |
| 壬寅 | 八二五 | 七四一 |
| 癸卯 | 七一四 | 八五二 |
| 甲辰 | 六九三 | 九六三 |
| 乙巳 | 五八二 | 一七四 |
| 丙午 | 四七一 | 二八五 |
| 丁未 | 三六九 | 三九六 |
| 戊申 | 二五八 | 四一七 |
| 己酉 | 一四七 | 五二八 |
| 庚戌 | 九三六 | 六三九 |
| 辛亥 | 八二五 | 七四一 |
| 壬子 | 七一四 | 八五二 |
| 癸丑 | 六九三 | 九六三 |
| 甲寅 | 五八二 | 一七四 |
| 乙卯 | 四七一 | 二五八 |
| 丙辰 | 三六九 | 三九六 |
| 丁巳 | 二二八 | 四一七 |
| 戊午 | 一四七 | 五二八 |
| 己未 | 九三六 | 六三九 |
| 庚申 | 八二五 | 七四一 |
| 辛酉 | 七一四 | 八五二 |
| 壬戌 | 六九三 | 九六三 |
| 癸亥 | 五八二 | 一四七 |

假如甲子下、前一行小字，一四七數，乃男命三元九宮，甲子下，後一行小字，二五八數，是女命三元九宮，餘倣此。

**凡清同治三年甲子生至民國十二年癸亥生，係上元安命。**

**凡民國十三年甲子生至民國七十二年癸亥生，係中元安命。**

**凡民國七十三年甲子生至民國一百三十二年癸亥生，係下元安命。**

艾定命宅捷訣示意（又謂野馬跳澗訣）：

男女命俱一宮一旬，依歌訣男一四七，女二五八推計，假如民國卅一年壬午生男，爲中元，爲甲戌旬，就自巽四起甲子旬逆佈，震三甲戌旬起甲戌，坤二乙亥，逆數至巽四得壬午，是知爲巽命，爲東四宅命，宜居東四宅坐坎離震巽爲福。

又如民國六十八年己未生女，爲中元，爲甲寅旬，就中五起甲子旬順推，乾六甲戌旬，兌七甲申旬，艮八甲午旬，離九甲辰旬，坎一甲寅旬，就從坎一起甲寅，順數至己未爲乾六，是乾命，是西四宅命，宜居西四宅坐乾坤艮兌爲福。

附捷訣示意於後：

| 巽四 中元甲子旬起 | 中五 甲午寅 起甲寅 | 乾六 甲辰旬 起甲辰 |
| --- | --- | --- |
| 震三 | 上元男命 | 兌七 甲午旬 起甲午 |
| 坤二 | | 艮八 甲申旬 起甲申 |
| 坎一 甲子旬起 甲子 | | 離九 甲戌旬 起甲戌 |

| 巽四 | 中五 甲子旬 起甲子 | 乾六 甲戌旬 起甲戌 |
| --- | --- | --- |
| 震三 | 上元女命 | 兌七 甲申旬 起甲申 |
| 坤二 中元甲子旬起 | | 艮八 甲午旬 起甲午 |
| 坎一 甲寅旬 起甲寅 | | 離九 甲辰旬 起甲辰 |

<table>
<tr><td>巽四<br>甲子旬<br>起甲子</td><td>中五</td><td>乾六</td></tr>
<tr><td>震三<br>甲戌旬<br>起甲戌</td><td rowspan="3">中元男命</td><td>兌七<br>下元甲<br>子旬起</td></tr>
<tr><td>坤二<br>甲申旬<br>起甲申</td><td>艮八<br>甲寅旬<br>起甲寅</td></tr>
<tr><td>坎一<br>甲午旬<br>起甲午</td><td>離九<br>甲辰旬<br>起甲辰</td></tr>
</table>

<table>
<tr><td>巽四<br>甲申旬<br>起甲申</td><td>中五<br>甲午旬<br>起甲午</td><td>乾六<br>甲辰旬<br>起甲辰</td></tr>
<tr><td>震三<br>甲戌旬<br>起甲戌</td><td rowspan="3">中元女命</td><td>兌七<br>甲寅旬<br>起甲寅</td></tr>
<tr><td>坤二<br>甲子旬<br>子甲子</td><td>艮八<br>下元甲<br>子旬起</td></tr>
<tr><td>坎一</td><td>離九</td></tr>
</table>

| | | |
|---|---|---|
| 巽四 甲午旬 起甲午 | 中五 甲申旬 起甲申 | 乾六 甲戌旬 起甲戌 |
| 震三 甲辰旬 起甲辰 | 下元男命 | 兌七 甲子旬 起甲子 |
| 坤二 甲寅旬 起甲寅 | | 艮八 |
| 坎一 上元甲 起甲戌 | | 離九 |

| | | |
|---|---|---|
| 巽四 甲寅旬 起甲寅 | 中五 上元甲 子旬起 | 乾六 |
| 震三 甲辰旬 起甲辰 | 下元女命 | 兌七 |
| 坤二 甲午旬 起甲午 | | 艮八 甲子旬 起甲子 |
| 坎一 甲申旬 起甲申 | | 離九 甲戌旬 起甲戌 |

㈥安床意識本於開門吉凶

尋觀《八宅明鏡》安床之法，宜取本命生氣、延年、天醫三吉方安定，法例一如開門吉凶宜忌，而今天大多不考究安床，甚至不爲拘泥矣！

## 第四節　安床造床忌用日

### 一、造床法

床之尺寸俱宜單數，長宜六尺三寸半，或五尺四寸半，闊宜四尺五寸，小床三尺六寸半，高宜單數。

床不宜接腳，不可添新換舊，不宜披頭，尖或陀頭笥亦可，不宜鋸減，不宜裁狹。

床橫宜七根，不宜雙數。

床料宜株、梓、桐、櫟、椿，亦宜樹之開花結子者，取其宜男有子之兆也，不宜用樟樹，忌用神壇墳樹。

### 二、安床造床忌用日：

造床宜擇吉日，必當令旺相日乃吉，正傍四廢毋用，安床日亦忌正傍四廢日。

訣曰：「初一休問子，初三莫過羊，
初五馬上坐，初九莫雞鄉，
十一休逢兔，十三虎在旁，
十七牛眠地，廿一鼠偷糧，
廿五怕犬吠，廿七遭虎傷，
廿七猴作耍，日退最難當。」

## 第五節　安床權法

世俗不考究安床者多，或問於庸師，入宅與安床不同日者，不免發生困擾，是傳權宜之法。

蓋安床既受居宅格局、寢室大小空間所限制，或囿於安床意識所限制，勉強要符年月吉利方向而不可得者，大多「浮床」，以待年月吉利而安也。

浮床者，相當於「浮爐」之意識，使床之四周無所依靠，不安於定位，待年月日時得利，而使床安定於靠壁之定位也。

蓋視床不靠牆壁定位，猶避宅出火之暫處空界之意也。

## 第六節　移床周堂

| | | |
|---|---|---|
| ●疾 | ○平 | ○富 |
| ○安 | | ●疾 |
| ●倒 | ○地 | ●凶 |

訣曰：

大月從平向富順行

小月從地向凶逆行

| 月／日 | 大月 | | 小月 | |
|---|---|---|---|---|
| ○平 | 1 9 | 17 25 | 5 13 | 21 29 |
| ○富 | 2 10 | 18 26 | 4 12 | 20 28 |
| ●疾 | 3 11 | 19 27 | 3 11 | 19 27 |
| ●凶 | 4 12 | 20 28 | 2 10 | 18 26 |
| ○地 | 5 13 | 21 29 | 1 9 | 17 25 |
| ●倒 | 6 14 | 22 30 | 8 16 | 24 |
| ○安 | 7 15 | 23 | 7 15 | 23 |
| ●病 | 8 16 | 24 | 6 14 | 22 |

## 第七節　安床以求睡眠安穩

俗話說臥床不宜使腳向門，居寢之人易向外奔馳勞碌。又說當門不可安置臥榻，易招不利。

二說或有其故，唯未見理由證據，竊考其在求講究居寢之私密性及穩定感罷了！約略言之，安床之意義，除了要求睡眠之安穩而外，尚要講究私密性及起居活動之方便，故只要能夠符合這些原則性，大可不必拘泥於安床之擇吉與位置，今圖示以爲簡示之——

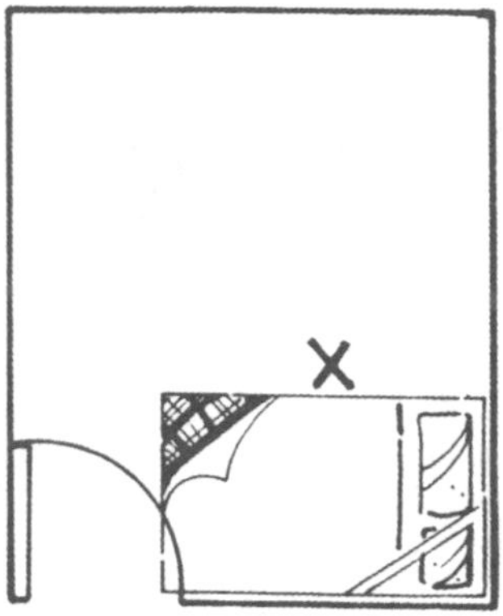

X

床鋪太長，房門無法關閉，冬天太冷，缺乏私密性。不宜。

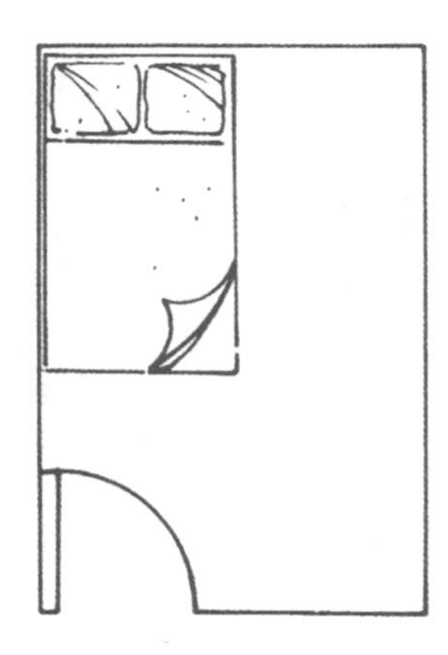

床鋪向門，缺乏私密性。俗忌。床門之間宜加一屏風，或造作櫥櫃。

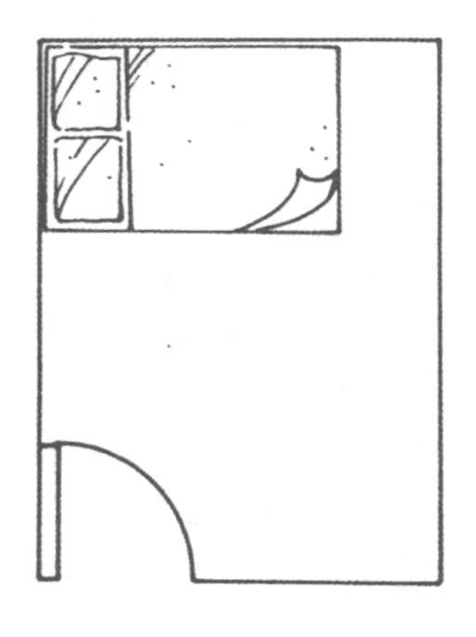

門沖床鋪，缺乏私密性。俗忌。床之間宜加一屏風，或造作櫥櫃。

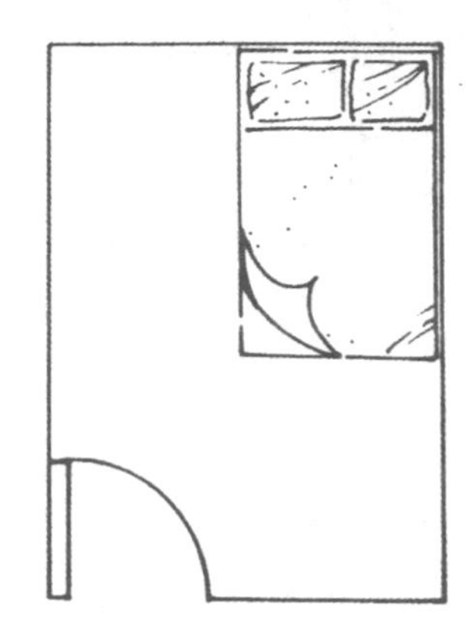

私密性稍可，起居性亦佳，唯傢俱布置困難。男外女內爲吉。

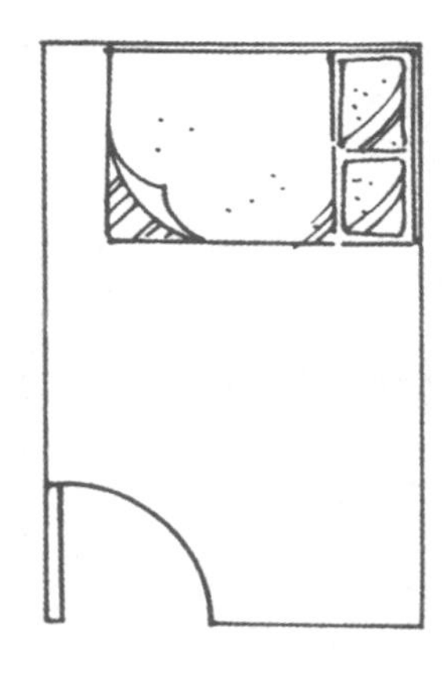

私密性稍可，起居性亦佳，唯傢俱布置困難。男內女外爲吉。

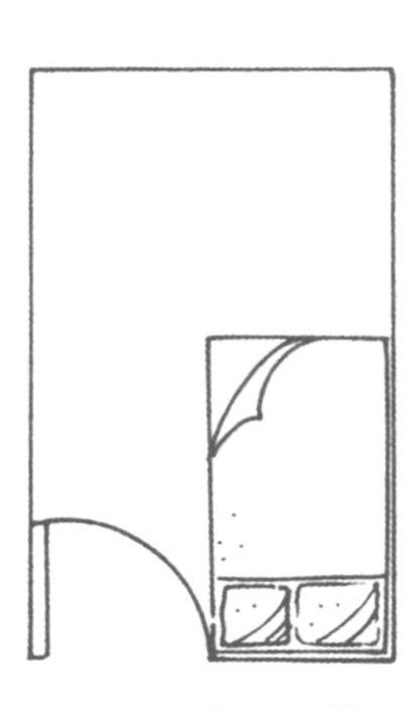

**私密性最佳，唯青龍擾動，有失眠、失落、不穩定感。男內女外，稍吉。**

如果必欲依循《八宅明鏡》之論議，東西宅不合東西命者，或別置，或遷徙，或改宅之，宅不能改則改門以合之，門不可改，則權擇寢房之吉位，宅長宜擇居宅之生氣，延年、天醫三吉方，至於三者皆不可得，而後權宜以為移床，可見如已講求宅相開門者，大可不必拘泥於移床、安床，何況移、安床之法未究居寢室空間大小，但以東西四命及房門配合擬論，未免有失於「紙上談兵」之非議，今則認為開坤門之寢室以求安床吉方——

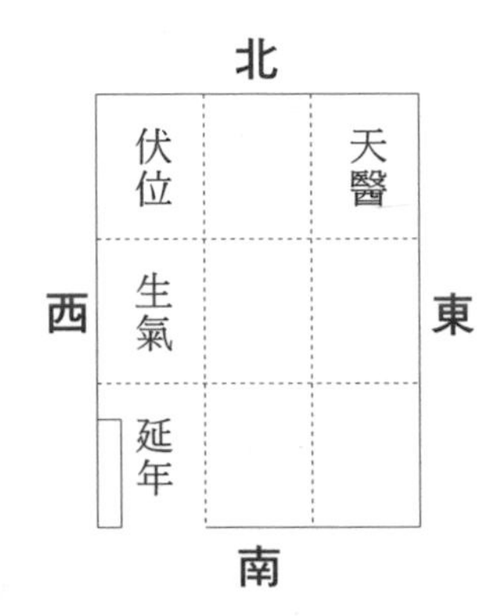


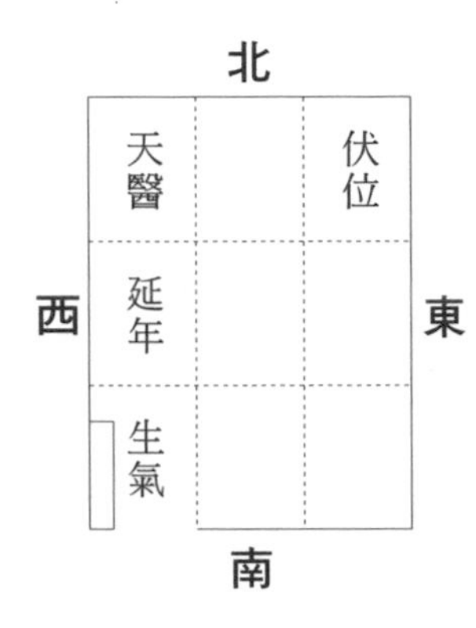


乾卦命，西四命
西首而寢爲吉。
兌位安床，上吉，
艮位安床，次吉，
乾位安床，小吉。

艮卦命，西四命，
西首而寢爲吉：
兌位安床，次吉，
乾位安床，次吉，
艮位安床，小吉。

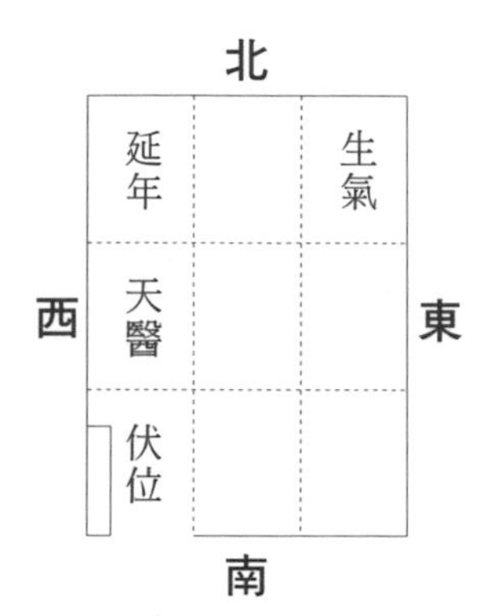


坤卦命，西四命，
西首而寢爲吉：
艮位安床，小吉，
乾位安床，次吉，
兌位安床，次吉。

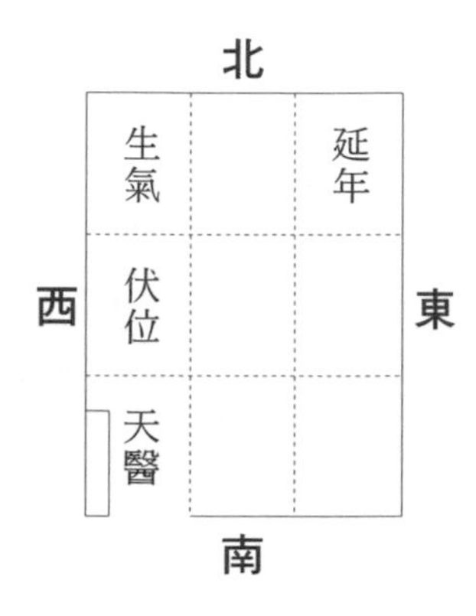


兌卦命，西四命，
西首而寢爲吉：
乾位安床，大吉，
艮位安床，小吉，
兌位安床，小吉，

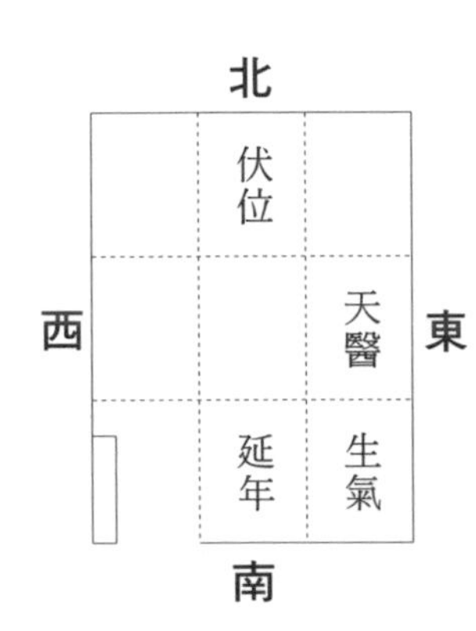


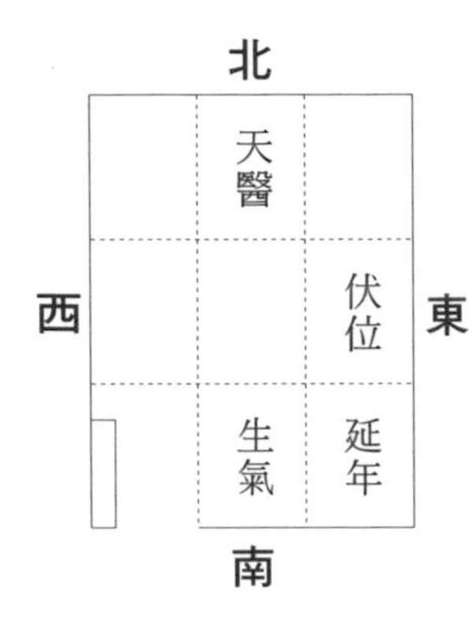


坎卦命，東四命，
東首而寢爲吉：
巽位安床，上吉，
離位安床，次吉，
震位安床，次吉，
坎位安床，小吉。

震卦命，東四命，
東首而寢爲吉：
離位安床，上吉，
巽位安床，次吉，
坎位安床，次吉，
震位安床，小吉。

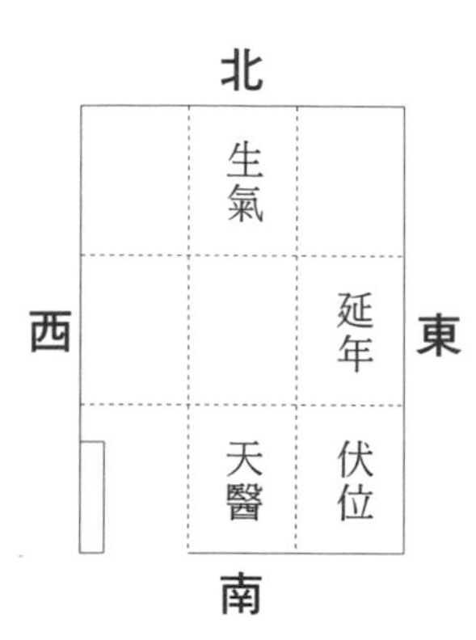


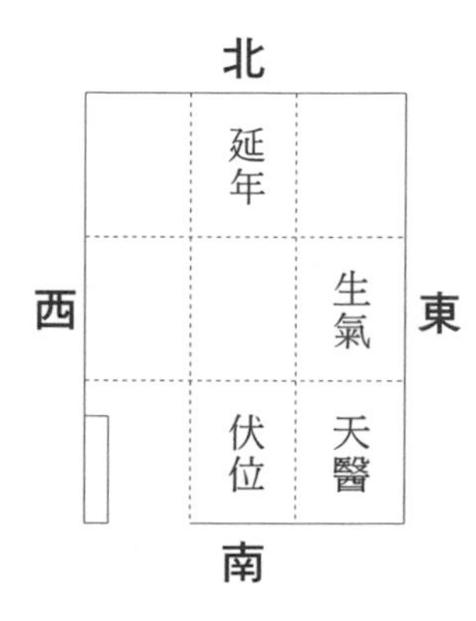


巽卦命，東四命，
東首而寢爲吉，
坎位安床，上吉，
震位安床，次吉，
離位安床，次吉，
巽位安床，小吉。

離卦命，東四命，
東首而寢爲吉，
震位安床，上吉，
坎位安床，次吉，
巽位安床，次吉，
離位安床，小吉。

綜以觀之，寢室空間如果不夠，則一床可能同時跨佔吉凶宮位，固然可使宅長枕首得位即吉，但床舖向非寢室之最好家具布置，故除非他無一物者，床位實仍不可佔生氣上吉之位，只可退求其次之延年、天醫、伏位之方，但如此布置，往往有所不便，甚至缺乏活動空間及穩定感，茲附圖以爲示意——

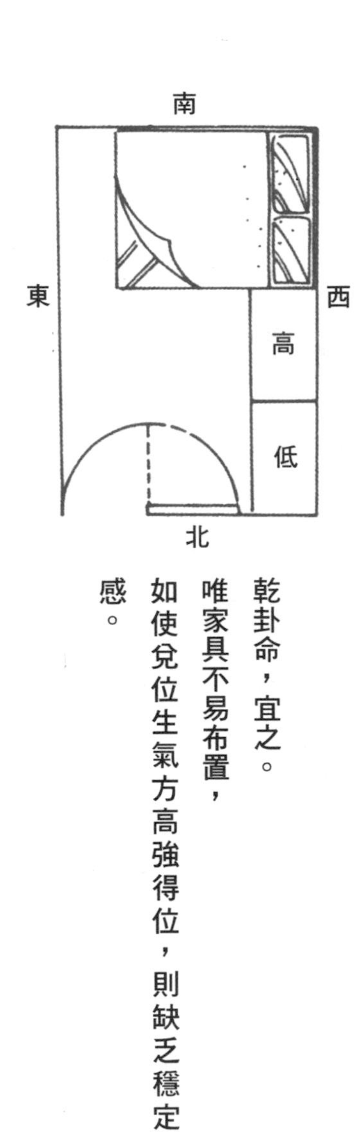


乾卦命，宜之。
唯家具不易布置，
如使兌位生氣方高強得位，則缺乏穩定感。

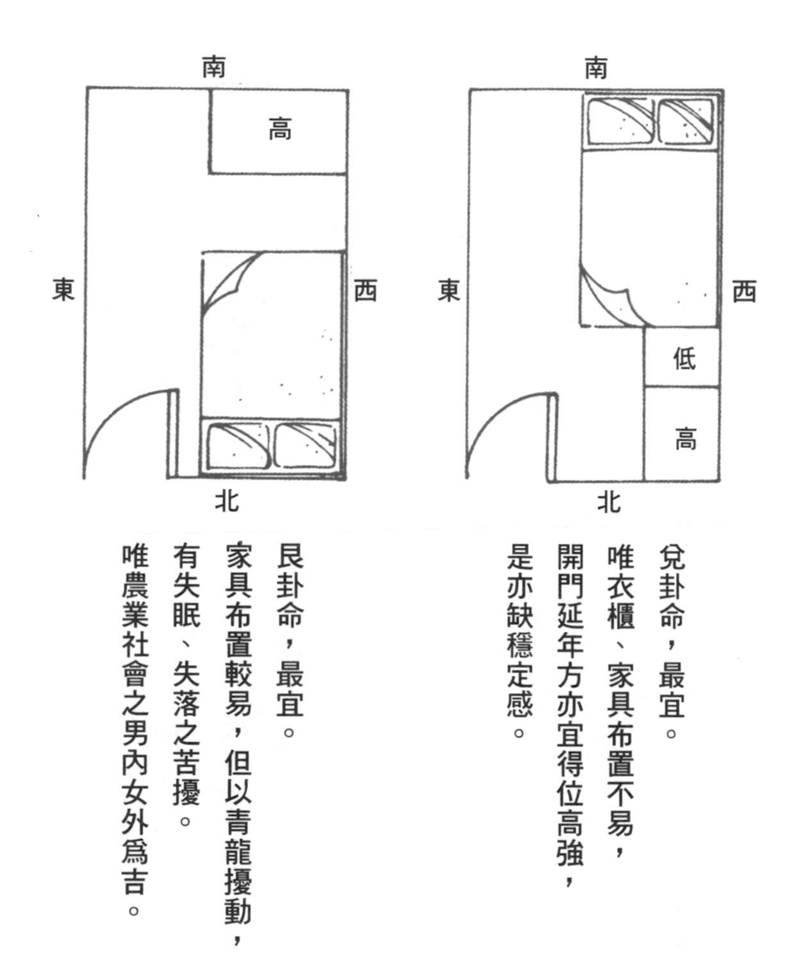


兌卦命，最宜。

唯衣櫃、家具布置不易，

開門延年方亦宜得位高強，

是亦缺穩定感。

艮卦命，最宜。

家具布置較易，但以青龍擾動，

有失眠、失落之苦擾。

唯農業社會之男內女外爲吉。

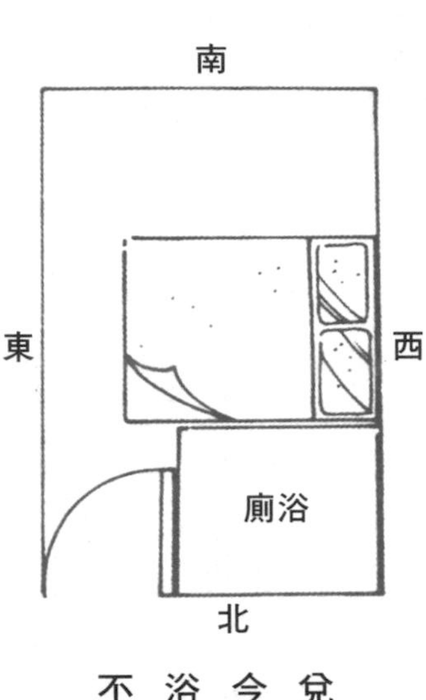


**兌卦命，宜之。**
**今日公寓套房多見此格制。**
**浴廁雖最高，但以生氣方不喜浴廁，故非純吉。**

循此安床觀念以爲實用之檢討，寢室亦要有足夠空間才能講究吉凶及布置，不然則只講究能夠睡得安穩舒適即可，於是在講究實際效益的原則下，一般皆不講究安床矣！勉強或有講究者，大抵亦只講究色彩、布置而已，而欲求使寢室布置獲得穩定感的方法，大抵不外開門方向最低，而漸次到門後方位爲最高，其弧線之高低雖或有起伏變化，但只要兩件不同的家具器物的高低不發生太大差距變化，自然就能產生視覺及精神上的穩定作用矣！特附圖示意之：

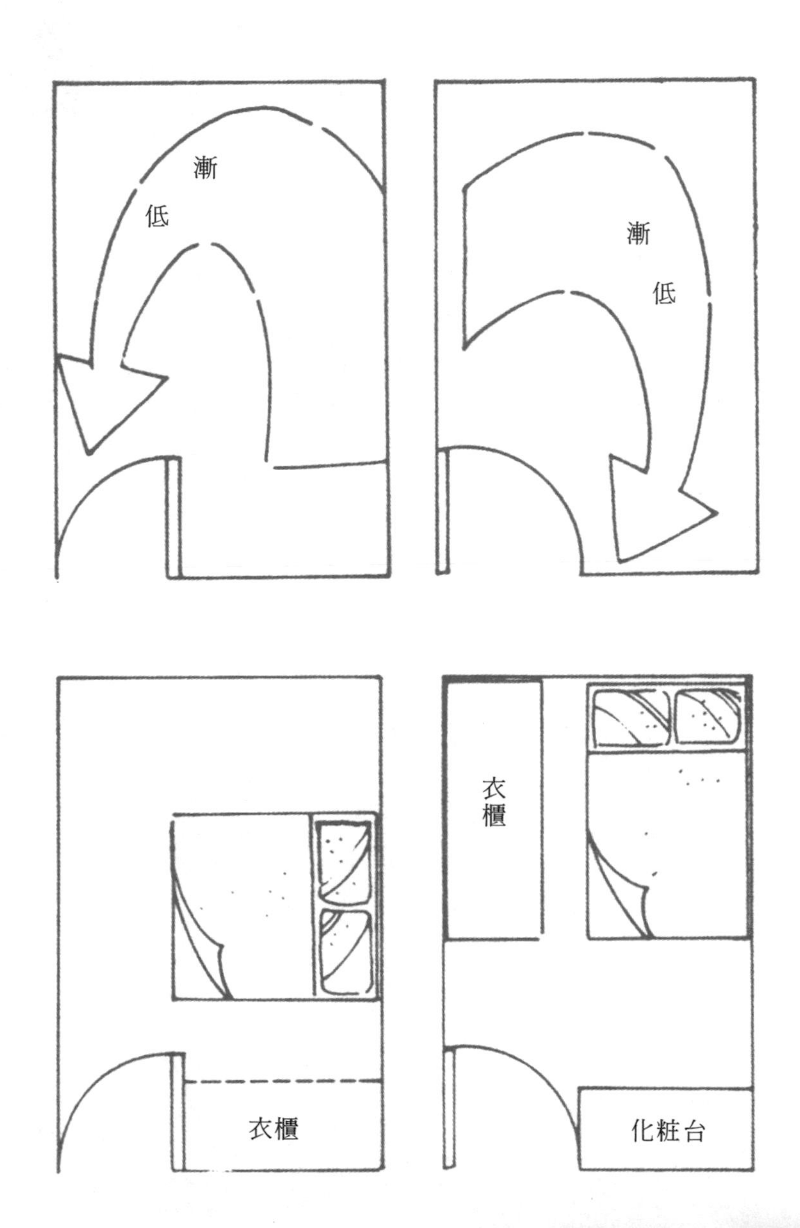
漸
低
漸
低
衣櫃
衣櫃
化粧台

# 後語

凡人之一生，睡眠時間約佔三分之一左右，能有安適的睡眠、充分的休息，才能有第二天的充沛活力與幹勁，因此寢室之安穩舒適之外，則又要求起居方便，能有休閒、休息的起居室、廳堂等等，生活水準越高，所講究的水準條件也相對的增高，除了水電的方便使用，又要有家電用品、電話、交通工具……許多生活水準條件皆已超出古代陽宅講究的條件水準之外，如果我們一味食古不化，則未免迷信而復可憐矣！

譬如古代坑廁脫離房屋，另外獨立建築，而且設備簡陋，無法避免積穢之氣，而今日多採抽水馬桶，浴、廁同房而建於屋內，只要能有通風排氣之設備，大抵也已不必拘泥了。

又如現代公寓建築、公寓之格局，建築大異於古代，而有某些地理師，仍然拘泥古代宅相論斷，嘗斷某公寓白虎抬頭、某公寓青龍開口，皆不見所驗，或為人相宅，千篇一律破財、疾病、不順，亦多不應，而像此類的地理師或更有甚之者，未必精通古法地理風水之意，不能使自己獲福富貴而詭言能為人改宅、改門、移床，不知者往往受惑於流傳地理風水之靈異傳說，不免受惑上當矣！

筆者勉爲雜輯古代宅相與居住用事擇吉之意識觀念，欲以求有心人深入探討、驗證之，則地理風水與天地運行之陰陽五行學說之正詭，可逐漸辨明，其有理可信者，不妨大爲提倡之，其違情悖理者，則當闢謬棄絕之！

今特摘錄古今圖書集成之《陽宅十書》跋語以爲總結本書——

**王子既輯陽宅十書成。**

**客有質者，曰：「亦有宅法吉，而災咎未盡除者乎?!」**

**曰：「必其人之命運方迍，時過則吉集矣！」**

**曰：「亦有宅法不善，而吉慶猶安享者乎?!」**

**曰：「必其人之命運方亨，時過則災至矣！」**

蓋，地終不能有加於天，地利僅足以挽回天時之半。矧命根於前，而宅修於後，法自有當通變論者，然或有人修德既至，則能反災爲祥，亦或有人積惡溢滿，則皆變吉爲凶，此又天人感應之機，不可執定宅術而論。

吁！究竟至此，而宅法殆無遺義矣！

# 如何佈置
# 富貴興旺的家

## 如何運用堪輿風水 闔氣興家

本處參考指點項目：大樓陽宅、墳墓陰宅、公司工廠、店舖座向風水、董事長位、神佛位、公媽位、櫃台財庫旺位、考試文昌位、臥室床位及室外、室內風水佈局。

堪輿風水陰陽宅、配合天地運興衰、生剋制化等，皆應先審察、三元、三合、九星水法，順其大自然法則，再加上種種的配合之下，可以使家運逢凶化吉、闔氣興家。

## 經驗豐富、評論正確

◎陽宅鑑定後，室內如需局部改變。其設計與調整（不需大興土木，不必東改西拆）

◎如有機緣，請光臨皇家運賜教處。

| 服務項目 | 服務細節說明 | 提供資料禮金說明 |
| --- | --- | --- |
| 陽宅鑑定 | 親赴現場鑑定、神位，文昌位，路、灶、隔間方位，評論環屋內、外宅運吉凶。 | 提供資料：居住同屋裡家人出生時辰<br>禮金：<br>一萬六仟元<br>國外、外縣市另議 |
| 公司工廠鑑定 | 親赴現場鑑定，屋內、外、宅運流年如何？董事長位，何處是財利方？大門出入口、動線是否吉利方？ | 提供資料：負責人生辰<br>禮金：<br>三萬元<br>國外、外縣市另議 |
| 安神佛位<br>祖先牌位 | 先堪察吉利安座方，再擇吉月吉日吉時安座。要注意、年、月、日、時、不可沖煞安座方。另也要注意，安座的吉日吉時，不可與居家之人生肖相沖與其它種種安座禮節。 | 提供資料：居住同屋裡家人出生時辰<br>禮金：<br>三萬元<br>國外、外縣市另議 |

**皇家運賜教處**

地址：台北市民生西路120號2樓郵遞區號103
服務時間：中午1點至下午6點‧週休二日
預約電話：（02）25526285∫6
傳真電話：（02）255262857
如欲來本賜教處，請事先電話預約會談時間

# 論風水陽宅有感

筆者常常幫人服務鑑看公司廠房或住家陽宅，那些公司廠房或住家陽宅的方向是沒問題，但公司董事長辦公桌位，財務出納位，工廠大門，廠房佈局動線。住家臥室、廚房等等，經常在不吉的卦山上，難怪住在宅第的人不平安！好在他們還能接受一些勸告，不用大興土木的處理，也能移凶化吉。

國人對堪輿這個學問仍很重視，就以一般埋葬的時候不敢隨隨便便，有能力的人士大部份仍然以重資聘請先生看個吉利大地，由此可見，有能力的人士國人對它仍然信之不移。很多讀者來信問到他們連八卦的方位都看不懂，如何才能入堪輿之門？

說實在的：也要經過老師的當面指點，否則自己不懂還沒關係，可能會害了別人，勘察風水一定要在現場拉羅盤線，測量卦山角度方位，才能說明吉凶。就像那些住宅的方向沒問題，卻又不合的現象，那是不深入了解的後果，所以無論陽宅（住家）或陰宅（墳墓）都得特別注意，子孫才能興旺與平安。

堪輿學之中有些是專用的特殊名詞，經常使初學的人搞得頭昏眼花，其實聘請高明老師說明一點破就可明瞭。

皇家運　洪正忠先生說明

# 選擇生產富貴命格說明

如要選擇吉日吉時，剖腹生產者，須在預產日期前十天左右，在所選定的吉日生產較佳（註：聽從醫師建議，視母體與胎兒健康而定，是否要剖腹生產或自然產），而所選日期切勿與父母或家中人丁有沖剋，以免產生不良後果。又男女「生辰八字」擇取法不同，需權用，如「破家桃花」、「血光流霞」、「有財無庫」等「凶險」要避之。書云：男命「財官得祿食神強，賢妻蔭夫子禎祥」。女命「財官綬三般物、女命逢之福壽長」。故有「凶險」與「吉祥」宜權用。

**※剖腹生產者，在生產前二個月必須事先「擇好日期」與「醫師」配合。**

| 服務項目 | 服務細節說明 | 提供資料 | 禮金 |
| --- | --- | --- | --- |
| 剖腹生產擇日 | 說明個性、未來發展職業、選喜神即天、月德日、福星日、貴人吉時。避開父母、胎兒命宮沖剋，以取吉利。 | 嬰兒超音波性別報告、預產期、父母生辰。 | 六仟元 |

國家圖書館出版品預行編目資料

翻書就懂居家風水／洪正忠，水銀居士著
－－第一版－－ 台北市：知青頻道出版；
紅螞蟻圖書發行，2008.04
面　　公分－－(Easy Quick；85)
ISBN 978-986-6643-11-8 (平裝)

1.相宅

294.1　　　　　　97003499

Easy Quick 85

# 翻書就懂居家風水

作　　者／洪正忠，水銀居士
美術構成／劉淳涔
校　　對／周英嬌、楊安妮、洪正忠
發 行 人／賴秀珍
榮譽總監／張錦基
總 編 輯／何南輝
出　　版／知青頻道出版有限公司
發　　行／紅螞蟻圖書有限公司
地　　址／台北市內湖區舊宗路二段121巷28號4F
網　　站／www.e-redant.com
郵撥帳號／1604621-1 紅螞蟻圖書有限公司
電　　話／(02)2795-3656（代表號）
傳　　眞／(02)2795-4100
登 記 證／局版北市業字第796號
港澳總經銷／和平圖書有限公司
地　　址／香港柴灣嘉業街12號百樂門大廈17F
電　　話／(852)2804-6687
新馬總經銷／諾文文化事業私人有限公司
新 加 坡／TEL:(65)6462-6141　FAX:(65)6469-4043
馬來西亞／TEL:(603)9179-6333　FAX:(603)9179-6060
法律顧問／許晏賓律師
印 刷 廠／鴻運彩色印刷有限公司
出版日期／2008年 4 月　第一版第一刷

**定價 300 元　港幣 100 元**

**ISBN 978-986-6643-11-8**　　　　**Printed in Taiwan**